Für Brigitt –
prophylaktisch!
Mit besten Wünschen
v. [illegible]
1994

Zu diesem Buch

Bei der Zeugung sind sie noch anwesend. Später, beim lästigen Elternabend in der Schule, sind die neuen Väter schon umjubelte Raritäten. Und im Wartezimmer der Kinderärztin fehlen sie ganz. Und dabei hatte alles doch so schön angefangen. War nicht auch er es, der unbedingt ein Kind wollte? Der mit ihr die Kurse für Geburtsvorbereitung besuchte, der mit ihr atmete und der im Kreißsaal tapfer ihre Hand hielt? Und der auch später noch, zumindest im ersten Jahr und am Wochenende, mit dem Tragetuch und dem Kinderwagen zu sehen war?

Hart ist die Rückkehr in die Wirklichkeit für viele Mütter. Sehr bald lernen sie eine der soziologischen Grundwahrheiten unseres Zeitalters kennen: daß jede Mutter eine alleinerziehende Mutter ist. Aber vielleicht ist das – wenn auch ärgerlich – letzten Endes egal? Was ist ein Vater überhaupt? Nicht mehr der «Ernährer der Familie» – das können (und müssen) die meisten Frauen auch sein. Nicht mehr die strenge, strafende Instanz, mit deren Heimkehr entnervte Mütter ihren bösen Kindern drohen. Aber was dann?

Cheryl Benard, geboren 1953 in New Orleans/USA, und Edit Schlaffer, geboren 1950 im Burgenland/Österreich, leiten als Sozialwissenschaftlerinnen die «Ludwig-Boltzmann-Forschungsstelle für Politik und zwischenmenschliche Beziehungen» in Wien.

Bei Rowohlt veröffentlichten sie weiterhin: «Die ganz gewöhnliche Gewalt in der Ehe» (rororo aktuell 4358); «Der Mann auf der Straße» (rororo sachbuch 7305); «Die Grenzen des Geschlechts» (rororo sachbuch 7775); «Liebesgeschichten aus dem Patriarchat» (rororo sachbuch 7843); «Im Dschungel der Gefühle» (rororo sachbuch 8783); «Viel erlebt und nichts begriffen» (1985); «Männer. Eine Gebrauchsanweisung für Frauen» (rororo sachbuch 8820) und «Laßt endlich die Männer in Ruhe» (rororo sachbuch 9197).

Cheryl Benard / Edit Schlaffer

Sagt uns, wo die Väter sind

Von Arbeitssucht und Fahnenflucht des zweiten Elternteils

rororo

Rowohlt

Veröffentlicht im Rowohlt Taschenbuch Verlag GmbH,
Reinbek bei Hamburg, Dezember 1993

Umschlaggestaltung Barbara Hanke und Nina Rothfos
(Foto: ZEFA)
Gesamtherstellung Clausen & Bosse, Leck
Printed in Germany
1290-ISBN 3 499 19589 5

Inhalt

Einführung

Wir widmen dieses Buch den alleinerziehenden Müttern der westlichen Welt. Und das ist eine sehr große Gruppe, denn: alleinerziehend sind wir alle. Ob ohne Trauschein zusammenlebend, ob verheiratet, verlassen oder geschieden, oder ob realistisch genug, sich von Anfang an bewußt zur alleinigen Verantwortung zu bekennen, de facto ist jede Mutter eine Alleinerzieherin.

Die neuen Väter? Bei der Geburt atmen sie noch mit, aber danach geht ihnen schnell die Luft aus. Danach machen sie sich das Vater-Sein, dem alten Sprichwort zum Trotz, mindestens genauso leicht wie das Vater-Werden. Danach sind Frauen und Kinder Allein-zu-Haus und erleben den Vater hauptsächlich in Form von Versprechungen. «Wenn dieser Auftrag erledigt ist, bleib ich nicht mehr bis neun Uhr im Büro.» «Nächstes Wochenende gehen wir Drachenfliegen.» «Am Freitag bin ich bestimmt rechtzeitig da, zum Abendessen.» «Morgen lese ich euch eine Geschichte vor.»

Frauen warten auf den Märchenprinzen; Kinder warten auf den Märchenvater, und alle miteinander warten sie vergeblich. Die moderne Familie, sie gleicht einem Wildwest-Rodeo: Frauen und Kinder versuchen mit dem Lasso, den Vater einzufangen. Bleib hier! Komm heim! Komm früher! Die neuen Väter? Sie reden von Prioritäten und hohen Werten und davon, daß ihre Kinder das Wichtigste in ihrem Leben sind, aber wenn es darauf ankommt, haben sie leider eine Sitzung. Einen Termin. Eine wichtige Prüfung. Eine Reifenpanne.

Manchmal besinnen sie sich wirklich und wollen alles anders machen. Leider geschieht das, typischerweise, in zwei Situationen: wenn ihr «Kind», mittlerweile 18 Jahre alt, von zu Hause auszieht und sie plötzlich erkennen, daß sie einen einmaligen, einen unwiederholbaren Termin in ihrem Leben versäumt haben: die Kindheit ihrer Kinder. Oder wenn ihre Frau, des verheirateten Alleinseins müde, sich scheiden läßt. Dann kämpfen manche Väter wie Löwen um das, was man ihnen vorher nur unter Anwendung von Kniefall und Gewalt abringen konnte: um eine Rolle in der Erziehung ihrer Kinder. In beiden Fällen ist es zu spät: im ersten Fall, weil das Kind keins mehr ist, und im zweiten, weil sie sich in Wirklichkeit schon längst von Frau und Kindern getrennt haben, ehe Frau und Kinder die Konsequenzen zogen.

Wir haben Familien besucht, quer durch Deutschland, in großen und kleinen Städten und in Dörfern. Wir haben mit Vätern, Müttern und Kindern gesprochen. «Unser größter Feind», sagte uns der Sprecher einer Vaterinitiative, «ist der große Suppentopf.» In diesen Suppentopf, voll von geschiedenen Vätern, die sich aus der Verantwortung und weg von den Unterhaltszahlungen stahlen, voll von verheirateten Vätern, für die Erziehungsarbeit wie eh und je reine Frauensache war, wollten sie nicht geworfen werden. Sie wollten ihren Kindern aktive Väter sein und kämpften um eine Rechtsprechung, die ihren Minderheitenstatus respektierte.

Auch wir wollten keine Minderheiten diskriminieren und hielten beide Augen offen nach neuen Vätern. Wir fanden einige, aber sie waren in dieser Suppe der männlichen Verantwortungslosigkeit so selten wie das Lorbeerblatt, das die reale Suppe würzt. Mit diesem Lorbeerblatt kann sich die moderne Vaterschaft nicht schmücken, wirklich nicht. Denn häufiger hörten wir väterliche Geschichten der haarsträubenden Art.

Diese Geschichten haben wir hier weitgehend weggelassen. Denn wir wollten kein Buch über Leid und Heldentum von Müttern schreiben; wir wollten nicht darüber schreiben, was Müttern von Vätern alles angetan werden kann, wie viele Varianten des böswilligen Verlassens Frauen und Kinder ertragen können. Zurück blieb eine Porträtsammlung sagenhafter männlicher Verantwortungslosigkeit. Da gab es Männer, die sich allen Ernstes mit einem Babysitter auf eine Stufe stellten und sich darüber beschwerten, daß ihre Frauen sich nicht dankbar genug zeigten, wenn sie – die leiblichen Väter – auf die Kinder aufpaßten; Männer, die sich in ihrem Berufsleben strikt an Vereinbarungen hielten – Ehrensache –, die sich aber nicht scheuten, das Vertrauen ihrer Kinder immer wieder mit gebrochenen Versprechungen und enttäuschten Hoffnungen zu mißbrauchen; Männer, die ihre Kinder ungerührt sitzenließen in jeder Phase ihres Lebensalters, vom ersten verfärbten Schwangerschaftsteststreifen bis zum Abitur.

Dagegen waren Mütter, vielverschmäht in unserer freudianischen Zeit, ein Fels in der Brandung. Neue Väter? Im Suppentopf des männlichen Egoismus gab es welche, doch, aber nicht in hinreichender Menge, um den Geschmack zu verbessern. Und bestimmt nicht in hinreichender Menge, um ein Schlagwort, geschweige denn eine neue Rechtsprechung zu rechtfertigen.

Sind wir, angesichts dieser traurigen Sachlage, besorgt um die Zukunft der Familie? Nein, gar nicht. Die «Familie» ist in denselben Händen wie immer schon: in den Händen der Mütter. Die Väter? Die könnten besorgt sein, sowohl aus moralischen wie auch aus rein selbstsüchtigen Gründen. Moralisch haben sie viel auf dem Gewissen: gebrochene Versprechungen, leichtfertig fallengelassene Verantwortung. Patriarchen sehen in ihren Kindern gerne ein Stück Unsterblichkeit, aber der Vater lebt in vielen Kindern bloß fort als eine Sehnsucht, als ein Bedauern, als ein grauer Koloß, der den

Schatten seiner Selbstverweigerung über ihre eigene spätere Liebesfähigkeit wirft.

Wenn Väter das nicht belastet, sollte zumindest ein sachlicher Blick in ihre Zukunft sie beunruhigen. Denn ihre Frauen und vor allem ihre Kinder verlieren allmählich die Geduld mit ihnen. Aus jeder anderen Institution wären sie, wenn sie so kontinuierlich fehlen, so wenig leisten und so oft enttäuschen würden, schon längst hinausgeflogen.

Sentimentalität, Hoffnung und Gewohnheit haben ihnen bis jetzt, auch unverdient, ihren Platz in der Familie freigehalten, aber das ändert sich. Wir müssen hier gar nicht feministisch dramatisieren: Demographen, diese sachliche Berufsgruppe, sind unsere Zeugen. Keine andere «Familienform» nimmt, statistisch gesehen, so rapide zu wie die Gruppe der bewußt alleinerziehenden Mütter. Ergänzen wir diese Gruppe mit der ebenfalls nicht kleinen Gruppe der Geschiedenen, dann wird der Trend unübersehbar: Der Mann, der Vater, ist dabei, aus der Familie wegzudriften, langsam aber sicher. Aber wohin driftet er? In eine andere Familie, wo er einen Gastauftritt als Stiefvater abgibt, bis er – statistisch der Regelfall – erneut abdriftet und weiterreist. Ins Büro, in den Sportverein . . . aber ob er sich dort auch dann noch so wohlfühlen wird, wenn er nicht mehr mit dem wohligen Gefühl der Delinquenz weiß, daß er zu Hause voller Sehnsucht erwartet wird?

Wenn wir als Mütter dieser Entwicklung auch einigermaßen gelassen entgegensehen können – wir haben sie schließlich nicht verschuldet, und wir kommen schon lange, wohl oder übel, mit ihren Konsequenzen zurecht –, sie freut uns nicht. Aber noch unerfreulicher war es, alle diese Jahre hindurch, unseren Kindern grimmig lächelnd einen Vater herbeizulügen. «Papi hat etwas Wichtiges zu tun, wir dürfen ihn nicht stören» (denn wir sind nicht so wichtig). «Vati kann jetzt nicht, vielleicht später» (wenn du erwachsen bist). Sogar nach

Scheidungen, Trennungen und böswilligem Verlassenwerden erlogen viele Mütter pflichtbewußt den guten Vater. In Österreich schickten verlassene Frauen den Erzeuger ihrer Kinder nach Amerika, wo ihn ein schreckliches Schicksal ereilt haben mußte, weil er sonst zweifelsohne seine Familie hätte nachkommen lassen – oder sich zumindest hin und wieder nach dem Wohl seiner Sprößlinge erkundigt hätte. Der Traum von einem familienorientierten Mann, oft auch das schlichte Herbeilügen eines liebevollen Vaters – viele zusätzliche Pflichten haben Frauen in den letzten Jahren schultern müssen, aber diese eine Pflicht lassen sie immer häufiger fallen.

Die neuen Väter? Wenn sie ihr Versprechen nicht bald einlösen, werden sie in kurzer Zeit nicht mehr sein als eine verblassende Phantasie idealistischer Mütter und Kinder, eine kurze biologische Notwendigkeit und vielleicht noch ein Gegner vor Gericht.

1 Der Mann ohne Eigenschaften – Väter, Windeln, Weltprobleme

Wir alle haben fest mit dem neuen Vater gerechnet: engagiert, liebevoll, gleichberechtigt. Statt dessen: alles wie gehabt. Mit allzu wenigen Ausnahmen ist der Vater auch heute mürrisch, uninteressiert – und größtenteils abwesend.

«Mein Vater ging jeden Morgen aus dem Haus. Wenn er am
Abend wiederkam, schien er froh zu sein, uns alle zu sehen.
Mein Vater öffnete die Gurkendose, wenn wir sie nicht aufkriegten.
Er hatte keine Angst davor, allein in den Keller hinunterzugehen.
Er unterschrieb meine Zeugnisse.
Er schickte mich zu früh ins Bett.
Er machte viele Fotos, war aber selber nie drauf.
Ich fürchtete mich vor den Vätern meiner Freundinnen,
aber nicht vor meinem eigenen. Einmal servierte ich ihm Tee. Es war
nur Zuckerwasser, aber er setzte sich auf meinen Kindersessel und
sagte, es schmecke köstlich. Er wirkte dabei sehr verlegen.
Wenn ich mit meinen Puppen spielte, war die Mama-Puppe immer
sehr beschäftigt. Aber ich wußte nie, was ich mit der Papa-Puppe
machen sollte. Also ließ ich sie sagen: ‹Ich geh jetzt ins Büro.›
Und dann warf ich sie unter's Bett.
Als ich 9 Jahre alt war, ging mein Vater nicht mehr ins Büro.
Er ging ins Spital, und dort starb er.
Ich angelte die Papa-Puppe unter meinem Bett hervor. Ich staubte
sie ab und setzte sie auf mein Bett.
Er hat eigentlich nie etwas mit uns getan. Ich weiß nicht,
warum sein Weggehen für mich so traurig war.
Ich weiß es noch immer nicht.»

(Erma Bombeck, in Andersen, Father, New York 1983, S. 5)

Wir alle haben uns große Hoffnungen auf einen neuen Vätertyp gemacht. Das hatte im wesentlichen zwei Gründe. Die meisten von uns hatten die eigenen Väter nicht so erlebt, wie es unserem kindlichen Wunsch entsprochen hätte. Unsere Väter waren zu selten da, und wenn sie körperlich anwesend waren, existierten sie schemenhaft im Hintergrund. Sie waren zu streng oder zu beschäftigt oder zu desinteressiert. Oder sie belasteten die Atmosphäre zu Hause, weil sie sich mit unseren Müttern nicht vertragen konnten oder weil man in ihrer Gegenwart ruhig und brav sein mußte. Oft hatten sie am Leben der Familie so gut wie keinen Anteil.

Für unsere Kinder wünschen wir uns eine andere Art von Vätern: nettere, interessiertere und vor allem Väter, die anwesend sind.

Und außerdem wünschten wir uns auch eine andere Art von Männern. Partner sollten sie uns sein, in allen Bereichen, besonders aber dort, wo es um das Zentrale des gemeinsamen Lebens ging: die Kinder.

«Neue Vaterschaft» war ein Schlagwort der 70er Jahre. Lange hatten wir Mütter die Kinder für uns gehabt, jetzt wollten wir teilen. Und zwar von Anfang an. Also nahmen wir die Männer in die Klinik mit. Wir taten das für uns selbst, um nicht allein zu sein, um Beistand zu haben, aber wir erhofften uns davon auch bessere Startbedingungen für die Elternschaft. Schließlich hieß es immer, für Väter wären Babys zu abstrakt, sie fühlten sich ausgeschlossen durch die Symbiose von Mutter und Kind, ins Unbedeutende abgeschoben durch die Körperlichkeit einer Bindung, die sich durch Schwangerschaft und Stillen sehr deutlich ausdrückte.

Wir öffneten den Männern damit die Tore zur weiblichen Welt mit einer Bereitwilligkeit, die umgekehrt – nämlich dort, wo Frauen in die männliche Welt des Berufs und der Öffentlichkeit eintreten wollten – nicht festzustellen war. Doch sie sahen sich um, runzelten die Stirn und gingen wieder. Die Geburt, ja. Das war interessant und zeitlich angenehm begrenzt. Aber die Sorge um das Kind, das bedeutete Arbeitseinsatz, ohne Aussicht auf ein Ende.

«Was unternimmt Ihr Mann, genau, mit den Kindern?» fragten wir unzählige Frauen quer durch Deutschland. «Wie würden Sie Ihren Beitrag zur Erziehung beschreiben?» fragten wir unzählige Männer. Abgesehen von einer mikroskopischen Minderheit von Männern, die wirklich an der Erziehung beteiligt sind oder sogar vorrangig erziehen, waren diese Fragen schnell beantwortet. Der neue Vater? Vielleicht – nicht immer – ist er freundlicher als der alte. In letzter Konsequenz aber kann das auch bedeuten, daß er sogar den ehemaligen Vaterbeitrag zur Erziehung nicht mehr ausfüllt, nämlich die klassische Rolle der disziplinierenden Figur, wenn die Mutter allein gar nicht mehr mit den Kindern zurechtkommt.

Der neue Vater jedenfalls war nirgendwo zu entdecken. Statt dessen standen wir vor einer gähnenden Leere, vor einem Vakuum. Was ist das, ein Vater? Die alte Antwort gilt nicht mehr. Er ist nicht mehr das Familienoberhaupt, der Ernährer, die imposant-schemenhafte Figur, die morgens aus dem Haus geht, dort vermutlich immens wichtige Dinge tut und abends wieder heimkommt, gerade noch rechtzeitig, um ein Machtwort zu sprechen und kleine Missetäter zu strafen. Heute geht Mama in der Regel auch aus dem Haus, tut womöglich ebenfalls wichtige Dinge, bringt auch Geld heim. Und der drohende Blick, die tiefe Stimme, der patriarchale Strafeinsatz sind als pädagogische Mittel nicht mehr aktuell.

Was sollte der Vater dann sein?

Frauen – und Kinder – wissen darauf eine Antwort: Ein Vater ist eine zweite erwachsene Person, die dem Kind genauso nahesteht wie die Mutter, auf die das Kind sich genauso verlassen kann, die aber den Reiz einer zweiten Persönlichkeit, mit zusätzlichen Interessen, eigenen Qualitäten und neuen Eigenschaften einbringt; die zusammen mit der Mutter den Kindern zeigt, wie man als Paar, als Familie zusammenleben kann. Muß ein Vater, um wertvoll zu sein, um eine lohnende Rolle zu spielen, «anders» sein, sich anders verhalten als eine Mutter – und zwar «anders» in einem grundsätzlichen Sinn? Und wenn er nicht weiß, wie dieses «anders» sich zu gestalten hat, hat er dann nicht etwas Wichtigeres zu tun, als seine Zeit mit einer sinnlosen Verdoppelung schon abgedeckter Leistungen zu vertrödeln? Ist ein Vater, der sich nicht klar und deutlich von der Mutter abheben kann, denn etwas anderes als eine überflüssige Imitation? Wie sieht seine eigene, spezifische Rolle aus? Gibt es sie?

Vielen Müttern erscheinen diese Fragen irrelevant. Sie erleben die Betreuung und Erziehung von Kindern als eine sehr aufwendige, komplizierte und anspruchsvolle Aufgabe, die ein Mensch allein nur schwer bewältigen kann und auch nicht bewältigen will, weil es zu zweit, mit einem gleichermaßen engagierten Partner, besser gelingt, leichter fällt und auch mehr Freude macht. Und im Umgang mit Kindern ist ohnehin jeder Mensch «anders»; warum also sollte nicht allein schon die andere Persönlichkeit Attraktion genug besitzen für ein Kind, das sich an dieser zweiten Person erfreuen kann?

Und die Väter heutzutage? Sind sie diese zweite Person? Wie gehen sie mit den Kindern um?

Viele Frauen, und viele Männer, mußten sehr lange nachdenken, bevor sie uns diese Frage beantworten konnten. Und dann kam: mmmmm, jaaaaa . . . sie spielen. Sie spielen mit den Kindern. Sie turnen. Sie raufen, mit ihren Söhnen, und sie werfen ihre kleinen Töchter jauchzend in die Luft.

Das ist alles sehr schön und sehr lustig, und sogar die Sozialwissenschaft bescheinigt den Vätern gern, daß sie die obengenannten Tätigkeiten besser und bereitwilliger ausführen als Mütter. Über die Gründe gibt es nur Mutmaßungen; vielleicht, weil Männer – wie schon Nietzsche es behauptet – einfach kindlicher sind als Frauen, vielleicht aber auch nur, weil Mütter zwischen Windelbergen und Hausaufgabenheften ihre spielerischen Kräfte längst verloren haben.

Aber reicht die Rolle des Animateurs und Turners aus als Nachweis für die Identität einer neuen Vaterschaft? Denn sehr viel mehr Qualitäten sind bei bestem Willen nicht auszumachen.

Die Beobachtungen und Ergebnisse aus unseren Umfragen und Interviews lassen sich durch Untersuchungen untermauern, die in verschiedenen westlichen Industrieländern im Rahmen einer Vielzahl von empirischen Projekten durchgeführt wurden. Betrachten wir z. B. die unumstrittene Spitzenleistung moderner Väter, das Spiel. Väter spielen mit ihren Kindern, das ist richtig, möglicherweise auch häufiger, als sie es von dem eigenen Vater her kennen. Aber «der Vater kommt auch im Stadium seines stärksten Engagements für sein Kind nicht über die Klassifikation ‹sehr selten› hinsichtlich der Spielaktivität hinaus». Und das, obwohl «die Aktivität des Vaters wesentlich auf das Spielen, die Freizeitgestaltung beschränkt ist, während die Mutter die Bereiche Versorgung und Pflege zu übernehmen hat».*

Aufschlußreich ist in diesem Zusammenhang auch die Studie eines amerikanischen Forschungsteams. Darin werden drei Arten von elterlichem Engagement unterschieden: die direkte Interaktion (bei der man sich direkt mit dem Kind befaßt in Form einer Versorgungsleistung oder dem direkten Spiel), die Verfügbarkeit (bei der man sich zwar nicht direkt mit dem Kind beschäftigt, aber physisch präsent ist) und die Verantwortung (wenn man zuständig ist z. B. für Bedürfnisse und Termine des Kindes, etwa Zahnarzttermine, Elternabend o. ä.).

In allen drei Bereichen erbrachten die Mütter einen ungleich höheren Beitrag als die Väter, und zwar im Hinblick auf den konkreten Zeitaufwand und den Einsatz. Väter spielten weniger, waren weniger anwesend, waren weniger verfügbar. Erschütternd fällt jedoch das Ergebnis bei der dritten Kategorie aus. «Die größte Diskrepanz», so fassen Brzoska, Hafner und Schäfer zusammen, «zeigt sich bei der Verant-

* Zit. nach Georg Brzoska, Gerhard Hafner, Eberhard Schäfer, Aktive Vaterschaft und Elternurlaub, Gutachten für die Senatsverwaltung, Berlin 1990, S. 13

wortung: die wenigsten Väter übernehmen überhaupt Verantwortung für die Kindererziehung.» Verantwortung: die zeigt sich nicht nur in der großen pädagogischen Entscheidung, sondern vor allen Dingen in tausendfachen Details. Der Klebestift, der in der Malschachtel des Erstkläßlers fehlt und bis morgen ersetzt werden muß, wenn die Lehrerin nicht schimpfen soll; die Turnschuhe, die zu klein geworden sind; der Blick ins Mitteilungsheft, um zu erfahren, ob die Schule morgen nicht vielleicht eine Stunde früher aufhört und das Kind früher abgeholt werden muß. Verantwortung bedeutet aber auch Teilhaben am Leben des Kindes, meint die *inhaltliche* Begleitung seiner Entwicklung.

All das delegieren Männer gerne. Nicht, weil sie sich nicht kompetent fühlen. Offenbar auch nicht, weil sie es nicht könnten. Sondern sehr auffällig deswegen, weil sie andere Prioritäten haben. Denn bei sehr vielen Männern, die anfangs noch präsente und engagierte Väter waren, läßt später die Begeisterung nach. Die Karriere wird wichtiger, der Sport oder ein anderer Konkurrent, und der Vater driftet ab und davon.

Und wenn schon. Genügt es denn nicht, wenn all diese Aufgaben kompetent von der Mutter erledigt werden und der Vater gelegentlich und freundlich auftritt und kraft seiner männlichen Ausstrahlung irgendwie mysteriös als männliches Rollenbild fungiert? Ausgesprochen oder unausgesprochen scheinen viele Männer davon überzeugt zu sein, daß das vollkommen ausreichend ist. Interessant ist, daß sie sich im Büro für unabkömmlich halten, daß sie dort ihre ständige Präsenz und ihre Beaufsichtigung unzähliger Details unabdingbar finden, in der Familie aber mit gelegentlichem unverbindlichem Vorbeischauen ihrer Aufgabe zu genügen meinen. Doch die Aussagen von Kindern lassen bezweifeln, daß diese Annahme stimmt. Es mag ja so etwas wie eine «quality time» geben, die in der Konzentration der Zuwendung ihre zeitliche Beschränkung kompensiert. Aber selbst da sind der Zeitreduktion Grenzen gesetzt. In ihrer Autobiographie als Politikertochter erinnert sich z. B. Susan Ford daran, daß ihr Vater während seiner Politikerlaufbahn versuchte, den Kontakt zu seiner Familie symbolisch zu halten, daß diese begrenzte Geste aber künstlich und wirkungsleer blieb: «. . . wir Sonntag abends immer pünktlich daheim sein sollten, weil mein Vater sich den Sonntag abend immer für uns reservierte. Nun, mir bedeutete das überhaupt nichts. Für mich war er bloß irgendein Mann, der mit uns am Tisch saß.»*

Die Staatsgeschäfte als siegreicher Konkurrent um die Gunst und die Zeit des Vaters, das ist eine Erfahrung, die sehr viele weniger prominente Kinder teilen. Nicht nur die Präsidenten von Supermächten gebärden sich zu Hause als unabkömmlich.

Mag uns der «typische» Vater aber auch als klassischer «Mann ohne Eigenschaften» präsentiert werden, als jemand, der das Erwachsenwerden der Kinder nur von einem Stehplatz in der hintersten Reihe mitbekam, sich unauffällig am Rand des täglichen Familiengeschehens bewegte und höchstens eine Art Aura mitbrachte, eine Aura der wichtigen Welt, in der er offensichtlich unabkömmlich war – so stimmt dieses Bild nicht ganz. Es ist leicht, sich hier in die Irre führen zu lassen. Auf die Frage «Wie war Ihr Vater?» bekommt man nämlich meist eine sehr knappe Antwort, aus der zu schließen wäre, daß es über ihn einfach nicht sehr viel zu sagen gibt. Weitere Nachfragen ergeben aber, daß er dennoch deutliche Spuren hinterlassen hat; fern vom Tatort ist trotzdem alles übersät von seinen Fingerabdrücken. Es ist erstaunlich, welche Wirkung ein Vater schon bei relativ geringfügiger Präsenz erzielen kann. Das gelingt ihm, indem er seine ökonomische, körperliche oder psychologische Macht besonders dramatisch zur Geltung bringt. Etwa wenn der Vater zwar

* Zit. nach Christopher Andersen, Father, N. Y. 1983

selten da ist, dann aber doch das entscheidende letzte Wort bei allen gravierenderen offenen Entscheidungen zu sprechen hat, wenn die Familienstimmung sich bei seiner Ankunft schlagartig ändert und abrupt neue Regeln gelten oder wenn er als Richter auftritt, der über die Leistungen, das Verhalten und den gesamten menschlichen Wert seiner Kinder urteilt. Immer dann ist Vater von überproportionaler Bedeutung. Denn je seltener er in Erscheinung tritt, desto sorgfältiger wird er von den Kindern beachtet und studiert.

Das Verhältnis erwachsener Kinder zu ihren Vätern läßt sich demnach in mehrere Kategorien gliedern.

Manche Kinder hassen ihren Vater für das gewalttätige oder tyrannische Verhalten, das er in ihrer Kindheit ihnen und/oder ihrer Mutter gegenüber an den Tag legte.

Manche Kinder lieben ihren Vater mit einem immer noch schmerzhaften Gefühl der Sehnsucht, in seinem Leben endlich eine größere Rolle zu spielen.

Manche Kinder verlieren später das Interesse am Vater und den Kontakt zu ihm, manchmal ganz automatisch, einfach weil nie eine richtige Beziehung existierte, manchmal aus Rache: früher hatte er keine Zeit, jetzt haben sie keine.

Manche Kinder entschuldigen ihre Väter ein ganzes Leben lang, indem sie die Ursache für deren Desinteresse oder Ablehnung bei sich selber suchen. Oder sie rehabilitieren sie unbewußt dadurch, daß sie sich später genauso verhalten wie der Vater.

Es ist gängig geworden und bereitet niemandem mehr Unbehagen, über die eigene Mutter zu sprechen. Wenn der Vater weniger diskutiert wird, dann nicht deshalb, weil es über ihn weniger zu sagen gäbe, ganz im Gegenteil. Zwei andere Gründe treffen hier zu. Erstens fehlt uns für die Vaterdiskussion die kulturelle Geläufigkeit eines Vokabulars, wie wir es für die Mutter von populärpsychologischer Seite umfassend geliefert bekommen. Zweitens – und damit zusammenhängend – unterliegt der Vater immer noch einem Tabu. Die Unbestimmbarkeit, die Schwierigkeit zu definieren, was Vater ist, ist nicht nur Zufall, nicht nur Produkt seiner unabänderlichen Lebensumstände, sie ist auch Absicht. Kritik am Vater unterliegt noch immer, unausgesprochen, dem patriarchalen Interdikt.

Das erfuhr Christopher Hallowell, der eine Flut von Leserbriefen erhielt, nachdem er in der New York Times einen Artikel über seinen Vater publiziert hatte. In diesem Artikel hatte er darüber reflektiert, welche Auswirkung die Härte und Verschlossenheit seines Vaters auf seine eigene Persönlichkeit gehabt hatte. Die Briefflut, die daraufhin eintraf, ließ sich in zwei Ordnern abheften: zu 50 Prozent etwa kamen die Briefe von Männern, die in Christophers Vater den eigenen oiedererkannten und von den Schädigungen und Kränkungen der eigenen Kindheit berichteten. Die zweite Hälfte kritisierte Christopher dafür, daß er seinen Vater öffentlich dermaßen bloßstellte. «Die Botschaft dieser Briefe machte mich sehr betroffen. Offenbar waren viele Männer der Meinung, daß ich kein Recht hatte, die Beziehung zwischen einem Vater und seinem Sohn in dieser Weise öffentlich zu machen. Ihrer Meinung nach handelte es sich um ein Familiengeheimnis, das ich kein Recht hatte auszuplaudern ... Andererseits aber war meine Beziehung zu meinem Vater alles andere als einzigartig. Die Spannungen in der Vater-Sohn-Beziehung setzen sich von Generation zu Generation fort. Der Sohn empfindet als Kind Verwirrung und den stillen Wunsch, sein Vater möge milder und verständnisvoller sein; und danach imitiert er dessen Verhalten gegenüber dem eigenen Sohn.»* Dieser Kreislauf kann nie durchbrochen

* Christopher Hallowell, Father To The Man, N. Y. 1987, S. 14

werden, meint Hallowell, solange ein Komplott des Schweigens, ein Gebot der strikten Loyalität existiert. Dies ist ein wichtiger Gedanke, denn genau hier offenbart sich die größte Gefahr einer bestimmten Sparte von Literatur über «neue Vaterschaft»: sie setzt diese Tabus und Interdikte im wesentlichen fort, indem sie Kritik an väterlichem Verhalten streng untersagt und jegliche Form väterlichen Wirkens schon von vornherein positiv bewertet.

Bleiben wir vorerst noch bei dem Gebot der Loyalität. Die Frauenbewegung machte deutlich, daß die Definition der Familie als «Intimzone» nicht bloß dem Schutz der Privatheit ihrer Mitglieder diente, sondern vor allem auch die willkürliche Macht des Stärkeren im Familienverband verschleierte und damit «schützte». Familiengeheimnisse waren oft nichts anderes als ein erpresserischer Druck auf die Schwachen, keine Hilfe von außen anzunehmen. War das Ventil nach außen versperrt, schlug der Druck nach innen zurück und traf erneut die Opfer.

Ebenso wie für körperliche und sexuelle Gewalt gilt das auch für die emotionale und psychische Macht. Wie das bei Kindern funktioniert, hat Pat Conroy in einer erschütternden Analyse dargelegt. Pats Vater war ein angesehener Mann, Karrieresoldat beim U.S.-Militär. Kollegen und Vorgesetzte schätzten seinen Mut, seine Führungsqualitäten, seine Freundlichkeit. Die Umwelt hielt ihn für einen überzeugten Familienvater: schließlich hatte er eine schöne Frau und sieben Kinder. Doch diese acht Menschen kannten als einzige die Wahrheit über Herrn Conroy: daß er ein Tyrann war, der ihnen mit Fäusten, Sarkasmus und Launen das Leben zur Hölle machen konnte. Sein ältester Sohn hat diese Kindheitshölle später als Schriftsteller zu verarbeiten versucht, sein Buch wurde verfilmt und unter dem Titel «The Great Santini» später als Film preisgekrönt. Fünfzehn Jahre nach Erscheinen des Buches, Jahrzehnte nach den Ereignissen, die das

Buch beschreibt, hat der Schmerz nicht nachgelassen. In einem Aufsatz aus dem Jahr 1991 erinnert sich Pat an seine Kindheit, die er nie wird abschütteln können.*

Pats Vater war Marineoffizier, ein Beruf, der seiner Familie schon rein objektiv schwierige Lebensumstände aufbürdete. Fast jedes Jahr übersiedelte die Familie an einen neuen Ort, fast jedes Jahr mußten die Kinder ihre Schulen wechseln und ihre Freunde und Nachbarn, zu denen sie gerade erst Zutrauen gefaßt hatten, verlassen. Das alles wäre noch erträglich gewesen, wenn der Mensch, der an der Spitze dieser kleinsten Militäreinheit im amerikanischen Verteidigungssystem stand, ein anderer gewesen wäre. So aber lebte die Familie in der Hoffnung darauf, «daß mein großer, gewalttätiger Vater endlich gegen einen gefährlicheren Feind als seine Frau und Kinder eingesetzt würde».

Denn Pat wuchs auf «mit der Überzeugung, daß mein Vater mich eines Tages töten würde. Ich erinnere mich an keinen Tag, wo ich mich nicht vor den Händen meines Vaters gefürchtet hätte . . . abgesehen von den Zeiten, wenn er in den Krieg zog. Ich betete stets darum, daß Amerika in irgendeinen Krieg eintreten würde oder daß mein Vater wenigstens einen Einsatzbefehl erhalten und ohne uns an irgendeinen fernen asiatischen Ort versetzt werden würde. Krieg für Amerika bedeutete, ironischerweise, Frieden für meine Familie. Solange mein Vater anderswo Feinde tötete, konnte seine Familie ruhig schlafen. Aber nicht deswegen, weil er die Landesgrenzen sicherte und die Demokratie verteidigte, sondern einfach deshalb, weil er weg war».

Das amerikanische Militär besitzt eine hochentwickelte Infrastruktur in bezug auf die sozialen Bedürfnisse seiner Angehörigen, und dazu gehört auch eine außerordentlich klare und starke Position hinsichtlich von Gewalt in der Familie.

* Pat Conroy, «Colonel Dad», in Washingtonian, April 1991, S. 70 ff.

Wenn bekannt wird, daß ein Soldat Frau oder Kinder schlägt, wird er sofort von der Militärpolizei abgeholt. Die Familie bleibt in der Wohnung, der Mann bezieht ein getrenntes Quartier, und alle Beteiligten müssen sich umgehend einer Familientherapie unterziehen, während der militärische Rechtsapparat gleichzeitig den Schweregrad des Vorfalls und die Rehabilitierungschancen des Täters prüft. Was vielen Angehörigen alljährlich zum Schutz gereicht, bringt für andere – vor allem für die Angehörigen von Offizieren – eine zusätzliche Verschärfung ihrer Situation. Das «Fußvolk» darf solche Probleme haben, wird behandelt und reintegriert. Aber ein Offizier darf sich ein Vergehen dieser Art nicht zuschulden kommen lassen. Pats Familie lebte nicht nur mit der ständigen Angst vor dem Vater, sondern auch mit der Angst, daß irgend jemand von seiner Gewalttätigkeit erfahren könnte. Denn das hätte das sofortige Ende seiner Militärkarriere bedeutet und damit auch das Ende der finanziell sorglosen Existenz der Familie.

«Meine Mutter gestattete uns nicht, irgendwem zu sagen, daß unser Vater uns prügelte. Mein Schweigen wurde zu einem patriotischen Gebot. Meine Jugend war erfüllt von der Schande eines Sohnes, der seine Mutter nicht verteidigen kann. Es fing immer mit irgendeinem kleinen Streit an. Der Hauptmann geriet schnell in Rage, denn einem Hauptmann (oder einem Major oder einem Leutnant) widerspricht man nicht. Schließlich schlug mein Vater dann auf meine Mutter ein, bis ihr jämmerliches Weinen den Raum erfüllte. Ihre sieben Kinder, lautlos wie Spartaner, sahen zu Boden und sagten nichts.

Später, wenn unsere Mutter sich beruhigt hatte, sagte sie uns dann immer, daß das, was soeben stattgefunden hatte, nicht stattgefunden hatte. Sie löschte unsere Zeugenschaft unserer eigenen Geschichte. Nicht die leiseste Andeutung unserer häuslichen Zustände durfte meine Lehrer, unsere

Verwandten, die Freunde unserer Familie erreichen. Im Haus meines Vaters lebte ich ständig in Angst. Aber ich glaube, ich hätte noch unter der Folter geleugnet, daß mein Vater jemals seine Hand gegen mich erhob. Denn wenn mein Vater wegen Kindesmißhandlung festgenommen worden wäre, wäre seine Karriere beim Militär sofort beendet gewesen. Also ließ meine Mutter sich schlagen und ließ ich mich schlagen. Und auch meine Brüder und Schwestern taten ihre Pflicht für die Landesverteidigung.»

Die Verknüpfung von Patriotismus und Selbstaufopferung ist ironisch gemeint, entsprach aber wirklich der Grundphilosophie dieser Familie. Pats Mutter reichte am Tag nach der Pensionierung ihres Mannes – ein Ereignis, das angesichts seiner hohen Verdienste für das Vaterland mit einer Militärparade gewürdigt worden war – die Scheidung ein. Und sein ältester Sohn machte sich an das Verfassen einer Autobiographie – die damals aber noch mit verzerrten Angaben und veränderten Namen als Roman veröffentlicht werden sollte.

Die Pensionierung und die Trennung von seiner Frau bewirkten bei Pats Vater eine Veränderung. Er tat, erstmals in seinem Leben, einen versöhnlichen Schritt auf seine Familie zu. Und löste damit einen erneuten Sturm innerer Erregung aus, denn die Mutter hatte sich zwar längst ein Urteil über ihren Mann gebildet und sich innerlich vollständig von ihm gelöst, aber «wir Kinder hatten unser ganzes Leben lang darauf gewartet, daß unser Vater uns lieben sollte». Das psychische Chaos, das durch die scheinbare neue Zugänglichkeit des Vaters ausgelöst wurde, war fast ebenso erschreckend, wie es seine vorangegangene Gewalt gewesen war. Pat mußte versuchen, nicht nur seinen Haß, sondern auch seine diffusen Hoffnungen irgendwie zu verarbeiten. Beides war schwer. Da waren die Schuldgefühle eines älteren Sohnes, der den Mißhandlungen gegen seine Mutter tatenlos hatte zusehen, mit ihr und dem gewalthaften Vater und den kleineren und noch hilfloseren Geschwistern in einer Komplizenschaft des Schweigens hatte leben müssen. Da waren die verdrängten Gefühle von Zorn und Trauer, denn Pat hatte das Männlichkeitsbild seines Vaters übernommen und «niemals geweint wegen des kleinen Jungen, der den Schlägen des stärksten und größten Fliegers der Marine hatte standhalten müssen». Da waren trotz allem noch die Schuldgefühle wegen des verspäteten Ausplauderns der Familiengeheimnisse in Form von Buch und Film, denn in «meiner Kindheit war Verrat das größte aller Vergehen gewesen, und die Wahrheit stand unter strengstem Verbot». Die Emotionen, die der kleine Junge unterdrückt und verdrängt hatte, lebten in dem erwachsenen Mann weiter. Ihnen schreibt er das Scheitern seiner Ehe und die Jahre der inneren Qualen zu, die er während des Schreibens intensiv empfand. «Ich schrieb The Great Santini unter Tränen, in tiefstem Haß gegen meinen Vater, abgestoßen von der Art, wie er seine Familie behandelt hatte.» Und weil das Opfer wirklichen Schaden erleidet durch die Gewalt, suchte Pat auch nach Schuldanteilen bei sich selber und nach Rechtfertigungen für seinen Vater.

«Ich studierte Kindheitsfotos von mir selbst und versuchte zu verstehen, warum ein Vater in das kleine Gesicht dieses Jungen schlagen wollte.»

Um seinen Vater zu verstehen, kann er schließlich nur auf die Mythologie seiner Kindheit zurückgreifen: daß der Vater einen unendlich wichtigen Dienst versieht und ihm deshalb andere Dinge nachzusehen sind. «Ich versuchte, während des Schreibens die heldenhafte Seite meines Vaters zu sehen. Sein Beruf war außerordentlich gefährlich, aber er klagte nie darüber. Bestimmt trug er dazu bei, daß andere Länder Amerika fürchten und uns deshalb nicht angreifen.»

Der Artikel schließt mit einer Phantasievorstellung, die Pat seit Jahren verfolgt. In diesem Phantasiebild wird eine Parade veranstaltet, zu Ehren der Kinder von Soldaten. Auf der Tribüne die Väter, in voller Uniform, «schön und stark und gefürchtet von allen Armeen der Welt». Beim Anblick ihrer Kinder würden sich die Väter alle erheben und salutieren, «und in dieser Geste würde endlich Anerkennung liegen, sie würden uns zum ersten Mal in ihrem Leben wirklich sehen und uns danken für unsere Kraft und Großzügigkeit und unser Leiden».

Nichts könnte das Ausmaß der psychischen Zerstörung, die durch einen kalten und abweisenden Vater bewirkt wird, besser zum Ausdruck bringen als diese pathetische Phantasie. Der schlechte Vater hat nicht nur eine Kindheit zerstört und eine Familie unglücklich gemacht. Er ist ein psychisches Rätsel, ein schwarzes Loch im Herzen seiner Kinder. Warum hat er mich nicht geliebt? Was ist an mir verkehrt, so daß er mich schlagen kann? Wenn er mich nicht liebt für das, was ich bin, vielleicht liebt er mich dann wenigstens für die Loyalität und «Großzügigkeit», mit der ich das Fehlen seiner Liebe quittiere. Nur das extreme Abhängigkeitsverhältnis zwischen Kindern und Eltern macht den extremen Mißbrauch möglich.

Väter trösteten sich in unseren Interviews oft damit, daß sogar ein schlechter Vater irgendwann in beliebiger Zukunft noch den Weg zu seinen Kindern finden könne. Wenn er für sie in ihrer Kindheit keine Zeit hatte, findet er vielleicht eine neue Basis für eine Freundschaft, wenn sie erwachsen und seinen beruflichen und intellektuellen Interessen nähergekommen sind. Und, so meinten sie lächelnd, wenn sie sich nach der Scheidung nicht kümmern, wird sie das in den Augen ihrer Kinder vielleicht nur noch reizvoller und mysteriöser machen, so daß, wenn die Mütter sie aus dem Gröbsten heraus erzogen haben, die Kinder sehnsuchtsvoll ihren Vater suchen werden.

Diese Rechnungen gehen manchmal sogar auf, scheinbar. Denn Kinder warten ein Leben lang darauf, wie Pat schreibt, «endlich von ihren Vätern geliebt zu werden». (Wenn die schwierige und ablehnende Elternfigur zufällig die Mutter war, gilt der Satz für sie genauso.) Pats Vater überstand die schriftliche Abrechnung seines Sohnes unbeschadet; er zahlte keinen materiellen Preis dafür, da die Familie rücksichtsvollerweise mit Buchveröffentlichung und der Scheidung seine Pensionierung abwartete, und vertrat die Auffassung, daß sein Sohn im Buch «übertrieben» hätte. In seinem Alter wurde er milder und rief damit bloß eine erneute Ambivalenz bei seinen Kindern hervor, die sich nun fragen mußten, wie sie sich verhalten sollten gegenüber diesem Krieger, jetzt, wo er die Waffen niedergelegt hatte.

Christopher Hallowells Vater war nicht körperlich gewalttätig. Seine Brutalität lag in dem Bild, das er sich ohne Rücksicht auf die Persönlichkeit und das Wesen seines Sohnes machte. Und in der Offenheit, mit der er seine Enttäuschung und seine Verachtung zeigte, wenn der Sohn diesem Bild nicht gerecht wurde. Hallowell Senior wünschte sich einen Sohn, der ein Draufgänger war, ein sportliches As, ein selbstsicherer Führungstyp. Normalerweise hatte er wenig Zeit, und so blieb das Kind von seinen Anforderungen verschont. Aber jeder Urlaub war ein Alptraum von unerfüllbaren Leistungsanforderungen. Christopher mußte in der verhaßten Regatta segeln und die Schmähungen seines Vaters ertragen, wenn er wieder einmal nicht als Sieger hervorgegangen war. Er mußte den Tennisunterricht seines Vaters und dessen Wutanfälle bei jeder ungeschickten Bewegung ertragen.

Christopher studiert alte Fotos und hofft auf Aufklärung.

«Ich sehe ihn mir an, auf den alten Fotos. Er starrt mich an. Ich starre zurück, auf der Suche nach irgendeiner Erklärung dafür, warum er so viel Macht über mich hatte und warum er diese Macht so gedankenlos mißbrauchte. Oft zeigen die Fotos meinen Vater auf seinem geliebten Segelboot. Vielleicht war ich auch in dem Boot, gegen den Mast gekauert, naß und zitternd . . . die Fotos hat meine Mutter gemacht; mein Vater scheint zu lächeln, hat einen Gesichtsausdruck, den die meisten Menschen wahrscheinlich für charmant halten würden. Ich weiß es besser. Gerade hat er zu meiner Mutter wieder etwas Sarkastisches gesagt, hat er sich über irgendeine Unfähigkeit ihrerseits lustig gemacht, und wenn sie auch bloß die Kamera nicht richtig halten konnte. Hinter seinem Grinsen steckt blinde Wut.»

Christopher hat es nicht leichter als Pat, mit den Erinnerungen an seinen Vater fertig zu werden.

«Er ist jetzt seit acht Jahren tot, aber das Wochenendhaus ist noch immer auf seinen Namen registriert, und im Telefonbuch ist nach wie vor sein Name eingetragen, weil keiner von uns es geändert hat. Im Haus stehen, eingerahmt auf dem Kaminsims, viele Fotos von ihm. Anfangs habe ich diese Fotos immer weggeräumt, wenn ich in das Haus kam. Aber damit konnte ich sein Gesicht nicht ausradieren. Jetzt lasse ich sie stehen und bemerke zu meiner Freude, daß er mit jedem Jahr weniger Kraft hat, um meinen Kindheitsschmerz wieder in mir wachzurufen . . . Aber es ist unmöglich, ihn ganz aus dem Haus zu entfernen. Wenn du auch jeden Tag die Spinnweben entfernst . . . die Spinnen bleiben.»

Die Spinnen – sie spinnen ihr Netz auch noch in die Zukunft hinein, und nicht einmal die Veröffentlichung der verheerenden Wirkungen genügt, wie Christopher hoffte, um sie auszutreiben.

Christopher hat sich vorgenommen, ganz anders zu sein als sein Vater. Er will für seine Kinder dasein, von Anfang an. Er will ihre Bedürfnisse befriedigen, nicht die eigenen. Sein erstes Kind kommt zu früh auf die Welt und ist in der Folge kränklich, mit Verdauungsstörungen, die ihn fast nicht schlafen lassen. Eine Herausforderung für die geplante väterliche Fürsorge, aber leider muß Christopher sich um zwei andere Projekte kümmern. Er gründet eine neue Zeitschrift, und er kauft ein äußerst renovierungsbedürftiges Haus. Er steht jeden Tag um halb sechs auf, um zur Baustelle zu fahren, danach geht er ins Büro, und nach Dienstschluß hetzt er wieder zur Baustelle, wo er nach Feierabend der Arbeiter selber weiterbaut. «Gegen Mitternacht ging ich dann heim, zu einer erschöpften, rotäugigen Willa und einem schreienden Matthew . . . Willa hatte es viel schwerer als ich. Nichts ist schrecklicher, als 24 Stunden am Tag mit einem kranken, schreienden Kleinkind eingesperrt zu sein . . . Das wußte ich, und trotzdem war ich wütend, wenn Willa mir um Mitternacht genervt das Baby in die Arme drückte. Ich war wütend auf sie, und dann war ich wütend auf das Baby. Und dann fühlte ich mich schuldig.»

Christopher will es anders machen als sein Vater. Und trotzdem fällt er, wenn es darauf ankommt, in die althergebrachte Vaterrolle zurück, statt das zu tun, was in der Situation angebracht wäre. Er wirft sich auf seine berufliche Karriere, mit einer neuen Zeitschrift; und er baut (zum denkbar schlechtesten Zeitpunkt und unter unnötigem Einsatz der eigenen ungeschulten Büromuskeln) seiner Familie ein Haus. Und weil er das durchschaut, erkennt er die Analogie zu seinem Vater, der seinerseits anders hatte sein wollen als sein Vater; der rebelliert hatte gegen seine Familie, gegen die «gute Gesellschaft» Bostons, indem er zuerst Seemann wurde und danach Farmer, sich aber trotzdem nicht von dem imaginären Urteil seines Vaters befreien konnte; und der statt dessen, zur Folter seines Sohnes, aus dem Bostoner Segelkult seinen eigenen, persönlichen Kult und Männlichkeitsnachweis zimmerte. «Genauso, wie mein Vater nie wirklich aus mir entfernt werden kann, genauso lebte auch sein Vater in ihm fort. Er urteilte über ihn, er richtete ihn, er erzeugte in ihm einen brodelnden Zorn, der sich nur Luft machen konnte durch periodische, schmähliche Wutausbrüche gegen seine Familie.»

Diese Wutausbrüche «passieren» Christopher auch. Nachdem er seinen kleinen Sohn angeschrien hat, fühlt er sich schuldig und beobachtet ihn sorgfältig im Hinblick auf Zeichen einer psychischen Beschädigung; und ist nicht erleichtert zu sehen, daß sein Sohn ihm scheinbar verziehen hat und wieder lächelnd auf ihn zugeht. Christopher weiß, daß ein kleines Kind keine andere Wahl hat, als zu lächeln und zu verzeihen und trotzdem noch auf Liebe zu hoffen.

Auch die spätere Aussöhnung mit dem Vater, in welcher Form sie auch kommen mag, ist selten echt. Als Erwachsener haßt Christopher seinen Vater. Er ist auf einer Geschäftsreise, als ihn die Nachricht von dessen Tod erreicht. Der Überbringer der Botschaft, ein emotionaler Südländer, erwartet – jedenfalls glaubt Christopher das – eine Reaktion, vielleicht sogar Tränen, und zeigt sich von Christophers scheinbarer Gleichgültigkeit verwirrt. Aber Christopher erinnert sich nur an das letzte Zusammentreffen mit seinem Vater.

Sein Vater ist ein alter Mann.

«Wir standen im Schnee, vor dem Haus, und traten nervös von einem Bein auf das andere. Wir hatten uns nicht viel zu sagen; wir hatten uns nie viel zu sagen gehabt. Ich, gedämpft und zornig durch seine bloße Anwesenheit, und er, verwirrt durch die Tatsache, daß ich irgendwie von ihm freigekommen war und mir ein eigenes Leben aufgebaut hatte, wir standen uns gegenüber. Ich empfand keine Liebe für ihn, aber er lächelte, und sein Gesicht war weicher, als ich es jemals zuvor gesehen hatte. Er sagte: ‹Auf Wiedersehen, paß auf dich auf. Mach's gut.› Aber der Wind war kalt, und seine Augen waren hart. Ich wandte mich ab, und zwei Gedanken gingen mir durch den Kopf. Der erste war, daß ich ihn vielleicht nie wiedersehen würde. Der zweite, daß es Zeit war für ihn zu sterben.»

Ein harter Satz, in dem Freud sich nur auf den ersten Blick bestätigt fühlen darf. Christopher wünscht sich den Tod seines

Vaters nicht wirklich aus einem unausweichlichen maskulinen Rivalitätsgefühl heraus, sondern deshalb, weil der Vater ihn schädigte, ihm über viele Jahre in Situationen, in denen er sich nicht wehren konnte, Leid zufügte. Und später, als Christopher der Stärkere ist, tritt der Vater als alter Mann vor ihn und will Freundschaft. Aber die Rechnung ist offen, und weil der jetzt stärkere Sohn sich am nunmehr schwächeren Vater nicht rächen kann, wird sie auch niemals begleichbar sein.

Und so bleiben, Christophers Gleichnis zum Trotz, nach dem Tod der Spinne doch noch die Spinnweben zurück und erweisen sich als überlebensfähiger als die Spinne.

Wenn wir nicht nur die aktuellen kindlichen Schmerzen, sondern auch die Spätfolgen der schlechten Vaterschaft so einprägsam vorgelegt bekommen, müssen wir auch erkennen, wie unehrlich und wie gefährlich die modische Exaltierung einer pauschalisierten Vaterrolle ist. Dieser neuen und zutiefst patriarchalen Denkrichtung zufolge leistet bereits das bloße existentielle Da-Sein eines Vaters, irgendeines wie auch immer gearteten Vaters einen essentiellen und positiven Beitrag zur Entwicklung der Kinder.

Es ist kein Zufall, daß diese Denkrichtung gerade jetzt entsteht. Sie ist ganz im Gegenteil eine gezielte Gegenmaßnahme zu demographischen und kulturellen Entwicklungen, die in den letzten Jahrzehnten beobachtet werden können. Mit dem Wegfallen der finanziellen Abhängigkeit vom Mann als Familienernährer nämlich sind neue Standards für die Vaterschaft gesetzt worden. Der Lohnzettel am Monatsende genügte nicht mehr. Mütter und Kinder erwarteten sich statt dessen eine emotionale, eine intellektuelle und auch eine tatsächliche körperliche Präsenz: der Vater sollte da sein, er sollte interessiert sein, er sollte nett sein, er sollte mithelfen. Andernfalls war Mutti nicht mehr bereit, verständnisvoll etwas von der enormen Wichtigkeit und dem anderweitigen

Engagement des Vaters zu murmeln und die Kinder in Ehrfurcht und Scheu vor dem Großen Mann allein zu erziehen. Sondern sie war merkbar unzufrieden. Ihre Unzufriedenheit äußerte sich in Beschwerden und Streit, oft in einer Trennung oder Scheidung, zunehmend auch in dem Beschluß, ein Kind überhaupt gleich allein aufzuziehen.

Die Kinder, nicht mehr von der Mutter angehalten, dem Vater, was auch passierte, Respekt und Zuneigung entgegenzubringen, und ebenfalls beflügelt von einem partnerschaftlicheren Familiengeist, bildeten ihre eigenen Erwartungen, erlebten ihre eigenen Enttäuschungen und entwickelten ihren eigenen Unmut. Der demographische Trend, aus jeder Bevölkerungsstatistik klar ersichtlich, bestätigt bloß diese Entwicklung: immer mehr Familien entlassen ihre Väter in die selbstgewählte Randstellung. Diese Randstellung ist Vätern aber nur dann recht, solange ihr offizieller Status unangetastet bleibt. Solange sie sich noch als Familienoberhaupt fühlen und einem zwar veralteten, in ihnen aber noch sehr lebendigen Vaterbild aus vergangenen Zeiten folgen können, macht es ihnen nichts aus, de facto unbeteiligt zu sein am Leben ihrer Familien. Wird daraus aber ein offizieller Zustand, erschrecken sie, denn jetzt geht es um Status und Position.

Ein Mann, der jedes Wochenende unter den gezischten Vorwürfen seiner Frau und den enttäuschten Tränen seiner Kinder das versprochene gemeinsame Unternehmen abgeblasen hatte, weil unaufschiebbare Geschäfte ihn ins Büro riefen, ein Mann, dem jede Stunde der häuslichen Anwesenheit abgekämpft und abgerungen werden mußte, dieser Mann ist dann empört festzustellen, daß das Gericht ihm «nur» jedes zweite Wochenende ein Besuchsrecht zugesprochen hat. Was ihn dabei in erster Linie stört, ist das Wort «Recht». Im patriarchalen Denken «gehören» die Kinder dem Vater, der die konkrete Sorge um sie zwar an andere, weibliche Personen delegiert, der aber dennoch das Familienoberhaupt und die dominante Figur im Familienverband bleibt. Der Unterschied zwischen diesem jahrhundertealten, prestigereichen Status und dem Status eines Mannes, der seine Kinder frühestens Freitag um fünf abholen darf, und das nur alle vierzehn Tage, ist für einen traditionell denkenden Mann einfach deklassierend. Er rüstet zum Gegenangriff. Juristen, die in der Regel und auf dem Hintergrund ihres reichhaltigen Erfahrungsschatzes den neuen «Vaterrechtsbewegungen» meist sehr skeptisch gegenüberstehen, verweisen darauf, daß hier stets vom «Umgangsrecht» der Väter gesprochen wird. Nicht aber – wie z. B. im emanzipierteren Skandinavien – von einer Umgangspflicht der Väter und einem Recht der Kinder, von beiden Elternteilen persönliche Fürsorge zu erfahren. Wieso, fragt sich z. B. der Berliner Anwalt Hiersemann, kann eine Frau vom Gericht verpflichtet werden, halbtags zu arbeiten, um ihrem Exmann die finanzielle Bürde ihres Unterhalts zu erleichtern, während ein Vater nicht verpflichtet werden kann, auf halbtags zu reduzieren, um mit seiner Exfrau die Erziehungsarbeit teilen und um seine Kinder mitverantwortlich versorgen zu können? Weil es hier nicht wirklich um Gleichheit oder um neue Vaterschaft geht, sondern, ganz uralt: um das Vater*recht*.

Damit geht eine neue Definition von Vaterschaft einher, die mit dem modernen Zeitalter wenig zu tun hat. Das Kind braucht, laut dieser neuen Ideologie, einen Vater. Dieser Vater muß aber nichts als Vater beitragen, keine Zeit mit dem Kind verbringen, keine besonderen Qualitäten haben – er muß einfach nur er selber sein, der männliche Elternteil. Egal, wie schlecht er seine Sache macht: wenn es ihn nicht gäbe, wäre das Kind noch schlechter dran.

Auf diesen aggressiven Minimalstandpunkt läuft die gegenwärtige, defensive Definition von Vaterschaft hinaus. Auch die Angst, den Zugriff auf Familie und Kinder zu verlieren und sich selbst in die Irrelevanz zu manövrieren, veranlaßt die Väter keineswegs, ihre Lebensgestaltung, ihre Prioritäten oder ihr Verhalten neu zu überdenken. Sie beziehen statt dessen militant ihren «Jetzt erst recht»-Standpunkt. Sie versprechen nichts und lernen nichts, stellen aber ihre Forderungen. Sie wollen nicht deshalb als unverzichtbarer, gleichberechtigter Elternteil gelten, weil sie im Leben ihres Kindes einen so wichtigen Platz einnehmen, weil sie so viel für und mit dem Kind tun und weil sie eine täglich gelebte, aus unzähligen Routinehandlungen geknüpfte Bindung zu dem Kind haben, sondern einfach deshalb, weil sie Vater sind. Unter dem Schlagwort «Besser ein schlechter Vater als gar keiner» drückt sich diese Philosophie in Reinform aus, nach einer Sprecherin des «Familien-Notrufs in München» zitiert.

Diese Stellungnahme verdient es, in einigen Passagen zitiert zu werden.

«Sind Kinder, die getrennt vom Vater aufwachsen, tatsächlich benachteiligt? Viele Väter fühlen sich ja ohnehin kaum für die Erziehung verantwortlich.»

Hannelore Diez: Ganz ohne Zweifel – sie sind benachteiligt. Es fehlt einfach der ergänzende Elternteil, an dem sich die Kinder orientieren und entwickeln können. Die Frau verkörpert nur die eine Hälfte vom Menschsein . . . Kinder können zwar lernen, damit zu leben, wie ein Beinamputierter lernt, mit Krücken zu gehen, doch es bleiben trotzdem Krücken.

Für die Eltern-Kind-Beziehung ist allerdings nicht die Quantität das Entscheidende, sondern die Qualität. Ich arbeite mit Familien, in denen der Vater sehr wenig Zeit mit den Kindern verbringt, und ich habe trotzdem den Eindruck, daß häufig eine sehr dichte Beziehung da ist.

. . .

Viele Väter leben ihre Rolle wirklich sehr schlecht, vor allem, wenn man an Trinker- oder Schlägerväter denkt. Doch selbst solche Väter haben noch eine gewisse Qualität für Kinder . . . Auch ein schlechter oder fehlerhafter Vater bietet seinen Kindern immer noch eine Möglichkeit, sich zu entwickeln. Mit einem Nichts kann man sich nicht auseinandersetzen, daran kann man sich nicht reiben.»

Absurd und makaber zugleich. «Besser ein schlechter Vater als gar keiner» – in der Vergangenheit wurden Tausende von Frauen von ihren Familien und ihrer sozialen Umgebung gedrängt, bei einem mißhandelnden Mann zu bleiben, unter der Devise: besser ein schlechter Ehemann als gar keiner.

Doch in diesem faszinierenden Interview kommt es noch besser:

«Auch wenn der Vater verantwortungslos mit seiner Rolle umgeht – das gehört dann eben zum Schicksal des Kindes.»

Aber hat das Kind nicht auch das Recht, seine Situation zu kennen und sich damit auseinanderzusetzen? Nicht, wenn das die geheiligte Position des Vaters gefährdet; dann muß gelogen werden. Zum Beispiel, wenn der Vater von sich aus nichts mit den Kindern zu tun haben will. «Natürlich sollte man einem Kind nie sagen: Er wollte dich nicht, auch wenn es stimmt.»

Und die Mutter? Kann sie nicht den Vater ersetzen?

Frau Diez ist bis ins Innerste entsetzt über diese Frage. «Nein. Wie kann eine Frau einen Mann ersetzen? Sie können den Kindern männliche Aktivitäten und Verhaltensweisen bieten, aber sie können nicht das Wesen . . . ersetzen.»

Das männliche Wesen . . . was ist das?

Dazu der Familienforscher Lamb:

«Was den Einfluß auf die Kinder angeht, (scheint) es sehr wenig deutlich Wichtiges in bezug auf das Geschlecht des Elternteils zu geben . . . Die Charakteristika des Vaters als Elternteil und weniger die Charakteristika des Vaters als Mann scheinen die Entwicklung des Kindes zu beeinflussen.»*

* Michael E. Lamb, Hg., The Father's Role, New Jersey 1987, S. 13

2 Nicht ohne meinen Vater – im Schatten des Patriarchen

Der innere Drang, Spuren zu hinterlassen, gibt der väterlichen Leistung vieler Männer eine ruinöse Note. Ihr «Erziehungsziel» bezieht sich nicht auf die Kinder, sondern auf sich selbst: bei geringstmöglichem Einsatz den größtmöglichen Eindruck hinterlassen. Und das gelingt ihnen oft auf fatale Weise.

Es ist leicht zu beweisen, daß die Flucht der Väter aus der Familie fatal ist für die Frauen und den Ehen nicht bekommt. Denn die Frauen können ihre Enttäuschung, ihre Ressentiments und ihre Frustrationen darüber sehr ausführlich und deutlich beschreiben, und aus den Exegesen von Ehescheidungen geht deutlich hervor, in wie vielen Fällen die männliche Abwesenheit von der Familie die Ursache war für das Scheitern der Ehe.

Die Sichtweise der Kinder ist schwerer zu ermitteln. Denn Kinder sind von immenser Loyalität und außerdem ausgestattet mit dem starken Urtrieb – der wahrscheinlich evolutionär sinnvoll war –, die Eltern zusammenhalten zu wollen, unter fast allen Umständen. In der Geschichte der Menschheit diente dieser Trieb wahrscheinlich der Selbsterhaltung, denn die Chancen eines Kindes, in einer gefährlichen Welt zu überleben, waren größer, wenn es zwei Erwachsene hatte, die sich verbindlich kümmerten. Auch heute, wo kein Bison mehr erlegt werden muß und keine Wölfe uns jagen, liegen Kinder mit diesem Instinkt nicht falsch. Auch heute noch trifft ihre instinktive evolutionäre Erkenntnis zu: daß ihre Chancen in unserer Welt größer sind, wenn sich zwei Erwachsene verbindlich für ihr Wohl einsetzen. Kinder sind – unsere Interviewpartner/innen berichteten stets staunend, oft kopfschüttelnd davon – in Familienfragen erz- und urkonservativ. Ihre Eltern sollen sich vertragen, nicht streiten und unbedingt zusammenbleiben. Und wenn sie sich nicht vertragen und dauernd streiten, dann sollen sie bitte trotzdem zusammenbleiben.

Eine Frau, die sich wegen Gewalttätigkeit ihres Mannes

von ihm trennte, erzählte uns von der erstaunlichen Fähigkeit ihrer Kinder, das tatsächlich erlebte, schreckliche Familienleben gedanklich vollständig von einem idealisierten, hypothetischen Familienleben zu trennen: Ständig versuchten sie, die Mutter doch noch mit dem Vater zusammenzubringen. «Die Kinder», berichtete sie, «haben Vorstellungen von einer heilen Familie, wie sie nicht nur bei uns zu Hause auch nicht im entferntesten existierte, sondern wie es sie auch rund um uns herum eigentlich nirgends gibt. Sie malen z. B. Bilder von Harmonie und Familienglück, und ich muß mich ihnen gegenüber rechtfertigen, weil wir keine vollständige Familie mehr sind. Mein Mann hat mich auch vor den Kindern geschlagen. Beim letzten Gespräch darüber habe ich meine Tochter gefragt, ob ich bleiben und mich weiter hätte schlagen lassen sollen. Da war sie sehr entsetzt und meinte, natürlich nicht. Aber es ist, als ob sie die Verbindung nicht ziehen würde zwischen dem, was wir tatsächlich erlebt haben, und den Vorstellungen von einer glücklichen Familie. So, als ob sie auch heute noch den Vater, der sich für das Wochenende ankündigt und dann ganz einfach nicht kommt, und den Vater, der unbedingt wieder zu uns zurückkommen soll, nicht als ein und denselben Menschen erkennen kann.»

Mit hochgradigen Schutzinstinkten, mitunter auch mit Scheuklappen ausgestattet sind Kinder zudem, wenn es um ihr eigenes Selbstgefühl geht. Von einer fundamental wichtigen erwachsenen Bezugsperson abgelehnt zu werden ist so bedrohlich, daß ein Kind es fast nicht wahrhaben kann. Auch hier können wir die Taktik der menschlichen Evolution erkennen, denn ein ungewolltes Kind war über weite Strecken der menschlichen Geschichte hindurch schlicht auch ein todgeweihtes Kind. Ein Kind brauchte Eltern, die es für liebenswert und erhaltungswürdig hielten. Und ein Kind mußte, um ein Selbstwertgefühl zu entwickeln, alles daransetzen, um sich in seinem allerersten psychischen Spiegel schön zu finden: in den Augen und Gefühlen seiner Eltern.

Gelassenheit gegenüber den eigenen Eltern kommt deshalb bei Kindern so gut wie überhaupt nicht vor. Eher schon blinde Loyalität oder großer Zorn, letzterer meist erst viele Jahre nach den dieses Gefühl auslösenden Ereignissen und durchsetzt von Ambivalenzen und Selbstvorwürfen. Leichter, weil kulturell ausführlich vorgegeben, fällt dabei die Kritik an der Mutter als an dem Vater. Hierfür gibt es viele Vorlagen, ein ausführliches Vokabular, die Billigung der Umwelt und viele vulgärpsychologische Unterstützungen. Kritik am Vater dagegen ist in unserer Kultur relativ unbekannt. Es bedarf nicht einmal eines Tabus, um eine solche Kritik zu verhindern. Denn wenn wir die Begriffe «Kindheit», «Erziehung» und «Elternhaus» hören, denken wir ganz automatisch an unsere Mutter und nicht an den Vater. Das Alibiprinzip funktioniert auch in anderer Hinsicht tadellos. Aus Biographien und Erzählungen wird aber dennoch deutlich, daß die Spur bei später auftretenden Problemen sehr eindeutig zum Vater zurückführt.

Bei den Söhnen verbleibt, auch wenn sie sich noch so klar daran erinnern, unter seiner Abwesenheit gelitten zu haben, dennoch als Vorlage für die eigene Männlichkeit ein Duplikat der väterlichen Prioritäten: Mann sein heißt, im Job und in der Welt unterwegs zu sein. Die Kritik, und später die versuchte Korrektur, gilt nicht seiner grundsätzlichen Lebensphilosophie, sondern seinem Charakter. Hier versuchen die Söhne, wenn sie selber Väter werden, «anders» zu sein. Aber da sie die Lebensphilosophie des Vaters übernehmen, kann das nicht gelingen.

Nach ihren Vätern befragt, hatten unsere männlichen Interviewpartner nicht viel Schönes zu berichten. Sie erzählten von kalten, abwesenden, strengen, mißbilligenden Männern, von Männern, die sie als Kinder körperlich gefürchtet, vor deren hartem Urteil sie seelisch gezittert hatten oder die ihnen einfach fremd waren. Fast immer fügten sie, ganz am Schluß, einen entschuldigenden, einen verzeihenden Satz hinzu. Manche konnten auch genau den Zeitpunkt angeben, an dem sie begonnen hatten, ihren Vater in einem versöhnlicheren Licht zu sehen: nämlich mit dem eigenen Eintritt in das Leben eines männlichen Erwachsenen. Dadurch, daß sie eine ähnliche Lebensentscheidung treffen oder glauben, eine solche treffen zu müssen, müssen sie auch diese Entscheidung positiver sehen. Dadurch, daß sie erkennen, zumindest unterbewußt, daß sie für ihre Kinder ein nicht sehr radikal anderer Vater sind, als der eigene ihnen war, müssen sie auch diese Art von Vaterschaft rückwirkend billigen. Dann können sie sich damit trösten, daß *sie* ja schließlich auch noch zu einem positiven Vaterverhältnis gefunden haben . . . also werden auch ihre Kinder eines Tages milde über sie richten. Und so setzt sich die fatale Linie fort, von Vater zu Sohn zu Vater.

«Mein Vater ist für mich erst in Erscheinung getreten, als ich erwachsen war. Im positiven Sinn. Als Kind hab ich mich eher vor ihm gefürchtet, weil er für mich immer der Strenge war. Jetzt haben wir ein sehr gutes, kameradschaftliches Verhältnis. Der Wendepunkt? Der Wendepunkt war, daß ich ihn vielleicht jetzt besser verstanden habe, als Mann.»

Das sagt unser Retortenvater, der Gynäkologe Hermann. Und «eins halt ich meinem Vater zugute», fährt er fort. «Einfach war sein Job nicht. Er war immer um fünf Uhr auf, um vor den Caterpillarfahrern dort zu sein.»

Auch sein Job ist heute nicht einfach. Und «in Erscheinung treten» tut er für drei seiner Kinder so gut wie gar nicht und für die anderen drei sehr selten.

«Mein Vater hat sich nicht gekümmert, dem war das (die Erziehung der Kinder) völlig egal», sagt der Werbefachmann Bernhard lapidar. Ihm ist es nicht egal; aber nur an einem

Abend in der Woche kommt er rechtzeitig heim, um seine Kinder noch im wachen Zustand zu erleben, und auch am Wochenende hat er oft andere Pläne. Seine Abwesenheit kompensiert er durch eine starke moralische Präsenz: wenn er daheim ist, herrscht militärische Disziplin, ist das freundliche Regiment der Mutter kurzfristig abgesetzt.

Der Facharbeiter Ronnie urteilt dezidiert über seinen Vater und erzählt von einem sehr desolaten Kind-Vater-Verhältnis:

«Mein Vater war, sagen wir es so, ein recht robuster Mensch. Ich habe viele Schläge von ihm gekriegt. Wobei», führt das loyale Kinderdenken sofort aus, «irgendwo kann ich das ja auch wieder verstehen. Schließlich hatte er selber ein mieses Leben. Das war die Generation, der man die Jugend geklaut hat, mit dem Krieg.» Nach dieser scheinbar psychisch obligaten Verzeihungsgeste fährt er fort: «Meine Beziehung zu meinem Vater war sehr distanziert. Es gab Zeiten, da hat er von mir nichts mehr erfahren. Nichts zumindest, was nicht absolut nötig war. Ich hab ihm einfach nichts mehr erzählt, zuerst aus Angst vor der Strafe, und später, weil ich nicht mehr wollte. Meine Mutter war halt eine liebe Frau, die uns vor ihm beschützt hat. Sie ist aber früh gestorben. Mein Vater hat dann noch mal geheiratet, aber verändert hat er sich nicht. Auch heute noch, wo er alt und eigentlich recht traurig ist, marschiert er einfach hier herein, sieht sich um und sagt mir sofort, was ich alles falsch mache. Aber heute sag ich einfach: du, so mach ich's eben, aber wenn's dich stört, mußt du ja nicht bleiben.»

Ronnie hat sich, dem Anschein nach, dem alternativen Leben verschrieben. Mit seinem achtjährigen Sohn und seiner Frau, einer Sozialarbeiterin, lebt er auf einem alten Bauernhof. Sie wählen grün, Ronnie ist aktives Mitglied im Elternverein und in verschiedenen lokalen Initiativen, und «im Prinzip» glaubt Ronnie absolut und selbstverständlich an Gleichberechtigung und Partnerschaft. In der Praxis ist er aus demselben Guß wie sein Vater. Erst wenn man das Transkript des Interviews liest, wird das so richtig deutlich, denn im Gespräch ist man abgelenkt von seiner optischen Erscheinung (grün-alternativ) und seiner weichen Stimme. Die Form ist der neuen Zeit verpflichtet; der Inhalt stammt noch aus der Schule des Herrn Papa. Nicht unbedingt aus freien Stücken, sondern weil die väterliche Vorlage von Männlichkeit offenbar bei allem inneren Widerstand Ronnie stark geprägt hat.

Z. B. in der Beziehung zu seinem Kind. Ronnie liebt seinen Sohn, aber die Distanz, die ihn von seinem Vater trennte, setzt er in seiner Beziehung zu David fort:

«Manchmal werde ich sehr ungeduldig, weil ich finde, daß zuviel Zeit verschwendet wird mit Dingen wie Kind-irgendwo-Hinfahren, Mit-dem-Kind-was-Machen. Doch eine halbe Stunde später tut's mir dann oft leid. Dann fällt mir meine eigene Kindheit wieder ein, wo's wirklich so war, daß mein Vater ständig sagte, ‹Laß mich in Ruh.› ‹Geh weg.› Dann tut mir der David wieder leid, wenn ich zu ihm dasselbe sage.»

Aber die Einsicht kämpft ständig gegen das verinnerlichte Vorbild an. Zeit mit Kind ist Zeitverschwendung, sagt diese verinnerlichte Stimme. Ein Mann verbringt seine Zeit anders, sagt sie. Dann ist Ronnie schon «stolz auf mich selber, daß ich mich zusammennehmen kann. Aber mein Nervenkostüm ist schon manchmal sehr angegriffen, z. B. abends beim Zubettgehen von David. Denn das ist wirklich eine halbe Stunde, finde ich, die ich anders verwenden könnte als mit diesem ewigen Herumtrödeln».

Prinzipiell ist Ronnie der Meinung, daß er und seine Frau zu gleichen Teilen auch diese Versorgungsleistungen vollbringen können. Aber in der Praxis werden diese elterlichen Zuwendungen zu einem ständigen Konfliktfeld. Sein Sohn – und seine Frau – finden, daß Ronnie sich mit David befassen, ihn gleichermaßen versorgen soll. Und Ronnie ist auf der steten Suche nach Flucht- und Auswegen.

«Der David ist da immer ganz genau», klagt er kopfschüttelnd. «Wenn ihn am Vorabend seine Mutter ins Bett gebracht hat, besteht er darauf, daß ich jetzt dran bin. Das will ich ihm abgewöhnen.» Immer mehr Aufgaben landen in dieser Weise, de facto, bei der Mutter. Vorlesen mag Ronnie z. B. nicht mehr, weil «ich kann halt nicht wie Pumuckl reden, was soll's».

Er geht auch nicht zum Kinderarzt, obwohl das ein ständiger Streitpunkt zwischen ihm und seiner Frau ist. Er «weiß nicht warum», da «hat er nie drüber nachgedacht».

Zu echten Auseinandersetzungen in der letzten Zeit aber kam es, als seine Frau wieder schwanger wurde. Und der Meinung ist, daß er diesmal Erziehungsurlaub nehmen soll. Beim ersten Kind war schließlich sie zu Hause geblieben.

Ronnie glaubt, daß ihm das in seiner Firma negativ angerechnet würde. Sicher, er hat einen gesetzlichen Anspruch darauf, aber das ändert nichts an der Situation. Er arbeitet in einer Elektronikfirma, und die Atmosphäre wird eindeutig von Männern geprägt. Es ist zwar möglich zu erzählen, daß man am Vorabend sein Kind verprügelt oder seine Alte verklopft hat, aber zu sagen, daß man jetzt ein halbes Jahr daheimbleibt, um auf ein Baby aufzupassen . . . also, das findet Ronnie schlichtweg unvorstellbar. Die würden irgendeinen Weg finden, ihn dafür zu bestrafen. «Denn dort ist es so, da muß ein gewisser Rang erobert werden, und in der Hackordnung bist du dann ganz unten, wenn du so was gemacht hast.»

Sehr entsetzt scheint Ronnie darüber nicht zu sein. Denn eigentlich widerspricht die Atmosphäre in der Firma nicht unbedingt seinem eigenen Selbstbild.

«Ich bin selbst ein typischer Mann», sagt er dazu z. B. «So der Ellenbogentyp, im Beruf, weil, so geht's auch am besten.»

Manchmal stört es ihn, daß der David – wenn beide Eltern da sind und er die Wahl hat – mit Verletzungen, Sorgen und

Bedürfnissen schnurstracks zur Mutter geht. Aber dann denkt er sich, daß das wohl verständlich ist. Einerseits wird es vielleicht doch ein biologischer Instinkt sein, andererseits unternimmt seine Frau mehr mit dem Kind, und außerdem war sie das erste Jahr mit David zu Hause, das spielt sicher eine Rolle. Mit leichtem Kopfschütteln notiert er die einzigen Fälle, in denen er die Präferenz erhält: wenn ein Nachbarskind David ein Brett über den Kopf gehauen hat und er, Ronnie, ihn rächen soll. Und in der Schule gibt David offenbar mit ihm an. «Wenn ich ihn abhole, kommen mir fünf Buben entgegengerannt und fragen: Stimmt das, daß du Eisen verbiegen kannst?»

Der Berliner Scheidungsanwalt Hiersemann ist immer wieder erstaunt darüber, wie abwesend Männer in ihren eigenen Familien sein können, ohne das selbst als Defizit zu erleben. Das spürt nur die Familie. Der Sohn, des tatsächlichen Vorbilds beraubt, hängt sich an Phantombilder. «Söhne können die väterliche Identität nur erahnen, was oft zu einer Hochstilisierung führt. Mein Papa fährt Porsche.»

Und Papa ist dann auch noch zufrieden, gefällt sich auch noch in dieser Beschreibung.

Was ist ein Mann? Ein Kind, das sich gewissenhaft diese Frage stellt und dabei seinen Vater studiert, muß auf zwei Antworten kommen: Ein Mann, das ist jemand, der arbeitet und stark ist. Nicht sehr neu, nicht sehr erbaulich eigentlich, aber die Vaterschaft präsentiert sich so stereotyp, daß Kinder zu dieser Schlußfolgerung kommen müssen. «Je weniger männliche Kontur sie erleben können, um so wichtiger wird der kleine Unterschied.»* Und der kleine Unterschied definiert sich im Umgang mit den Kindern negativ: Der Vater,

* Dieter Schnack, Reiner Neutzling: Kleine Helden in Not. Reinbek 1990, S. 31

der Mann, ist derjenige, der *nicht* weiß, wie die fünf besten Freunde seines Sohnes heißen, der *nicht* mitgeht zum Arzt, der *nie* Zeit hat.

Die männliche Sozialisationsbotschaft wird leider, und genauso stereotyp, auch in der umgekehrten Richtung vermittelt. Ihre Ambivalenz zur Männlichkeit geben Väter nicht nur in bezug auf sich selbst, sondern auch in bezug auf den Sohn weiter.

So hat Ronnie z. B. noch ein weiteres, spezielles «Problem» mit David. «Er ist ein ziemlich ängstliches Kind. Er hat große Angst, sich weh zu tun, vom Fahrrad zu fallen. Jedesmal, wenn er beim Zahnwechsel einen Zahn verloren hat, war das ein Drama. Da hab ich Schwierigkeiten damit, aber ich behalt's für mich, ich sag nichts. Aber mein Sohn . . . ich sag zu ihm, du, willst *du* nicht Fußball spielen? Und er: nein, da kann man sich weh tun. Und ich, ich spiel halt gern, mir macht das nichts aus. Ich hab auch kaputte Knie vom Fußball. Aber er ist da so ängstlich.» Ellenbogentyp sucht Ellenbogentyp . . . ob David wirklich nichts spürt von dieser Kritik, ob er wirklich nicht bemerkt, daß er von seinem Vater geprüft wurde und in seinen Augen versagt hat?

Kinder spüren so etwas auf jeden Fall und sehr deutlich. Sie bemerken es, aber sie haben in ihrer Abhängigkeit keine Handhabe dagegen. Und es macht sich bemerkbar, in ihrem späteren Leben.

Warum fällt es Männern so schwer, eine konstruktive Vaterrolle zu finden? Auf der Grundlage der Interviews bieten sich eine ganze Reihe von stichhaltigen Erklärungen an.

1. Die heutige Generation von Männern hatte in ihren Vätern kein positives Vatervorbild.

Die meisten Männer erinnerten sich nur in sehr negativer Weise an ihre eigenen Väter, übernahmen höchstens ein negatives Rollenbild. Diese Väter waren streng und ablehnend oder desinteressiert und abwesend. «Wie möchten Sie sein, als Vater?» Diese Frage beantworteten die befragten Männer fast einstimmig mit: «Anders als mein eigener Vater.»

Dieses Ansinnen gelingt den wenigsten; die meisten sind, in ganz wesentlichen Punkten, ihren Vätern letztlich doch sehr ähnlich. Vielleicht ist ihr Lebensstil ein anderer, aber Lebensplanung und Prioritäten sind fast immer die ihrer Väter. Wir können das entschuldigend betrachten – sie haben es nicht anders gelernt und müssen deshalb zwangsläufig auf das einzige Vorbild zurückgreifen, das sie kennen.

Aber zugleich müssen wir dem entgegenhalten, daß die Frauen der letzten Jahrzehnte schließlich für die vielen und immensen Veränderungen ihrer Rolle meist auch keine Vorbilder hatten. Sie setzten diese Veränderungen gegen die Widerstände der Umwelt, die Widerstände ihrer Familie und oft auch gegen die Widerstände in sich selbst durch. Man muß also kein hilfloser Gefangener der letzten Generation sein, und bei fehlendem positiven Vorbild kann man sich auch mit negativen Orientierungspunkten behelfen. Wenn man das wirklich will. Genau an diesem Willen dürfte es den Vätern mangeln. Und ausschlaggebend dafür sind vermutlich die beiden nächsten Punkte.

2. Die Männer können sich nicht dazu entschließen, grundlegende Veränderungen ihrer Machtposition zu akzeptieren. Und im Rahmen dieser Machtposition haben sich Männer Eigenschaften zugelegt, die sich nur sehr schwer mit einem angenehmen Familienleben vereinbaren lassen.

Es waren die Männer selbst, die uns, fast gegen unseren Willen, diese Erkenntnis aufdrängten. Sie sprachen dieses Problem an, in den Interviews. Wir nahmen es zunächst nicht ernst, sahen darin eine Marotte vereinzelter Männer, bis sich diese Klage so oft wiederholte, daß wir darauf aufmerksam werden mußten.

Und zwar erwähnten die Männer die Schwierigkeit, die im Beruf geforderten Eigenschaften in ihrem Privatleben abzustreifen, also täglich den Übergang zu finden vom Kommandostil und der «Sachlichkeit», die im Beruf gewünscht wurde, zur Freundlichkeit und Emotionalität, die in das Familienleben eingebracht werden sollte.

Wir nahmen diese Meldung zunächst nicht ernst, weil wir uns da nicht hineinfühlen konnten. Noch nie hatten wir von einer Frau – und wir haben Hunderte von berufstätigen Frauen auf allen Etagen der beruflichen Hierarchie interviewt – dergleichen gehört, und noch nie hatten wir selbst dergleichen empfunden. Für die Männer aber war dies offensichtlich ein echtes Problem.

«Es ist für mich oft schwer, den Übergang zu packen vom Beruf zum Daheim», beklagte sich zum Beispiel ein Anwalt. «Man hat einen Kommandoton, und es ist schwer, den so schnell abzulegen. Denn im Büro ruft man halt: Bring mir schnell den Ordner! Und zu Hause ist das weniger gut, wenn man mit den Familienmitgliedern so spricht. Auch wenn man sich nichts denkt dabei.»

Natürlich geht es nicht um den Ton. Es geht um das Bild, das Männer von sich haben, besonders in Relation zu ihren Mitmenschen, und darum, daß dieses Selbstbild sich nicht mit einer modernen Partnerschaft oder einer modernen Familie (und eigentlich auch nicht mit einem modernen Führungsstil) vereinbaren läßt. Und darum, daß sie sich selber aber durchaus wohlfühlen in ihrer angestammten Kommandorolle. «Bring mir schnell den Ordner!» Karrierefrauen hin, Durchsetzungsseminare her, das ist ein Männersatz.

Darauf sensibilisiert, achteten wir bei späteren Interviews nicht nur auf den Mann als Vater, sondern auch auf den Mann als Chef. «Meine Sekretärin soll Ihnen die Nummer heraussuchen. Marrriiiaaa! Kommen Sie doch schnell mal rein!» Oder Frau Maier, die mit ihrem Diktierblock anrücken mußte, um zwei Aufsätze des Herrn Professors zu notieren, die sie uns heraussuchen und mitgeben sollte. Vielleicht wäre uns das nicht wirklich aufgefallen, wenn die Männer uns nicht selbst darauf gebracht hätten. Aber es stimmte; sie hatten einen Kommandoton, und sie fühlten sich offensichtlich äußerst wohl dabei. Es war offensichtlich sehr angenehm, wenn Maria und Frau Maier ihrem knappen Geheiß widerspruchslos gehorchten. Und zu Hause waren sie dann mit impertinenten Menschen konfrontiert, die allergisch reagierten auf Schroffheit, Unhöflichkeit oder Starallüren. Schon schwierig, da jeden Tag den Übergang hinzukriegen.

Zufällig oder weil nun unser Blick geschärft war, fanden wir in einer Zeitschrift eine einschlägige Passage. Hier geht es um Männer, die beim Militär oder im zivilen Verwaltungsapparat Führungspositionen einnehmen. «Diese Männer», heißt es da, «müssen kontrolliert sein und schnell reagieren. Sie müssen emotionslos handeln und sich strikt an die Anordnungen halten. Weniger Begabung zeigten sie, wenn es darum ging, neue Ideen anzuhören oder Kompromisse zu finden ... Eigenschaften, die man für ein Miteinander in der Familie jedoch braucht. Diese Männer sind gewohnt, Befehle zu erteilen. Verständlich, daß es dann schwerfällt, sich zu Hause auf ein egalitäres Leben umzustellen. Man kann nicht tagsüber ein General und abends der liebe Märchenonkel sein.»*

Warum eigentlich nicht? Liegt es vielleicht daran, daß man sich in der Rolle des Generals sehr gut gefällt? Und sich Freundlichkeit, Weichheit und Zugänglichkeit trotz allem nicht als männliche Tugenden vorstellen kann, sondern nur als halb-lächerliche Eigenschaften eines nicht ernstzunehmenden Märchenonkels?

* Washingtonian, April 1991, S. 160

3. Bei der Verweigerung der Männer geht es, und man sollte das nicht unterschätzen, auch um Bequemlichkeit. Aber es geht vor allem um Macht. Männer erkennen die Dynamik der Situation durchaus an und betrachten sie offenbar vom strategischen Standpunkt. Wenn sie bessere Väter wären, in egalitäreren Familien, dann wäre das – meinen sie – ein Sieg für die Frauen. Sie verweigern sich den Kindern, um den Frauen einen Strich durch diese Rechnung zu machen. Dieser Punkt ist interessant, weil so oft den Frauen unterstellt wird, sie würden durch ihre allesverschlingende Überkompetenz die Väter entmutigen, würden unbewußt vielleicht sogar ihr mütterliches Terrain gegen Übergriffe des Vaters verteidigen. Damit würden sie den Männern gar keine Chance geben, Väter zu sein und eine neue väterliche Identität zu entwikkeln.

In Wahrheit sind Frauen in der Regel starke Verfechterinnen einer aktiven Vaterrolle. Sie wünschen sich für ihre Kinder unbedingt einen präsenten, interessierten, lieben Vater. Sie wünschen sich das so sehr, daß sie zu ihrem eigenen Nachteil dafür sogar den Wunsch nach einem gleichgestellten Partner aufgeben – und den Mann seufzend aus der (viel unangenehmeren) Mitarbeit im Haushalt entlassen, wenn er dafür nur irgend etwas mit den Kindern macht. Ihr Entgegenkommen und ihre Unterstützung einer aktiven Vaterrolle sind jedoch in der Praxis kontraproduktiv. Denn die Männer ziehen daraus bloß den Schluß, daß es sich hier um etwas handeln muß, was die Frauen unbedingt wollen. Und daß es einer Kapitulation gleichkäme, wenn sie sich diesem Wunsch unterwürfen. Ein guter Vater zu sein, ist im Machtdenken der Männer deshalb identisch mit einer Niederlage.

Wenn die Frau das erkennt, versucht sie, einen diplomatisch geduldigen Weg einzuschlagen. Daraufhin betrachtet der Mann sich als Gegenstand der Pädagogik und fühlt sich bevormundet ... Ein hoffnungsloser Kreislauf setzt ein, aus dem es kein Ausbrechen gibt, solange der Mann an seiner Grundprämisse festhält und den Wunsch der Frauen nach einem egalitären und harmonischen Familienleben als Kampfansage seiner Partnerin und als Machtprobe versteht.

Die Interviews mit den Männern bargen für uns noch eine zweite große Überraschung: die Direktheit, mit der Männer ihre Beziehung zu den Kindern an die Beziehung zur Mutter dieser Kinder knüpften. Das war bei Frauen in dieser Form nicht auszumachen. Zwar berichteten auch Frauen davon, daß Streß in der Partnerschaft sich negativ auf ihre Fähigkeit auswirkte, ihren Kindern eine gelassene und ausgeglichene Mutter zu sein; ebenso ließ eine Partnerkrise während der Schwangerschaft sie mitunter auch dem noch nicht geborenen Kind gegenüber Ablehnung empfinden. Aber im Regelfall hat die Frau zu ihren Kindern eine eigene, unabhängige Beziehung.

Männer hingegen erzählten sehr oft, daß ihre Beziehung zu der Frau ausschlaggebend sei für ihre Beziehung zu den Kindern. Und zwar nicht deswegen, weil die Frau in die Vater-Kind-Beziehung eingriff, also gegensteuerte oder blockierte, sondern weil die Gefühle der Männer den Kindern gegenüber gefärbt waren durch die Empfindungen gegenüber der Frau.

Der Gynäkologe Hermann hat sich noch während seiner zweiten Ehe «von den Kindern distanziert, um mich emotional nicht so zu binden, in der Vorausahnung, daß die Ehe nicht gutgehen wird. Ich bin dann immer mehr von zu Hause weggeblieben». Sich beruflich ein bißchen zurückzunehmen, um mehr Zeit für die Kinder aus seiner jetzigen Ehe zu haben, kann er sich nur vorstellen unter der Voraussetzung, daß die Ehe weiterhin gut bleibt. «Wenn es Spannungen gibt in der Ehe, hat man mit den Kindern auch keine Freude», faßt er zusammen.

Hier können wir einen destruktiven Kreislauf erkennen:

Weil es Probleme gibt, zieht der Mann sich immer mehr aus der Familie zurück, wodurch die Familien weiter geschwächt und die Probleme weiter begünstigt werden. Denn nur zu oft haben diese «Probleme» genau damit zu tun, daß der Mann sich immer mehr aus der Familie zurückzieht. Angelika z. B. wirft Andreas vor, daß er seinen Anteil in Haushalt und Familie nicht leistet. Auf diese Kritik reagiert er mit weiterem Rückzug; er schläft im Auto, er nimmt sich eine eigene Junggesellenwohnung, er geht auf den Sportplatz statt heim zu den Kindern. Daraufhin ärgert sich Angelika noch mehr, wirft ihm vor, daß . . . usw. In Szenen dieser Art wird deutlich, daß der Konflikt über die Vaterrolle in Wirklichkeit eine Fortsetzung des Konflikts über die Bedeutung von Partnerschaft ist. Der Mann vernachlässigt die Kinder, aber sein Handeln gilt der Frau. Er kann nicht akzeptieren, daß er in der Familie eine andere Stellung einnehmen soll, weil er dann auch in Relation zu ihr eine andere Stellung einnehmen müßte. Andreas verbringt jeden zweiten Freitag mit seinen Kindern, aber nicht als Vater, wie er meint, sondern im wesentlichen als «unbezahlter Babysitter».

Diese strukturelle Erkenntnis macht den Männern offenbar die größten Schwierigkeiten: die schwer erträgliche Tatsache nämlich, daß sie in Wirklichkeit kein besserer Vater sein können, ohne zugleich ein besserer Partner zu sein, und daß sie kein guter Vater sein können, wenn sie gleichzeitig im Kriegszustand leben mit der Mutter. Um wirklich bessere Väter zu sein, müßten sie insgesamt ihre Haltung zu und ihre Stellung in der Familie ändern, und zu diesem Schritt sind die meisten Männer einfach nicht bereit.

Mit den Konsequenzen dieser Weigerung werden sie oft erst richtig konfrontiert, wenn es zur Scheidung kommt.

«Ich hatte meine Tochter an zwei Wochenenden im Monat bei mir. Und eines Sonntags mußte ich dringend ins Büro. Ich bat eine Nachbarin, vorbeizukommen und nach ihr zu schauen; Lauren war damals sieben. Und dann stand sie da, oanz gelassen, neben der Eingangstür, und meinte: ‹Siehst du, deshalb hat Mama sich von dir scheiden lassen. Weil du andauernd ins Büro gehst.›»*

4. Der Beruf übt auf Männer nach wie vor eine unwiderstehliche Faszination aus.

Der Geschlechterkampf hat in den letzten Jahren einen neuen, lächerlichen Akzent hinzugewonnen: den Kampf um die Zeit des Mannes. Frauen sehen sich in der entwürdigenden Position, mit dem Mann um seine Zeit zu ringen, mit ihm zu streiten wegen jeder Viertelstunde, die er im Büro und nicht daheim bei der Familie verbringt. «Wo bleibst du schon wieder?» Die Frau stellt diese Frage nicht mehr aus Eifersucht, und sie wähnt ihn auch nicht bei einer Geliebten. Sie weiß ganz genau, wo er geblieben ist: in der Firma. Wieder einmal in der Firma, während die Kinder vergeblich Ausschau halten nach seinem Auto und sie schließlich widerstrebend einen Abschnitt des Familienabends nach dem anderen mit den Kindern allein absolviert. Das Abendbrot. Das Bad. Die Gutenachtgeschichte. Dann kommt er, irgendwann, murmelt etwas von irgendeiner unaufschiebbaren Panne im Büro und liefert noch einen kurzen Gastauftritt im Kinderzimmer.

«Ich bin seit einem halben Jahr geschieden», sagt die Sängerin Melissa. «Jetzt bin ich mit den Kindern allein, ja, aber das bin ich ja immer schon. Im wirklichen Leben war mein Mann keine Hilfe, gar nicht. Er hat sich immer beschwert, daß er durch mich und die Kinder nicht zum Arbeiten kommt. Er hat mir vorgeworfen, daß ich ihn nicht genug ‹jagen› lasse. Aufträge jagen.»

Der Werbefachmann Bernhard kommt einmal in der Woche

* Kyle Pruett, The Nurturing Father, N. Y. 1987, S. 272

rechtzeitig heim, um mit den Kindern noch zu Abend zu essen. An den übrigen Abenden arbeitet er bis acht oder neun, und weil es dann ohnehin schon egal ist und sie sowieso schon schlafen, unternimmt er dann noch etwas Entspannendes für sich selber, mit Kollegen oder Freunden. Im Grunde wissen die Männer, daß man auf diese Weise keine Beziehung aufrechterhalten kann. Ein geschiedener Vater beschreibt die Metamorphose, der er sich nach der Trennung unterzog:

«Früher war ich wie mein eigener Vater. Der wehte irgendwann am Abend herein, streifte uns wie eine laue Brise und war sofort wieder weg. Ich kann es mir heute nicht mehr leisten, so zu sein. Nicht wenn ich möchte, daß die Kinder weiterhin zu Besuch kommen. Jetzt muß ich tatsächlich anwesend sein, emotional und überhaupt da sein. Sonst ist es aus.»

Mit vielen Ehen ist es «aus», weil die Männer Familie und Beruf in kein für Frau und Kinder halbwegs erträgliches Gleichgewicht bringen können. Und es auch nicht wirklich wollen.

Dieser Punkt ist so zentral, daß wir ihn im nächsten Kapitel gesondert und ausführlicher aufgreifen werden.

5. Subjektive Ambivalenz und mangelnder Wille bei den Männern verhindert das Wegräumen der verbleibenden objektiven Barrieren gegen verstärkten väterlichen Einsatz.

Dieser Abschnitt behandelt ein diffiziles Thema, und ursprünglich wollten wir ihn anders betiteln. Anfänglich wollten wir lediglich erwähnen, daß nach wie vor auch materielle, pragmatische Gründe einem stärkeren väterlichen Engagement entgegenwirken. Je weiter wir uns jedoch in das Thema hineinarbeiteten, desto deutlicher wurde, daß die objektiven Barrieren nur deshalb fortbestehen, weil bei Männern kein wirklicher Wille zu ihrer Applanierung besteht. Zwar wurden zahlreiche «Sachzwänge» angeführt, die die

Männer angeblich daran hinderten, die von ihnen gewünschte Rolle im Leben ihrer Kinder zu spielen. Jedoch erwiesen sich diese Sachzwänge als durchaus überwindbar, vorausgesetzt, der Wille war da. Bei genauerer Betrachtung erwies sich der Sachzwang häufig als willkommener Vorwand oder aber als Zünglein an einer äußerst ambivalenten Waage, das schließlich dem Nein den Ausschlag gab.

Die gesetzliche Grundlage für ein größeres männliches Engagement in der Familienarbeit ist in fast allen westlichen Industrieländern gegeben, zumindest in hinreichender Form, um zaghafte erste Schritte in dieser Richtung zu gestatten. Väter können, ebenso wie Mütter, den Erziehungsurlaub beanspruchen. Die Anzahl der Männer, die von dieser Möglichkeit Gebrauch machen, bewegt sich zwischen 1 und 2 Prozent, ist in der Gesamtstatistik also fast nicht auszumachen. Von diesen 1 bis 2 Prozent waren fast zwei Drittel vor ihrem Erziehungsurlaub nicht berufstätig. Die Anzahl der Männer, die bereit sind, ihre Karriere oder auch bloß ihre Arbeit für ihr Kind vorübergehend (und der kürzeste Erziehungsurlaub verlangt immerhin lediglich eine Karrierepause von drei Monaten) zu unterbrechen, ist also so verschwindend gering, daß man nicht einmal von einer Minderheit sprechen kann.

Sicher wäre es realistisch gesehen motivierender, wenn das Erziehungsgeld – wie in Skandinavien – auch bei uns prozentual zum vorangegangenen Einkommen gezahlt würde. Es wäre dann weniger selbstverständlich, daß der Partner mit dem höheren Einkommen, so gut wie immer also der Mann, berufstätig bleibt. Die Kombination von männlichem Zögern, althergebrachtem Geschlechtsverständnis und geringerem weiblichem Einkommen ist in fast allen Fällen fatal und addiert sich zur selbstverständlichen Entscheidung, daß es die Mutter ist, die daheimbleiben soll. Dennoch verlangt der erste Faktor in dieser Rechnung eine gesonderte Betrachtung.

Eine Einkommenseinbuße von drei bis sechs Monaten wäre für sehr viele Familien finanziell tragbar, bedeutete ein finanzielles Opfer, das für andere Familienziele gerne erbracht wird: einen exotischen Urlaub, ein größeres Auto usw. Wenn die Entscheidung dagegen ausfällt, dann auch noch aus anderen Gründen. Als Beispiel für die Ambivalenz, die hier maßgeblich ist, möchten wir aus dem Gespräch mit dem Journalisten Klement zitieren.

Klement und seine Frau Julia erwarten in vier Monaten ihr drittes Kind. Als sie – anläßlich der ungeplanten Ankunft des ersten Kindes – vor sieben Jahren heirateten, waren beide berufstätig. Damals blieb Julia ein halbes Jahr zu Hause und arbeitete danach nur noch halbtags. Klement und Julia betrachten sich als linke Sozialdemokraten, mit einem starken Hang zum Alternativen. Ihre Kinder kamen zu Hause zur Welt, Klement fährt mit dem Fahrrad zur Arbeit, und sie fühlen sich einem egalitären, grünen Weltbild verpflichtet. Auf die Frage, was das Leben mit Kindern für ihn bedeutet, gerät Klement daher auch regelrecht ins Schwärmen: «Ich habe eine Hochachtung vor dem Berufsstand der Hausfrau gewonnen, durch die drei Wochen, die ich nach der Geburt unseres ersten Kindes zu Hause verbrachte. Frustrierend, eintönig? Ich finde nicht. Das ist eben eine Einstellungssache. Wenn man sich bewußt macht, nun ist ein neuer Mensch auf der Erde, dem ich eine optimale Entfaltung ermöglichen will, dann ist das, denke ich, unendlich wertvoll. Das ist gar nicht mit einer Karriere vergleichbar. Das geht dann in den esoterischen Bereich hinein und kann gar nicht mit anderen Maßstäben gemessen werden.»

Aha. Dann reizt es ihn ja vielleicht, wenigstens beim dritten Kind einmal ausführlich an dieser unvergleichlichen Erfahrung teilzuhaben? Klement windet sich bei dieser Frage. Ja, hmmm, man habe darüber gesprochen, man habe anfangs geplant, das abwechselnd zu machen, aber naja, es kam nie dazu, «weil es ja auch eine Frage des Verdienstes ist. Ich verdiene mehr.»

Offenbar ist Geld doch der einzig wichtige Maßstab, denn im Kampf «Esoterik gegen DM» siegt die DM locker.

Etwas später erhalten wir Hinweise darauf, daß die DM bei ihrem Sieg noch durch andere Überlegungen unterstützt wurde. Nach der Geburt des zweiten Kindes mußte Klements Frau eine ganztägige Fortbildung machen. Während dieser Zeit hat Klement sich, einen Monat lang, zwei Tage in der Woche freigenommen, um die Kinderversorgung zu übernehmen. «Es war die schlimmste Zeit meines Lebens», vertraut er uns an. Es gab da Momente, die waren der «reine Horror»; so genervt wie in dieser Zeit sei er im Beruf niemals gewesen. In diesen Momenten hat er erkannt, «daß diese Vorstellung, die ich vor dem ersten Kind noch hatte, daß ich mir Erziehungsurlaub nehme, bei den Kindern bin und daneben noch etwas anderes mache, z. B. ein Buch schreibe, daß das vollkommen unmöglich ist».

Viele Männer führten noch einen weiteren Sachzwang auf. Ihre Firma, ihr Chef, ihre Kollegen, meinten sie, würden das nie akzeptieren. Zumindest aber würden sie die Achtung ihrer Mitarbeiter verlieren, ein Objekt von Hohn und Spott sein, wenn nicht sogar ihr Fortkommen ganz konkret behindert wäre.

Dieses Argument läßt sich auffächern. Der Mensch ist ein soziales Wesen; sicher ist es schwer, gegen den Strom zu schwimmen, Dinge zu tun, die von der Umwelt nicht gebilligt und sogar belächelt werden. Nur: wenn man etwas will, nimmt man das in Kauf. Zurücksetzungen, Spott und Mißbilligung sind der Preis, der für jede Form von Abweichung, aber auch für jede Form sozialer Innovation und Veränderung bezahlt werden muß. Zusammenleben ohne Trauschein; Auflehnung gegen die Wertvorstellungen der Eltern; Verweigerung des Wehrdienstes: die interviewten Männer hatten fast alle für irgend etwas gekämpft, das den gängigen Normen widersprach, und hatten ihrer Umwelt dafür mutig die Stirn geboten. Bei Frauen wird das besonders deutlich. Sie mußten sich in der Öffentlichkeit und im Berufsalltag durchsetzen, gegen die Widerstände von Professoren, Arbeitgebern und Kollegen. Sie mußten dafür kämpfen, daß Gesetze geändert und Einstellungen neu überdacht wurden, und sie mußten sehr viel einstecken an Widerstand und Ablehnung, ehe ihnen der Weg auch nur halbwegs freigegeben wurde.

Von Männern, die das stereotype Denken über die Vaterrolle verändern wollen, dürfen wir ebensoviel Zivilcourage erwarten. Dabei ist sogar fraglich, ob sie die Widerstände überhaupt richtig einschätzen. Wir erfuhren viel von den vermeintlichen Problemen, die es geben würde, wenn sich ein spezieller Mann für Erziehungsurlaub oder für eine verkürzte Arbeitszeit einsetzen würde. Aber wir erfuhren von keinen tatsächlichen Sanktionen, die ein Mann erlebte, nachdem er es wirklich auf den Versuch hatte ankommen lassen. Die Männer schreckten schon zurück in der Antizipation von Problemen. Denjenigen aber, die es tatsächlich praktiziert hatten, war nichts Schreckliches geschehen.

Im Gegenteil. Oft erwies sich die gefürchtete soziale Diskriminierung als Phantasiegespinst. Der Anwalt Hiersemann erinnert sich, daß er als Student sein Baby manchmal zu Veranstaltungen mitnahm und dabei eher zum Gegenstand positiver Diskriminierung wurde. Er konnte «wegen des Kindes jedes Seminar problemlos verschieben», während weiblichen Studenten in derselben Lage oft irritiert mitgeteilt wurde, sie sollten sich doch gefälligst um eine Kinderbetreuung kümmern.

Männer, die sich eine Verkürzung ihrer Arbeitszeit erwirkt hatten, um am Nachmittag Zeit für ihre Kinder zu haben, machten keineswegs die gefürchtete Erfahrung, vor den anderen Männern als Hampelmann dazustehen. Allerdings befanden sich die Männer, die diesen experimentellen Weg beschritten, nicht in «typischen» Situationen. In der Regel galt für sie irgendein außergewöhnlicher Umstand: Ihr Kind oder ihre Frau hatte ein gesundheitliches Problem, das ihren Sondereinsatz erforderlich machte (Hansdieter hatte Zwillinge, die sechs Wochen zu früh auf die Welt kamen und deren Überleben anfangs fraglich schien. Er nahm sich vier Monate frei, um gemeinsam mit seiner Frau die Kinder zu betreuen, und erhielt von seinen Firmenkollegen ungeteilte Unterstützung und Zustimmung); sie waren freiberuflich tätig, in künstlerischen Sparten oder waren ihre eigenen Chefs (die Mitarbeiter der Ökomöbelfirma «Firnis», die ihr Geschäft im Kollektiv führen, haben es sich so eingeteilt, daß jeder Vater wöchentlich einen freien ‹Kindertag› hat). Aber das ist die Norm bei sozialen Veränderungen; die Vorhut bilden die «Ausnahmen», knapp gefolgt von den weniger Mutigen oder Privilegierten, die schon lange auf eine Gelegenheit warten.

Wie viele Männer warten sehnsüchtig auf eine Gelegenheit? Allen Skeptikerinnen gebührt unser Verständnis.

6. Die Interviews mit Vätern verleiten jedoch noch zu einer letzten, besonders bedrückenden Vermutung: daß nämlich Männer vor allem deshalb an einer unbefriedigenden Vaterrolle festhalten, weil diese Rolle ihnen in zahlreichen für sie wichtigen Aspekten gut gefällt.

Die Kritik an den Vätern paßt, wenn wir sie genauer analysieren, in ominöser Weise in das Gesamtbild männlicher Renitenz gegenüber den pädagogischen Reformbestrebungen des modernen Zeitalters. Sie haben selten Zeit, andere Dinge sind ihnen stets wichtiger. Sie verweigern vor allem die routinemäßigen, belastenderen Arbeiten und Verantwortungen. Sie stellen sich entweder als streng, urteilend oder als lieb und unbeteiligt dar, fast nie aber bewegen sie sich im normalen Mittelfeld der erzieherischen Mitverantwortung. Was erreichen die Männer durch dieses Verhalten?

Sie entziehen sich den zeitaufwendigen, nervenverschleißenden täglichen und minütlichen Versorgungsleistungen, die ein Leben mit Kindern erfordert. Sie erhalten mehr als ihren gerechten Anteil an Aufmerksamkeit und Interesse in der Familie und unterstreichen ihre rituelle Wichtigkeit: Alles wartet mit dem Abendessen, bis der Herr Vater endlich heimkehrt; die Kinder haben sich durch das Warten in eine fieberhafte Aufregung hineingesteigert und bereiten ihm einen hysterischen Empfang; seine versteckte Mißbilligung oder die Unklarheit seiner Meinungen beschäftigt das Denken seiner Kinder weit mehr, als wenn sie wüßten, woran sie wären. Im Grunde treiben die Männer mit ihren Kindern emotional ganz genau dasselbe Spiel wie mit ihren Frauen. Sie geben sich auf dem Beziehungssektor kapriziös und werden deshalb mehr als normal beachtet und umworben.

In den Gesprächen fiel uns zunehmend auf, wie wohl sich Männer in ihrer Rolle als seltener und deshalb um so sehnsüchtiger erwarteter Familiengast fühlten.

Konnten die Männer letzten Endes nicht der Versuchung widerstehen, der Umworbene, der Wichtige, der Besondere zu sein – derjenige, der zu Hause schon Weihnachtsstimmung auslöst, wenn er einmal zum Mittagessen nach Hause kam? War es nicht sehr schmeichelhaft zu glauben, daß die eigenen Kinder sich noch in zehn Jahren an einen gemeinsamen Kurzurlaub in Rom erinnern werden? Und besteht bei der mühsamen alltäglichen Zuwendung nicht die ernstzunehmende Gefahr, gar nicht gewürdigt zu werden? Vielleicht haben Väter sich zu sehr mit ihrer Ausnahmerolle angefreundet, sind sie in Wahrheit nur zu gern derjenige, der auch von den Kindern «zu sehr geliebt» und zu sehnsüchtig erwartet wird, erscheint ihnen die Normalität als Abstieg. Nach ihrer Vorstellung von Vaterrolle befragt, nannten Väter am häufigsten

Begriffe wie «Abenteuer». Und besonders nach einer Scheidung ist der Vater derjenige, mit dem man nach Rom fährt, nach Kuba fliegt oder, prosaischer, ins Kino, in den Zoo, zur Eisrevue geht. Eine Scheidungssituation begünstigt solche Entwicklungen, denn es ist verständlich, daß an zwei Samstagen im Monat nicht der normale Alltag stattfinden kann, daß ein Vater unter diesen Umständen lieber die Erinnerung an ein tolles Erlebnis schafft als an einen disziplinären Eingriff. Aber: in den meisten Fällen ist die Vater-Kind-Beziehung nach der Scheidung nur eine Fortsetzung dessen, was vorher war. Auch vor der Scheidung war der Vater meist das «Besondere», dessen kostbare Minuten mit denkwürdigen Ereignissen angefüllt werden mußten.

Der Anwalt Joachim Hiersemann verzweifelt oft innerlich am Vaterschaftsalltag, wie er ihn in seiner Kanzlei zu sehen bekommt. Als «Eisbrecher» und zur Einstimmung in eine erstrebte versöhnliche Kinderregelung nach der Scheidung sagte er seinen Klienten/innen früher oft, daß jeder Elternteil eine unersetzbare Rolle im Leben des Kindes spielte. Wenn er dann fragte, was Vater oder Mutter im Zusammenleben mit den Kindern besonders gut gemacht hätten, erhielt er verblüffende Antworten. An eine leider nicht untypische Klientin wird er sich ewig erinnern; die dachte lange und ernsthaft nach und meinte schließlich: «Papierschwalben basteln.»

Der innere Drang, dominant zu sein, Spuren zu hinterlassen, gibt der väterlichen Leistung vieler Männer eine ruinöse Note. Ihr «Erziehungsziel» bezieht sich nicht auf die Kinder, sondern auf sich selbst; sie wollen, bei geringstmöglichem Einsatz, einen größtmöglichen Eindruck hinterlassen.

Dieses Verhalten der Männer als Väter irritiert und enttäuscht die Partnerinnen und löst damit eine weitere verhängnisvolle Dynamik aus. «Ich beobachte an mir selber sehr komplizierte, sehr unangenehme Gedankengänge», sagt die Journalistin Anne P. «Es macht mich stellvertretend für die

Kinder ganz krank zu sehen, wie unverantwortlich und gedankenlos mein Mann mit ihnen umgeht. Er verspricht ihnen, daß er mit ihnen um halb fünf schwimmen geht, und kommt dann erst um halb sieben. Zwei Stunden lang hab ich zwei aufgeregte Kinder bei mir, die ständig zum Fenster laufen, zum Telefon rasen, wenn es läutet ... ich kann es kaum mit ansehen, wie ihre Unruhe und ihre Enttäuschung wachsen.»

Mütter wollen, daß ihre Kinder zum Vater eine gute und innige Beziehung haben, aber wenn sich allmählich das Gefühl ausbreitet, daß er langsam zum Mythos wird, daß der gute Vater eine Phantasiefigur ist wie der Weihnachtsmann, der von der Mutter unter Lügen herbeifabuliert wird, kommt in vielen Frauen großer Zorn auf. Sie sehen sich gezwungen, lächelnd irgendeine Entschuldigung für den wieder einmal unzuverlässigen Vater zu erfinden, um die Kinder nicht zu enttäuschen. Diese Rolle der Fiktionsträgerin für einen gedanken- und verantwortungslosen Menschen lehnen immer mehr Frauen ab.

7. Der letzte Grund für die unbefriedigende väterliche Beteiligung ist zugleich der, den wir persönlich noch am ehesten nachvollziehen konnten. Und zwar glauben wir, das männliche Gegenstück zu einer weiblichen Denkhaltung identifiziert zu haben.

Bei unseren Untersuchungen über berufstätige Frauen stellten wir fest, daß Frauen häufig ein mangelndes Durchhaltevermögen an den Tag legten, wenn es um ihren Beruf oder ihre Ausbildung ging. Mit einer Leichtigkeit, die ihrer sonstigen Persönlichkeit und Stärke oft gar nicht entsprach, ließen sie sich von beruflichen Zielen abbringen. Und dieses Verhalten verfolgten wir im Denken dieser Frauen zurück auf den verhängnisvollen Grundgedanken, daß sie ja nicht arbeiten ‹mußten›, sondern stets die ehrenhafte Rückzugsmöglichkeit in die Familie hatten. Damit schadeten sie sich selber sehr; sie verharrten in Jobs, die sie langweilten und die nicht gut bezahlt waren, sie stagnierten in aussichtslosen Halbtagspositionen, sie brachen ihre Ausbildung ab und verloren damit für immer die Chancen, ihren Traumjob zu erreichen. Und das alles taten sie, weil sich im Hinterkopf die Idee festgesetzt hatte, daß sie «eigentlich» Familie haben wollten mit einem Mann als Versorger.*

Wenn Männer sich vor der Verantwortung gegenüber ihren Kindern drücken, dann scheint der umgekehrte gedankliche Mechanismus am Werk zu sein. Sie wiederum haben die Idee im Hinterkopf, daß die Kinderarbeit «eigentlich» von ihrer Frau erledigt werden sollte, daß das nicht ihre Aufgabe sei. In beiden Fällen handelt es sich um anachronistische Denkfehler, die deshalb aber nicht weniger hartnäckig sind.

Selten findet ein Umdenken rein abstrakt statt, ohne materiellen Anlaß. Bei Frauen wird das Umdenken oft erzwungen: plötzlich, z. B. nach einer Scheidung, «müssen» sie eben doch für sich selber sorgen, und dann erkennen sie, wieviel angenehmer und leichter diese Aufgabe wäre, wenn sie die entsprechende Qualifikation besäßen. Oder sie erkennen, daß die vermeintliche Versorgung durch einen Ehemann einen zu hohen Preis fordert, im Hinblick auf die persönliche Entwicklung und Unabhängigkeit.

Auch bei Männern setzen die bescheidenen Ansätze eines Umdenkens dann ein, wenn die Umstände es erfordern. Oft wurde in den Interviews erwähnt, daß eine erneut aufgenommene Berufstätigkeit der Frau den Mann zu größerem Einsatz genötigt hatte und daß sich aus dieser Notwendigkeit schließlich ein gleichgewichtigeres Familienleben entwickelt hatte. Die Berufstätigkeit der Frau zwingt den Mann zu All-

* Vgl. Benard/Schlaffer: Rückwärts und auf Stöckelschuhen. Können Frauen soviel wie Männer, Köln 1990

tagsversorgungsleistungen, die wiederum der einzige Weg sind zu einer guten, normalen Beziehung zum Kind. Hier sind Fortschritte zu erkennen, wenn auch sehr bescheidene. Auch in diesen Situationen geht der Anstoß zur Teilung der Elternaufgaben von der Frau aus, spezialisiert sich der Mann auf die leichtesten (und weniger essentiellen) Aufgaben. Aber die Berufstätigkeit der Mutter hat, neben der Wirkung auf den Vater, noch einen zweiten und weitreichenderen Einfluß auf die Vaterschaft. Und zwar auf die nächste Generation der Väter.

«Je besser ausgebildet die Mütter der (untersuchten) jungen Männer waren, je qualifizierter die Arbeit war, die die Mütter ausübten, und je früher sie nach der Geburt ihres Sohnes angefangen hatten, erwerbstätig zu sein . . . um so größer war das Bedürfnis der jungen Männer, an der Pflege der eigenen Kinder teilzunehmen. Je schlechter die Mütter der jungen Männer ausgebildet waren, je geringer qualifiziert ihr Beruf war, je später sie nach der Geburt ihres Sohnes begonnen hatten, wieder erwerbstätig zu sein . . . desto stärker orientierten sich die jungen Männer an ihren Vätern und meinten, selber kein Kind versorgen zu können . . .»*

* Margot Bengtsson/Jonas Frykman, Om maskulinitet, Stockholm 1987 und Margot Bengtsson, Manlighetens förändring, Schweden 1990, zitiert nach Brzoska et al., op. cit. S. 16

3 *Eine ganz normale Familie – Über Theorie und Praxis in der Vaterschaft*

Die Familie: ein Organismus, Vater – Mutter – Kind. In der Praxis jedoch ist sie kein funktionierendes System, bei dem manchmal eine bedauerliche Panne auftritt. Die Panne ist der Regelfall. Denn auch was intakt aussieht, hat fast immer einen Defekt: Papa ist nicht zu Hause.

Eine Familie ist ein System, ein Organismus, bestehend aus drei Teilen, Vater, Mutter, Kind(er). In der Theorie. Im wirklichen Leben, heute, sieht es ganz anders aus, und zwar nicht nur dort, wo durch Trennung oder Scheidung der männliche Bestandteil davonmarschiert ist oder verabschiedet wurde. In der heutigen Praxis ist die Familie kein gut funktionierendes System, bei dem manchmal eine bedauerliche Panne auftritt. Die Panne ist der Regelfall, und zwar auch dort, wo Struktur und äußere Optik stimmen, wo die drei Bestandteile formal vorhanden sind. Auch was intakt aussieht, hat fast immer einen Defekt, und zwar immer denselben: Papa ist nicht zu Hause.

Die moderne Familie ist kein aufeinander abgestimmtes System. Eher noch gleicht sie einem Flugzeug, das mit einem einzigen Triebwerk vorankommen soll. Dieses Triebwerk ist die Frau. Oft gibt es gar keinen zweiten Motor, ist der schon längst hinuntergefallen, unter Getöse und in Trümmern. Oft aber hängt er noch dran, erschwert schleppend die Fortbewegung und schränkt die Möglichkeiten des einen funktionierenden Triebwerks nur noch ein.

Oft stellt er geradezu ein Risiko für die Sicherheit der Passagiere dar. Dann ist es besser, man stellt sich gleich darauf ein, einmotorig unterwegs zu sein, und montiert ihn ab, bevor er zuviel Treibstoff verbraucht und das Gleichgewicht zu sehr gefährdet.

Mit zwei Triebwerken wäre man schneller, besser und sicherer unterwegs, könnte man längere Strecken hinter sich bringen. Die Frauen wissen das. Die Kinder wissen das. Drum sind sie so oft damit beschäftigt, den streikenden väterlichen Motor irgendwie doch noch in Gang zu bringen.

Der Vater: er ist einfach nicht da. Er hat keine Zeit und wenig Interesse. Jegliche Zuwendung für Frau und Kind muß erstritten und erbettelt werden. Fast alles andere ist wichtiger. Jede Firma, die er so führen würde wie seine Vaterschaft, wäre längst in Konkurs. Jeden Job, in dem er sich so aufführen würde wie zu Hause, hätte er längst verloren.

Und trotzdem hat er es so eingerichtet, daß seine Umwelt es normal findet, daß er sich vor der Verantwortung drückt. «Niemand wird ihm vorhalten, daß die Verhältnisse in seiner Familie so unglücklich geraten sind, weil er sich über Jahre hinweg aus ihr verpißt hat, und niemand wird ihn fragen, ob er nicht schon längst seinen Arbeitsplatz verloren hätte, wenn er sich dort genauso benommen hätte wie in seiner Familie.»*

Die bewährte männliche Methode des «geringgehaltenen Leistungsstandards» in allen zwischenmenschlichen Dingen (siehe Benard/Schlaffer: Laßt endlich die Männer in Ruhe. Reinbek 1989) bewährt sich auch hier hervorragend. Indem er das Niveau seiner Leistungen geringhält, umgeht der Mann Ansprüche und Aufwendungen, und er meidet auch Kritik, sollten Probleme auftreten. Und die treten unweigerlich auf, wenn eine sehr komplizierte Maschine mit nur halber Motorkraft die Schwerkraft überwinden soll.

Eine «schlechte Mutter» – wie schnell wird dieses Etikett verteilt, und was läßt sich nicht alles an familialen und kindlichen Störungen auf geringfügige Vergehen oder Nachlässigkeiten der Mutter zurückführen. Ein «schlechter Vater» hingegen – eigentlich ist schon diese Formulierung recht ungeläufig. Hier gibt es nur Prämien und Auszeichnungen, und die ohne viel Zutun. Ein «guter Vater» in männlichen Augen ist bereits der, der seine Kinder nicht schlägt und mit ihnen «etwas anfangen» kann. Vielleicht nicht schon mit Kleinkin-

* Dieter Schnack, Reiner Neutzling: a.a.O., S. 26

dern (alles nickt verständnisvoll), aber mit größeren Kindern, sicher. Wenn er sonntags mit den Kindern eine Stunde radfährt und es schon vorgekommen ist, daß er ihnen abends eine Geschichte vorlas, bekommt er schon die Note «sehr gut». Und ein «hingebungsvoller» Vater ist man bereits dann, wenn man rechtzeitig zum Abendessen heimkommt und den Kindern die Zähne putzt.

Wir können uns diesen Kriterien leider nicht anschließen. Nach einer sehr eingehenden Betrachtung der väterlichen Leistungen in diesem ausklingenden 20. Jahrhundert können wir den Vätern, ihnen allen gemeinsam, eigentlich nur eine einzige Note ausstellen: nicht genügend.

Die Männer sind mit ihrem geringen Einsatz zufrieden: er spiele sowieso keine Rolle, meinen sie. Für sie ist die Vaterschaft etwas, was sich ohne eigenes Zutun entwickeln wird. Wie bei einer Aktie, so glauben sie, wird ihre einmalige Investition, in diesem Fall von genetischem Material, schon Rendite bringen, ob sie etwas dazu tun oder nicht. Oder vielleicht sind sie auch der altkolonialen Meinung, daß ihre Plantage schon laufen wird, unter der Aufsicht einer tüchtigen Aufseherin, und daß sie am Ende einfach vorbeireiten können, um tonnenweise die Ernte einzubringen. Es ist schwer zu erkennen, wie sie kalkulieren, was sie sich erwarten. Leichter erkennbar sind die Spuren, die sie hinterlassen: verdrossene Mütter, die ihre Enttäuschung, auch unbewußt, an ihre Kinder weitergeben. Verletzte Kinder, deren Bedürfnis nach einem stabilen Gleichgewicht als Defizit zurückbleibt. Eine nächste Generation, die wieder nicht gelernt hat, mit anderen und andersartigen Menschen zusammenzuleben, als Paar und in einer Gruppe zu funktionieren und seinen Anteil zu leisten.

Aber bleiben wir noch kurz bei der so faszinierenden männlichen Methode, einen möglichst niedrigen Standard bei der

Familienteilnahme anzusetzen; schließlich ist sie ein essentieller Teil der modernen Psychologie und Familiensoziologie geworden, ja, sie kann in dieser Variante auch als Alibitheorie der Familiensoziologie bezeichnet werden. Das geht so: da der Vater nicht da war, ist er auch nicht schuld. Er kann es nicht gewesen sein, der die Fehlentwicklungen seiner Töchter und Söhne verursacht hat, denn er hat ja ein hieb- und stichfestes Alibi: er war nicht anwesend.

«Hohes Gericht, mein Mandant plädiert auf unschuldig. Er war im Tatzeitraum, nämlich von der Geburt bis zum Abitur des Opfers, nachweislich nicht am Tatort, sondern im Büro.» (in der Uni, auf Geschäftsreise etc.)

Der Rechtsparagraph der «unterlassenen Hilfeleistung» könnte auf die deutschen Väter natürlich angewendet werden, aber bleiben wir bei der Frage des Verschuldens. Kann nur der (die) belangt werden, der (die) sich am Tatort aufgehalten hat?

Wir lieben weithergeholte Analogien, also gestatten Sie uns eine weitere: Stellen wir uns einen Unfallort vor. Eingeklemmt unter einen schweren Metallpfosten liegt das Unfallopfer, und es kommt jetzt darauf an, den Verletzten so rasch wie möglich zu befreien. Zwei Sanitäter werden zum Unfallort bestellt, aber nur einer macht sich tatsächlich auf den Weg: der andere möchte lieber das Fußballmatch zu Ende sehen. Der erste Sanitäter versucht verzweifelt, den Pfosten zu bewegen und das Opfer zu befreien. Aber weil der Pfosten zu schwer für ihn ist, gleitet er ihm schließlich aus der Hand, fällt zurück auf das Opfer und zertrümmert diesem das Bein, so daß es nie mehr wird richtig gehen können.

Wer hat den Schaden verursacht? Der erste Sanitäter, der sein Bestes gegeben hat, aber zu schwach war, um die Aufgabe allein zu meistern? Oder der zweite, der gar nicht erst kam und damit sowohl seinen Kollegen als auch das Opfer im Stich ließ?

Die Erziehungswissenschaften, weitgehende Teile der Psychologie und die Familiensoziologie geben sich da keinen langwierigen Überlegungen hin. Schuld hat, klar doch, der Tollpatsch, der den Balken fallenließ.

Die Lebensgeschichten von Familien, die Erziehungsgeschichten von Kindern zeigen, daß es so einfach nicht ist. Eine ehrliche Rekonstruktion des Unfallhergangs zeigt da sehr oft, daß nicht die Tat der einen, sondern die Unterlassung des anderen maßgeblich für das Mißlingen des Unterfangens war.

Viele der Väter, die wir befragten, wußten zwar, daß sie selten bis viel zu selten im Leben ihrer Kinder anwesend waren, aber sie fanden rasch Trost. Dabei wurden vier Argumentationsketten immer wieder genannt:

1. Meine Frau macht das ohnehin sehr gut; wir haben eine Aufgabenteilung, die zwar etwas traditionell und altmodisch ist, die aber trotzdem in unserem speziellen Fall funktioniert.

2. Ich habe zwar wenig Zeit für die Kinder, in dieser wenigen Zeit bin ich aber unvergleichlich netter, freundlicher und zugänglicher als mein eigener, mir in schrecklicher Erinnerung gebliebener Vater.

3. Ich habe zwar wenig Zeit für die Kinder; falls es dringend notwendig würde, wäre ich selbstverständlich für sie da. (Die Art der Katastrophe, die den Vater endlich auf den Plan rufen würde, wurde dabei nie genannt.)

4. Die Kleinkindzeit ist sowieso nicht sehr bedeutungsvoll, erst später dann, wenn es um wichtigere Entwicklungsfragen geht (Berufswahl etc.), kenne ich meine Verantwortung.

Usw.

Besonders traurig waren immer die Ausführungen auf unsere Bitte, die eigenen Väter zu beschreiben und zu erzählen, wie sie diese in ihrer eigenen Kindheit erlebt hatten.

Und das erschütterndste an den Interviews war die Gewißheit, daß die Kinder dieser Männer, würden wir sie in zwanzig Jahren besuchen und ihnen die gleiche Frage stellen, bestimmt genauso traurig antworten würden wie heute ihre Väter.

Arnold Grau ist 40 und leitender Angestellter in einer Werbefirma. Das Büro ist beeindruckend; Antiquitäten und italienisches Design, Kunst an den Wänden, die weiblichen Mitarbeiter allesamt nach dem neuesten Trend gekleidet. Schon bei unserer zweiten Frage übersiedelt Arnold mit uns, stirnrunzelnd, in ein anderes, entlegeneres Büro. «Das muß ja niemand hören», meint er erklärend-verschwörerisch. Seine Beziehung zu Kindern und Familie, das ist offenbar ein Bereich, der vor Sekretärinnen und Kollegen nicht erörtert werden sollte.

«Was mir meine Familie bedeutet . . . na, ich wollte immer eine Familie haben. Ich wollte drei Kinder, und die haben wir auch. Aber ich könnte mir auch vorstellen, ein Junggesellenleben mit möglichst geringer Verantwortung zu führen. Das wäre für mich ebenfalls gut.

Meine Eltern waren beide berufstätig. Sie waren Beamte, beide. Mein Vater in meiner Erziehung? Der hat sich nicht gekümmert, dem war das völlig egal. Meine Mutter? Na, die hat halt versucht, die allein auf ihr lastende Verantwortung zu tragen. Wobei, das seh ich erst jetzt so. Als Kind bemerkt man das nicht. Da fand ich meinen Vater freundlich, lieb. Aber wenn ich etwas brauchte, ging ich zu meiner Mutter.

Meine Mutter war strenger, aber sie hatte auch die ganze Verantwortung für uns. Und es ist interessant, denn ich versuche es eigentlich in meiner Familie gerade umgekehrt zu machen. Überhaupt haben wir eine ganz andere Struktur. Meine Frau ist zu Hause und kümmert sich ganz um die Kinder. Und meine Aufgabe ist es, also neben dem Finanziellen, meine Söhne ein bißchen an die Kandare zu nehmen, damit sie nicht zu übermütig werden. Kinder brauchen das, die brauchen eine Autorität. Meine Rolle ist es, ihnen klarzumachen, daß die Bäume grundsätzlich nicht in den Himmel wachsen. Sonst nämlich wäre das ihre starke Vermutung.

Ich hab nicht darauf bestanden, daß meine Frau zu Hause bleibt. Aber es war mir sehr recht, daß sie dazu bereit war. Obwohl es, vom rechtlichen Standpunkt gesehen, ein Wahnsinn ist. Manchmal empfinde ich es auch so, denn ich weiß: von dieser Frau kann ich mich nicht so leicht scheiden lassen. Unter diesen Umständen würde sie dann mit gut 60 Prozent meines Eigentums davonspazieren. Ausbildung abgebrochen, kein Job, drei Kinder erzogen . . . da steht sie toll da, vor Gericht. Aber gut, ich hab das gewußt und bin wissend in die Sache hineingegangen. Und eigentlich betrachte ich es als Glücksfall, daß sie es macht und daß sie sich damit zufriedengibt, Hausfrau zu sein. Sie beschwert sich nicht darüber, daß ich so wenig Zeit habe, nein. Entweder es stört sie nicht, oder es stört sie, aber sie sagt nichts, weil sie weiß, daß es ohnehin sinnlos wäre.

Unter der Woche bin ich nie vor zehn Uhr zu Hause. Oft wird es auch Mitternacht. Es kommt oft vor, daß ich nach der Arbeit noch zum Turnen gehe. Am Freitag achte ich darauf, mit den Kindern zu essen, da versuche ich also, um sieben oder acht daheim zu sein. Aber unter uns: auch das erst seit zwei Jahren.

Wieso seit zwei Jahren? Weil ich da realisiert habe, daß die Zeit, wo Kinder Spaß machen, wo sie mit dieser ganz lieben Horizontverschiebung auf die Familie konzentriert sind, begrenzt ist. Ich hatte damals einige Kollegen, die ein bißchen älter waren als ich, und die klagten dann mit 45, daß ihr Bub das Abitur macht und auszieht, und sie haben ihn eigentlich nie zu Gesicht gekriegt. Wobei, unter der Woche, ob ich da um neun oder um Mitternacht heimkomme, das ist schon egal, denn so oder so schlafen sie dann ja schon. Und mir ist es wichtig, daß ich die Chance habe, Teile des Junggesellenlebens noch in meinen Tag hineinzuretten.

Meine Beziehung zu den Kindern . . . nun, sie wissen, daß es bei mir notwendig ist zu spuren. Wobei ich auch kameradschaftlich sein kann, im abgesteckten Rahmen. Aber wir haben jede Woche unseren Kampf, denn bis Freitag sind die Sitten stets etwas locker geworden. Da wird dann beim Essen gelümmelt, herumgeschossen, es ist der totale Sittenverfall. Und das schätze ich nicht. Ich verlange eine anständige Vater-Sohn-Beziehung, als Zeichen sozusagen, daß sie die Spielregeln kennen. Es muß zum Ausdruck kommen, daß sie die Spielregeln akzeptieren. Wobei sie nicht devot sein müssen. Es geht mehr um das Prinzip.

Meine Frau, nein, die ist da ganz anders. Das sind an sich vier Freunde, meine Frau und die Buben.

Und mit meinem Jüngsten, naja, der ist ja erst zwei. Ich versuch manchmal mit ihm zu spielen, was wahnsinnig fad ist. Wie ich denn dann in Erscheinung trete, in seinem Leben? Ja gut, er kann ja noch nicht einmal richtig reden. Aber ich bin ja da auch gar nicht notwendig, denn wenn die Mutter so wahnsinnig viel Zeit mit dem Kind verbringt und sowieso da ist, dann ist meine Präsenz ja nicht so im Vordergrund. Ich denke, daß die wenige Zeit, die ich da bin, vollkommen ausreichend ist. Ein- oder zweimal die Woche ein paar Stunden, das reicht. Die Kinder brauchen nur das Gefühl, einen Halt zu haben. Ich sehe mich in ihrem Leben als Troubleshooter, für den Fall, daß einmal ernsthafte Probleme auftreten.

Natürlich nehme ich mir am Wochenende Zeit für sie. Was wir da machen? Na, ich achte drauf, daß wir möglichst viele Nahrungseinnahmen gemeinsam erledigen. Viel mehr ist nicht drin, denn das Problem ist, daß wir nicht viele gemeinsame Hobbys haben. Die Dinge, die mich interessieren, mögen die Kinder nicht, und umgekehrt. Da beneide ich andere, wo die Söhne hineinwachsen in das Hobby des Vaters.

Am Wochenende verbringe ich, würde ich sagen, etwa ein Drittel der Zeit mit den Kindern. Ich brauch ja noch Zeit für mich, ich geh dann Schach spielen, ich geh ins Fitneßcenter, ich schau im Büro vorbei.»

Arnold war in unserer Vätersammlung keine Rarität. Eher schon ein Prototyp.

Den eigenen Vater betrachtet Arnold rückblickend als jemanden, der sich «nicht gekümmert» hat, dem das Aufwachsen seiner Kinder «völlig egal» war. Diesem Vater ist er heute zumindest in einem sehr wichtigen Punkt ähnlich: Er ist, faktisch, im Leben und im Alltag seiner Kinder kaum anwesend. Er teilt damit die Wertung seines Vaters, daß andere Bereiche des Lebens – die Arbeit, die Freundschaft mit anderen Männern – wichtiger sind. Zugleich sieht er seinen Vater kritisch, und er weiß, daß die Abwesenheit seines Vaters in seinem eigenen Leben ein Defizit hervorgerufen hat. Deshalb will Arnold es anders machen. Sein Vater war «lieb» und «freundlich», aber abwesend. Die Mutter war strenger, aber sie war der ansprechbare Elternteil. So wählt Arnold für sich die Rolle des «Erziehers» seiner Söhne. Wenn er in Erscheinung tritt, am Freitagabend, dann als mahnende und ordnende Instanz. Als Vater will er nicht ein lächelndes Nichts sein; statt dessen ist er ein mißbilligendes Etwas. Er verkörpert für seine Söhne die Ordnung, und zwar eine sehr traditionelle, patriarchalische Ordnung. Er will geachtet werden, und da er keine Zeit hat, diese Achtung inhaltlich zu verdienen, will er einfach als Vater geachtet werden, symbolisch, und weil das den «Spielregeln» entspricht. Wie attraktiv diese Vaterrolle wirklich ist, sei dahingestellt. Derjenige zu sein, bei dem nicht gelümmelt werden darf, derjenige zu sein, der den kindlichen Optimismus immer wieder dämpft mit der Mitteilung, daß die Bäume nicht in den Himmel wachsen: für Arnold bedeutet das, daß er sich nicht «drückt». Daß seine Frau an sechseinhalb Tagen der Woche mit den Kindern fertig wird, obwohl sie wie deren «Freundin» auftritt, erschüttert noch lange nicht Arnolds Überzeugung, daß Autorität wichtig sei.

Sehr typisch ist auch Arnolds Selbstdefinition als «Troubleshooter». «Ich bin immer für meine Kinder da» – unzählige Männer, die in Wirklichkeit so gut wie nie für ihre Kinder da waren, stellten uns gegenüber mit treuherzigem Blick diese Behauptung auf. Sie meinten es offenbar ehrlich und verstanden darunter das gleiche wie Arnold: nämlich daß sie, wenn es darauf ankäme, wenn ihre Kinder sie wirklich brauchten, auch für die Kinder da wären.

Wir versuchten, diese abstrakte Eventualität mit ihnen gemeinsam zu konkretisieren. Was könnten das wohl für Umstände gewesen sein, in denen ihr Kind sie gebraucht hatte und sie «da waren»?

Vielleicht, als das Kind krank war? Aber nein; bei Krankheiten oder Verletzungen, berichteten die Männer, verlangten die Kinder immer nach ihren Müttern, fühlten sie sich bei diesen offensichtlich geborgener. Und auch sie selber fühlten sich bei kindlichen Erkrankungen nicht kompetent, gingen auch nicht mit den Kindern zum Arzt. Dann vielleicht Schulprobleme? Das konnten sie sich eventuell vorstellen, obwohl . . . die Mütter kannten alle Lehrer von den Elternabenden her. Er, Arnold, war noch nie bei einem Elternabend. Später, im Gymnasium, dann vielleicht, aber in der Grundschule? Bitte, das wäre für ihn doch, wir sollten schon entschuldigen, eine echte Zeitverschwendung, denn worum konnte es wohl in der Grundschule schon groß gehen?

Vielleicht betrachteten sich diese Väter als «Troubleshooter»; sie setzten die Schwelle ihrer Interventionen aber sehr hoch an. Es mußte schon ein familialer Super-GAU sein, um sie hinter ihren Schreibtischen hervorzulocken.

Aber auch noch in anderer Hinsicht lagen sie mit ihrem

Rollenverständnis schief. Ihre Kinder, so meinten sie, «konnten mit Problemen immer zu ihnen kommen». Dieses Angebot verkennt nicht nur das Wesen der menschlichen Interaktion, sondern ganz speziell das der Kinder. An wen wendet man sich, wenn man ein Problem hat? An die eher abweisende und meist abwesende Figur, die einem noch nie zur Seite gestanden hat? Oder an die vertraute Person, die sich schon in tausendfachen kleineren Pannen bewährt hat?

Bei Kindern kommt noch verschärfend hinzu, daß sie kaum jemals ganz von selber ihre Probleme erkennen, artikulieren und sich dann wohlüberlegt an jemanden wenden, sondern daß man ein Gespür für ihre Befindlichkeit entwikkeln muß, um so manches Problem überhaupt erst auf den Tisch zu bekommen. Dazu muß man das Kind gut kennen, und es ist sehr zweifelhaft, ob das in «ein bis zwei Stunden in der Woche» wirklich zu schaffen ist.

Stellen wir Arnold einen zweiten Vater zur Seite, der das gleiche Muster aufzeigt. Hermann wird uns als Interviewpartner empfohlen, weil er sechs Kinder hat und damit vermutlich kompetent über Vaterschaft sprechen kann. Das Ambiente für das Interview ist passend, denn Hermann ist Gynäkologe und Geburtshelfer, spezialisiert auf Fertilitätsprobleme. Wir treffen ihn in seiner Ordination und müssen viele reproduktive Utensilien beiseite schieben, um auf dem Tisch Platz zu machen für unser Tonbandgerät. Spiralenpakkungen, Schwangerschaftsberechnungsscheiben und Probepackungen mit ovulationsfördernden Mitteln umgeben uns stimmig beim Gespräch. Hermann selbst ist groß, schön, braungebrannt – das Phantasiebild eines Arztes direkt aus der Schwarzwaldklinik. Als Vater jedoch ist er kein strahlendes Phantasiebild, sondern graue Realität.

«Mein Vater war Bauunternehmer, meine Mutter Lehrerin. Wichtig in meiner Kindheit war dann noch meine

Großmutter, eine Russin, eine tolle Frau, bei ihr habe ich mich sehr wohl gefühlt.

Mein Vater ist für mich erst in Erscheinung getreten, als ich erwachsen war. Als Kind hab ich mich eher vor ihm gefürchtet, denn er war sehr streng. Heute haben wir ein gutes, ein kameradschaftliches Verhältnis. Verändert hat es sich, würde ich sagen, als ich erwachsen war, also selbst ein Mann. Da konnte ich ihn besser verstehen.

Die Ehe meiner Eltern war nicht sehr gut. Das hat es für ihn bestimmt schwer gemacht, ein besserer Vater zu sein, denn irgendwie gehörte ich als Kind ja zu den Frauen, die mich aufzogen. Und dann halte ich ihm noch zugute, daß er bestimmt keinen einfachen Job hatte. Er hat immer sehr hart gearbeitet, stand immer um 5 Uhr auf, um noch vor den Baggerfahrern auf der Baustelle zu sein. Er hat alles in diese Firma gesteckt, aber trotzdem hat er mich nicht gedrängt, später denselben Beruf zu ergreifen. Auch das rechne ich ihm hoch an.

Ich hab mich für Medizin entschieden und mich sehr früh für dieses Spezialgebiet interessiert. Die Idee der In-vitro-Fertilisierung hat mich sehr angesprochen. Ich kam dann in eine Klinik, die das gemacht hat; es war faszinierend, Retortenbabys zu produzieren. Und dann habe ich beschlossen, eine eigene Praxis zu eröffnen, gemeinsam mit Kollegen. So war mein beruflicher Weg eigentlich sehr gradlinig.

Mein Privatleben? Das verlief turbulent. Jetzt lebe ich in meiner dritten Ehe. Und ich habe mit meiner ersten Frau ein Kind, mit meiner zweiten Frau zwei Kinder, und mit meiner jetzigen dritten Frau drei Kinder ... ein logischer Aufbau also.

Das Scheitern meiner ersten Ehen ... ja, ich erkläre mir das so, ich bin wohl irgendwie spätreif in meiner Entwicklung, und ich hab einfach zu früh geheiratet. Ich war einfach zu jung und unausgegoren und hab auch die Kinder viel zu jung gekriegt: das erste mit 28, das zweite mit 31, das dritte mit 33. Mir waren die Kinder auch peinlich, irgendwie, ich kann es nicht gut erklären. Ich habe kein gutes Verhältnis zu den Kindern gehabt; am liebsten hätte ich verheimlicht, daß ich sie überhaupt hatte.

Und, es waren nicht die richtigen Frauen für mich. Wenn die Ehe voller Spannungen ist, hat man an den Kindern auch keine Freude. Mit meiner jetzigen Frau geht es sehr gut, sie ist Reiseleiterin, hat ihren Job aber aufgegeben und ist ganz bei den Kindern. Meine Rolle in der Familie ist, also . . . die Erziehung macht bestimmt meine Frau. Ich greife höchstens manchmal ein, wenn z. B. meine Frau die Nerven verliert. Sie hat Zeiten, wo es ihr schwerfällt, besonders mit der zweiten Tochter. Das war eine Zwillingsgeburt, und sie hat den ersten Zwilling in der 21. Woche verloren. Ich hab sie selber betreut, hab dann eine ziemlich spektakuläre Intervention gemacht. Nach dem Verlust des ersten Zwillings hab ich massiv gehemmt, medikamentös, und sie dann zugenäht. Das war ein sensationeller Fall, daß ein Zwilling gerettet werden konnte. Wir haben das in amerikanischen Fachzeitschriften publiziert. Und zu diesem Kind hab ich ein ganz besonderes Verhältnis. Ich hab damals hineingegriffen, um die Nabelschnur des ersten Zwillings abzureißen, und da hab ich meine Tochter gespürt durch die Fruchtblase hindurch, wir haben uns sozusagen in utero die Hand geschüttelt. Und die ist heute mein Herzblatt, obwohl sie zweifellos ein sehr willensstarkes Kind ist. Willensstark, das ist mein Ausdruck, meine Frau nennt das anders . . .

Meine Beziehung zu den Kindern aus den ersten Ehen ist sehr unterschiedlich. Meine erste Frau war nach der Scheidung eine Lady, sie hat sehr darauf geschaut, daß meine Beziehung zu dem Kind gut läuft. Bei der zweiten Ehe war es komplizierter. Da hab ich mich schon während der Ehe distanziert von den Kindern, um mich emotional nicht so zu binden, weil ich wohl gespürt habe, daß die Ehe keine Zukunft hat und nicht gutgehen wird. Ich bin dann immer mehr von zu Hause weggeblieben. Und nach der Scheidung war es sehr strittig, es gibt auch ein Gutachten, das festhält, es sei schlecht, wenn ich die Kinder sehe.

Meine Vorstellung von meiner Vaterrolle . . . also, zusammenfassen würde ich es so, daß die Kinder immer zu mir kommen können, wenn sie etwas brauchen.

Im Prinzip kann ich mir schon vorstellen, mir irgendwie mehr Zeit zu nehmen, vielleicht, ja, einen Nachmittag in der Woche freizuhalten. Wenn die Partnerschaft in Ordnung ist, könnte ich mir das vielleicht vorstellen. Wenn's schon kriselt, hat es aber keinen Sinn.

Den Alltag, das macht meine Frau sehr gut, sie hat das in der Hand, und sie faßt das als ihre Aufgabe auf. Ich mache schon auch Alltagshandlungen, sicher. Also, ich würde das so beschreiben: Zähneputzen ja, Windelwechseln nein. Das hab ich erfolgreich bei all meinen Kindern vermieden.»

Von Hermann sind wir auch heute noch unvermindert hingerissen. Obgleich er leibhaftig vor uns gesessen hat, klingt er so schön fiktiv, daß ein gewisser Erfinderstolz ihn uns ans Herz hat wachsen lassen. Unser Retortenvater. Und dann steckt er auch noch so voll von faszinierenden Details. Ein Gynäkologe und Geburtshelfer, der in den menschlichen Körper hineingreifen und dort eine Nabelschnur zerreißen kann, dem es aber vor schmutzigen Windeln graust – allein dafür gebührt ihm schon das Väterliche Unverdienstkreuz 1991.

Hermann hat, wie Arnold, kein positives Vatervorbild. Und, wie Arnold, strebt er daher das gegensätzliche Verhalten an. Arnolds Vater war freundlich, also ist Arnold disziplinär. Hermanns Vater war streng, also ist Hermann liebenswürdig. Wie Arnold gleicht auch Hermann seinem

Vater darin, daß er seiner Arbeit ohne Bedenken Priorität einräumt. Auf dieser Ebene findet, sozusagen, eine männliche Solidarisierung statt. Erwachsen, als «Mann» also, hat Hermann sich mit seinem Vater versöhnt, hat zu einem besseren Verständnis seines Vaters gefunden ... und denselben Weg eingeschlagen.

Auch Hermann ist, bei realer Abwesenheit, rein theoretisch «immer für seine Kinder da». Sie können «immer zu ihm kommen», behauptet er. In Wirklichkeit sind seine drei ältesten Kinder überhaupt fast vollständig aus seinem Leben eliminiert, ein Zustand, auf den er bei den Kindern aus zweiter Ehe aktiv hinarbeitete, indem er sich bereits während der Ehe innerlich von ihnen zurückzog. Überhaupt können wir bei Hermann mit schöner Klarheit das Vorgehen des vollkommen abstrakten männlichen Vaterschaftsverständnisses beobachten. Von der Vaterschaft schwärmt er um so mehr, je abstrakter sie ist. Die künstliche Befruchtung hat ihn «sofort angesprochen», die medizinische Vaterschaft über Retortenbabys übernimmt er mit Leidenschaft. Das reale Kind, das ihm am nächsten steht, entstammt ebenfalls einem medizinischen Grenzbereich: der Zwilling, den er zum Erstaunen seiner internationalen Kollegenschaft durch seinen experimentell-medizinischen Supereinsatz gerettet hat.

Ganz gewöhnliche Kinder, in ganz gewöhnlichen Windeln, die auf ganz gewöhnlichem Wege zustande gekommen sind – denen weiß er wenig abzugewinnen. Fast «peinlich» sind ihm die, und am liebsten würde er verheimlichen, daß er an so etwas Banalem in irgendeiner Weise beteiligt war.

Die theoretische Vaterschaft fällt vielen Männern einfach leichter als die reale. Und es gibt unzählige Möglichkeiten, die Vaterschaft auf ein höheres Abstraktionsniveau zu heben. Man kann die aktive Teilnahme auf ein ungewisses «Später» verschieben: wenn die Kinder etwas größer sind, wenn die Dissertation fertig ist, wenn man die Firma in die schwarzen

Zahlen gebracht hat. Man kann sie situativ eingrenzen: auf den Sonntag, auf einen extremen Krisenfall, auf Spiel und Sport. Man kann sie auf den Beruf verlagern, wie etwa Hermann, der sein Leben der Fortpflanzung gewidmet hat: solange sie im Labor stattfindet. Oder wie der Soziologe Peter, der immer dann, wenn seine Frau ihn in den Kreis der Familie zerren will – zum Familienurlaub, zum Wochenende, zur Mithilfe – meint, er müsse zuerst schnell noch das «dritte Kind» gebären, nämlich seine Habilitation.

Besonders rätselhaft wirkt die väterliche Verweigerung bei Männern, die von ihrer persönlichen Philosophie – oder von ihrer kontrollierenden Persönlichkeit – her normalerweise würden erwarten lassen, daß sie sich als Vater genauso energisch engagieren wie anderswo. Und trotzdem, Humanisten, Pädagogen, sogar Kinderexperten finden wir vertreten in den Reihen der fahnenflüchtigen Väter.

Das muß nicht so sein. Als der Kinderarzt Barry Brazelton sein erstes Kind nur durch die Glasscheibe besichtigen durfte, weil das damals noch so üblich war, war diese Ausgrenzung für ihn der Impuls, sich mit Kindern, Eltern, Vätern und auch mit seiner eigenen, ganz persönlichen Vaterschaft intensiv auseinanderzusetzen. «Als Kinderarzt durfte ich jedes Kind anfassen . . . nur mein eigenes nicht. Mein eigenes mußte ich durch eine Glasscheibe anschauen, weil ich der Vater war. Und Väter waren, für das damalige Denken, bakterientragende Außenseiter.»

Brazelton fühlte sich als Mensch und Vater aufgefordert, sich auf seine Kinder wirklich einzulassen. Und als Experte fühlte er ein starkes Interesse, mehr über die gesellschaftlichen Einstellungen zu Mutter und Vater und zu den Auswirkungen dieser Einstellungen auf die Erziehung der Kinder zu erfahren. Diese intensive Vermischung von subjektivem und objektivem Interesse hat seine Forschungen so realitätsnah und so wertvoll gemacht, denn Brazelton philosophierte nicht vor sich hin, sondern ging aus von einem sehr unmittelbaren, persönlichen Verständnis der Lebensrealität moderner Eltern. Seine Arbeiten gehören deshalb auch zu den ersten und ausgewogensten zum Thema mütterliche Berufstätigkeit.

Andere Väter aber flüchten beim Anblick ihrer Kinder in die Theorie. Und nicht einmal die Herausforderung, diese Theorie in der Praxis auszuprobieren, kann sie dort weglokken.

Der bekannte deutsche Soziologe und prominente Vaterforscher Fthenakis z. B. entdeckte die Väterforschung, als seine Frau mit dem ersten Kind schwanger war. Bei einer Tagung ereilte ihn der Anruf mit dieser aufregenden Botschaft, und an seiner eigenen Reaktion erkannte er, daß sich nicht nur ein neuer Lebensabschnitt, sondern vor allem auch ein neuer Forschungszweig vor ihm auftat. An diesem Thema faszinierten ihn nicht nur seine eigenen, gemischten Gefühle – Freude, aber zugleich Sorge, ob er «der neuen Situation angesichts seiner übermäßigen beruflichen Anspannung gerecht werden würde». Sondern es gefiel ihm auch die intellektuelle Lösung dieses Dilemmas.

An seinen damaligen Gedankengang erinnert er sich recht genau. «Ein Kind ist unterwegs», dachte er. «Du wirst nicht viel Zeit für das Kind haben. Reflektiere also wenigstens, schriftlich, deine Vaterschaft. Dann kannst du dem Kind sagen, du hast nachgedacht.»

Fthenakis hatte, wie fast alle der von uns interviewten Männer, kein positives biographisches Vatervorbild. Sein Vater war im Krieg gefallen, als Fthenakis drei Jahre alt war, er wuchs also gänzlich ohne Vater auf. Daraus hätte er zum Beispiel die Folgerung ziehen können, selbst soviel Zeit wie möglich mit seinen eigenen Söhnen verbringen zu wollen. Aber er setzte sich ein anderes Ziel, und so wurde er der bayrische Megaexperte der Sozialwissenschaft zum Thema

Vaterschaft. An seinem zweibändigen Standardwerk arbeitete er, wie er sagt, «zwei Jahre lang voll, Tag und Nacht».

Und Fthenakis interpretiert eine Reihe von Beobachtungen, die sehr interessant sind. Er setzt sich dafür ein, daß die Familie endlich als System betrachtet wird, in dem jede Komponente «funktionieren» muß. Was der Vater z. B. seinem Sohn über Männlichkeit zu vermitteln hat, wird nicht nur durch die Aussagen oder das Vorbild des Vaters transportiert. Mindestens ebenso wichtig für das Kind ist die Art und Weise, in der die Mutter die «Männlichkeit» ihres Mannes erlebt, und ihre Haltung dazu. Das Verhältnis der Eltern zueinander ist für die Sozialisation des Kindes mindestens ebenso wichtig wie die Beziehung der Eltern, einzeln und gemeinsam, zum Kind. Die Einstellung von Vätern zu Kindern mag sich geändert haben, glaubt Fthenakis. Aber die Mann-Frau-Beziehung hat sich nicht parallel entwickelt, und daher hat auch die Familie als Ganzes den Aufbruch in ein neues Zeitalter nicht geschafft. Die traditionelle Ehe z. B. ist zwar statistisch und prognostisch gesehen auf dem Rückzug. Weibliche Frustrationen über Männer aber haben dazu geführt, daß statt dessen die bewußt alleinerziehende Mutter statistisch und prognostisch im Zunehmen ist.

Das ist alles sehr interessant. Aber Fthenakis, geistiger Vater dieser innovativen Ideen, lebt selbst in der statistischen und prognostischen Vergangenheit. Seine Frau, ehemals Anwältin, hat ihren Beruf aufgegeben. Sie leistet die Sozialisationsarbeit und die Erziehung der Kinder; er schreibt die Bücher darüber. Er ist kontroverser Vorkämpfer für das gleichberechtigte männliche Sorgerecht in Scheidungsfällen. «Die Bindung an die Mutter ist nicht fester als die an den Vater», glaubt er. Ob das in seinem Fall stimmt? Um ein solches Gleichgewicht zu begünstigen, hat er es sich zum Prinzip gemacht, mit seinen Kindern in nahem Telefonkontakt zu bleiben. Von seinen vielen Reisen ruft er stets an und beschreibt ihnen genau, wie es dort aussieht. So haben sie «ein klares Bild davon», wo er sich aufhält. Wenn er heimkommt, holen sie ihn oft vom Flughafen ab und «haben so teil an seinem Leben». Durch diese Methoden gelingt es ihm, «die emotionale Belastung seiner Abwesenheit durch klare kognitive Konzepte zu kompensieren».

Genau. Das brauchen Kinder doch, abends vor dem Zubettgehen: die kognitive Kompensation.

Gerald Mitter ist Medienzar, Herausgeber einer einflußreichen Wochenzeitung und Autor humanistisch-philosophischer Bücher über den neuen Menschen, die neuen Werte, die neue Arbeitswelt, das neue Lernen. Es gibt wohl kaum eine Gelegenheit, diese vier Bereiche lebensnaher zu erproben als im Zusammenleben mit einem eigenen Kind, aber Dr. Mitter hat diese einmalige Chance souverän an sich vorübergehen lassen. Seine Ausführungen sind interessant, weil der Bruch zwischen seiner sozialen Phantasie und seinem konventionellen Karrierealltag so deutlich ist und sein Innovationsgeist so beeindruckend exakt haltmacht an der Linie zwischen Intellekt und Lebenspraxis.

Zuerst sprechen wir mit Gerald über eines seiner Bücher. Darin geht es um eine Problematisierung grundlegender gesellschaftlicher Kategorien. Arbeit, glaubt Gerald zum Beispiel, wird einen anderen und zunehmend geringeren Stellenwert im Leben moderner Menschen einnehmen. Hingegen wird der Wert von «Zeit» und das Nachdenken über die Verteilung von Zeit stark zunehmen. «Es gibt erstaunlich viele Möglichkeiten, nein zu sagen, Prioritäten umzustoßen», glaubt Gerald. Sein Stunden- und sein Lebensplan sprechen jedoch eine andere, eine sehr viel konventionellere Sprache.

«Ein normaler Tag beginnt für mich um halb acht und endet verschieden; kann sein um zehn, nie aber vor sieben und meist so um halb acht. Es ist auch problematisch, in meinem Fall, eine echte Trennung zu ziehen zwischen Büro und Zuhause. Ich verlasse das Büro mit einer Tasche, esse, und arbeite dann mindestens eineinhalb Stunden zu Hause noch weiter. Wenn man eine Familie hat, fragt man sich da sicher eines Tages, ob man es richtig gemacht hat, und die Antwort wird sein, nein. Ich gebe auch zu, daß ich mich die ersten vier, fünf Jahre viel zu wenig um meine Kinder gekümmert habe . . . was aber ja normal ist. Zugleich bin ich ein sensibler Mensch, der bemerkt, wenn Dinge schieflaufen. Das hat bestimmt dazu beigetragen, daß eine entscheidende Änderung in meiner Haltung stattfand, vor drei Jahren. Ich habe viel nachgedacht, habe dieses Buch geschrieben, hatte einfach auch ein gewisses Alter erreicht . . . meine Frau hat schon lange davor sehr intensiv auf mich eingewirkt, mich anders zu verhalten, aber das ist eine Zäsur, die man nur selbst vornehmen kann.

Meine Frau ist zu Hause, seit wir die Kinder haben. Das hat Vorteile, aber es ist nicht nur günstig. Vor allem langfristig, wenn die Kinder dann größer sind.

Jetzt ist es so, daß es den Kindern auffällt, wenn ich um sechs oder halb sieben heimkomme. Das ist richtig ein Störfall für sie. Du bist schon da? Ist etwas nicht in Ordnung? Ihr Erstaunen in solchen Situationen erlebe ich nicht als positiv.

Ich sehe auch, daß es schwer ist für meine Kinder, sich mit mir zu identifizieren. Sie wissen, daß ich sehr wichtig oder auch sehr mächtig bin. Daher ist die Gefahr groß, daß ich zum Übervater für sie werde. Ich versuche, das herunterzuspielen, die Identität von der beruflichen Situation zu trennen. Ich versuche ihnen zu vermitteln, daß es darauf nicht ankommt. Aber die Frage, was ich den Kindern genau sage, wie ich sie motiviere, ist für mich noch ungelöst. Andere Werte . . . für ein Kind ist das sehr abstrakt. An den Wochenenden versuche ich, gemeinsame Bereiche mit den Kindern zu finden. Ich treibe mit ihnen Sport, gehe mit ihnen ins

Kino, fahre auch manchmal mit ihnen allein für zwei Tage weg. Ich mache mit ihnen das Besondere. Die Alltagsarbeit macht meine Frau. Das ist nicht sehr ausgeglichen, denn damit bekommt meine Frau das Negative ab, und der Urlaub fällt mir zu.

Aber das ist auch nicht uneingeschränkt positiv für mich. Denn wenn ich mehr Zeit hätte, wenn ich öfter bei der Aufgabe ausschweifen könnte, wenn ich öfter im Alltagsleben reagieren könnte, dann könnte ich den Kindern auch mehr geben, aus zufällig entstandenen Situationen heraus. So ist das gemeinsame Erleben konstruiert und immer absichtlich, eine Art Lektion statt ein lebendiges Lernen.

Was ein Vater ist, sein soll? Genetisch war er sicher derjenige, der Schutz und Nahrung lieferte. Und durch die längste historische Zeit war das intakt so, mehr oder weniger. Die Änderung dieser Arbeitsteilung ist neuesten Datums, oder was ist Ihre Hypothese? Stammesgeschichtlich war, denke ich, der Vater sicher derjenige, der am wenigsten zu Hause anwesend war.

Es ist auch soviel ungeklärt, in diesem ganzen Bereich . . . ich kenne Familien, wo die Eltern immer weg waren, nie Zeit hatten, und die Kinder haben sich mustergültig entwikkelt . . . dann gibt es andere Fälle, mit einer scheinbar genau gleichen Struktur, wo die Kinder völlig verwahrlosen. Was ist der Grund?

Letztlich ist vielleicht die Mutterrolle die entscheidendste. Dieser ganze Bereich, Lernen, Zusammenleben, ist ja vollständig im Umbruch. Ich sehe das Desaster des herkömmlichen Lernens jeden Tag, hier im Betrieb. Die Menschen können miteinander überhaupt nicht umgehen. Und das faktische Wissen, das man aus der Schule mitbringt, kann ja überhaupt nicht mehr Schritt halten. Bis man im Beruf ist, ist alles, was man in der Schule gelernt hat, längst überholt. Statt dessen müßten die Menschen lernen, zu kommunizieren, im

Team zu arbeiten, Kulturmanagement zu betreiben, mit Wissen umzugehen.

In unserer Familie macht meine Frau das Alltagsmanagement. Sie organisiert, und es wird mir berichtet. Z. B. also, die Kinder dürfen jetzt zwei Abende lang nicht fernsehen, weil sie das und das gemacht haben. Ich werde informiert.

Bei Entscheidungen dieser Art tauche ich gelegentlich auf, vielleicht zweimal im Jahr, um eine gewisse Präsenz zu haben und nicht vollkommen weggetreten zu sein.

Bei schwerwiegenderen Entscheidungen erfahre ich es vorher, aber ich sag eh nicht nein. Das wäre nicht korrekt, auch im Arbeitsleben nicht; wenn man etwas delegiert hat, muß man auch die Entscheidungskompetenz der Mitarbeiter respektieren. Im wesentlichen bin ich zu Hause so etwas wie der Aufsichtsrat. Ich bekomme die Entscheidungen vorgelegt. Z. B. haben wir die Kinder letztes Jahr aus der öffentlichen Schule genommen und in eine Privatschule geschickt. Diese Entscheidung kam von meiner Frau, und ich habe ja gesagt. Wir haben die Entscheidung gemeinsam getragen, aber sie hat sie initiiert.

Unsere Situation ist nicht ideal, ich sehe sie nicht als ideal, aber man bekommt im Leben nie etwas geschenkt.»

Ob eine gesellschaftliche Rolle in der Krise steckt, läßt sich sehr oft schon an der großen Anzahl von Widersprüchlichkeiten ablesen, die dieses Rollenbild aufweist. Die Inhaber der Rolle sind buchstäblich hin- und hergerissen zwischen einem alten Zustand, den sie nicht mehr ganz vertreten (von dem sie sich aber auch nicht trennen) können, und einem neuen, den sie sich noch nicht richtig vorstellen können (und zu dem sie sich nicht recht entschließen wollen). Zwischen alt und neu gefangen, redet und denkt Gerald neu und lebt alt. Und baut damit auch für die nächste Generation wieder ein Hindernis auf dem Weg zum Neuen auf, denn er sagt seinen Söhnen zwar, daß Macht und Erfolg «nicht so wichtig» sind, lebt aber in Wirklichkeit sein Leben für diese beiden Ziele.

Ambivalenz kennzeichnet auch seine Haltung zur traditionellen Rollenteilung. Wie so viele Männer bemerkt Gerald mit einem leichten Anflug von Schadenfreude, daß er für seine Fahnenflucht nicht bestraft, sondern sogar belohnt wird: Seine Frau hat die Mühen der Alltagsarbeit zu leisten, er setzt Höhepunkte im Urlaub. Aber Gerald ist intelligent genug zu wissen, daß das nur ein scheinbarer Bonus ist. Im Alltag läuft mehr ab als mühevolles Einerlei; es entgehen ihm und seinen Kindern nicht nur zufällige, situative Chancen für ein gegenseitiges Kennenlernen, sondern auch die zufälligen, situativen Freuden. Interessant ist, daß dieser Mann, der in bezug auf Organisationsdenken und Managementstil für ein neues Jahrhundert plädiert, sich auf stammesgeschichtliche Urzeiten beruft, wenn er über seine Vaterrolle nachdenkt. Die Welt der Höhlenmenschen mag «lange Zeit intakt» gewesen sein; jetzt ist sie es nicht mehr.

Was ist ein Vater? Auch wenn die Frage in unserer Generation weitgehend noch offen bleibt, muß jeder Mann für sich eine Antwort finden. Und aus diesen individuellen Antworten lassen sich drei Väterkategorien aufstellen.

1. Der Aufsichtsrat

Dieser Vater ist meist sehr in seine Karriere involviert, auch wenn er Sachzwänge vorschiebt; er hat eine traditionelle Weltanschauung, auch wenn er dafür progressive Formulierungen findet. Er lebt mit zwei Widersprüchen, wovon der erste für den zweiten verantwortlich ist: den Widerspruch zwischen seinem Interesse an seinen Kindern und der geringen Präsenz, die er im Leben dieser Kinder hat, löst er, indem er die Fürsorge und Erziehung der Kinder an seine Frau delegiert, damit aber gefährdet er den allumfassenden Kontrollanspruch, der in allen anderen wesentlichen Bereichen Teil seiner Persönlichkeit ist. Er kann nicht zugleich Patriarch sein und irrelevant; wird er aber relevanter für seine Kinder, hat er weniger Zeit für seine Arbeit, seine Freunde und die anderen Dinge, die er schätzt. Und wenn er die opfert, fühlt er sich nicht mehr als Patriarch. Dieses Dilemma löst er, indem er auch in der Familie zumindest theoretisch das «letzte Wort» behält. Darüber, daß das wirkliche Leben seiner Familie vollkommen ohne seinen Input abläuft, tröstet er sich hinweg mit dem Gedanken, daß er bei «wirklich wichtigen» Entscheidungen konsultiert wird, daß ihm die wesentlichen Entscheidungen in bezug auf seine Familie – wie die Mappe mit seiner Geschäftskorrespondenz – zur «Unterschrift» vorgelegt werden. In Wahrheit ist, wie diese Männer selber wissen müßten, dieser Gedanke sehr oft eine reine Fiktion, sind sie in Wirklichkeit nicht der «Aufsichtsrat», sondern der Gummistempel. Denn sie können meist gar kein echtes Mitspracherecht haben, weil ihnen die nötigen Vorinformationen fehlen.

Wie die Mutter mit einem solchen Vater umgeht, hängt von ihrer eigenen Weltanschauung ab. Eine traditionelle Frau spielt eher noch mit bei der Fiktion, daß er «konsultiert» würde und ein Vetorecht hätte.

Helga R. muß lange überlegen bei der Frage, welches kindbezogene Thema sie in den letzten zwei Wochen mit ihrem Mann diskutiert habe. Nach einer langen Pause meint sie schließlich: «Keins. Wir haben, glaube ich, nichts besprochen, was die Kinder betrifft. Aber mir ist das recht so. Er vertraut mir, und ich mag diese Sachen nicht lange diskutieren. Ich bin besser informiert als er, wenn es zum Beispiel um die Wahl der Schule oder ähnliche Dinge geht.»

Andere Mütter würden sich einen interessierteren Gesprächspartner wünschen. Wenn ihre Versuche, ihren Mann in die Entscheidungsfindung einzubeziehen, immer wieder scheitern, resignieren sie irgendwann. Sie sprechen sich statt dessen mit anderen Frauen aus. Manche übernehmen wohl oder übel die alleinige Entscheidungsbefugnis und holen den Mann nur hinzu, wenn sie selber eine Entscheidungshilfe oder eine moralische Entlastung brauchen. So z. B. Freda I.: «In den bisherigen zehn Jahren der Kindererziehung habe ich fast alle Entscheidungen allein getroffen, alles, was wichtig war. Auch jetzt wieder mit der Schule, welche Schule sollen wir nehmen, welchen Kindergarten, das sind alles meine Entscheidungen. Wenn wirklich ein größeres Problem auftaucht, wie z. B. jetzt mit meinem Älteren, weil er andere Kinder auf dem Spielplatz ständig attackiert auf die aggressivste Weise, dann verlange ich schon von meinem Mann, daß wir das gemeinsam besprechen, denn das ist mir einfach zuviel.»

Das alte Klischee von der Mutter, die ihren schlimmen Kindern mit dem Heimkommen des Vaters droht, hat sich noch lange nicht überlebt. Auch Freda, die ursprünglich ein sehr egalitäres Familienbild hatte und sich vorstellte, daß sie und ihr Mann in inniger Zweisamkeit die Kinder wirklich gemeinsam erziehen würden, verwendet ihren Mann mittlerweile als strafende Instanz. «Wenn mein Mann mit den Kindern schimpft, wirkt das auf die ganz anders, weil mich kennen sie viel zu gut, ich bin eh immer da, das nehmen sie nicht so ernst.»

Wenn die Frau sich mit der Verweigerung des Mannes nicht abfindet, oder wenn die Ehe aus anderen Gründen nicht funktioniert, kann der Mann noch weniger damit rechnen, daß die Frau seine Aufträge ausführt. Joachim legte großen Wert darauf, daß seine Kinder katholisch erzogen wurden. Seine Frau Esther war jüdischer Herkunft, betrachtete sich aber als Agnostikerin und hatte bei der Heirat eingewilligt, daß etwaige Kinder katholisch erzogen würden. An dieses Versprechen erinnerte Joachim sie, Jahre später, und verlangte, daß sie die Kinder jeden Samstag in eine Bibelstunde seiner Heimatpfarre brachte . . . während er selbst in seine Firma ging. Schon nach einem Vierteljahr «wollten» die Kinder nicht mehr, und Esther weigerte sich, sie zu zwingen. Ein offenes Gespräch ergab, daß Esther von Anfang an Probleme mit den Inhalten dieses speziellen Religionsunterrichts hatte und ihre Zweifel offen den Kindern mitteilte, so daß wir die Weigerung der Kinder zumindest teilweise auf die Einstellung der Mutter zurückführen können. Diese Männer geben ihr Mitentscheidungsrecht in Erziehungsfragen willig auf, weil sie meinen, daß die anfallenden Entscheidungen sowieso alle trivial sind und einer ernsthaften Überlegung nicht würdig.

Eine zweite Gruppe von Männern übt ein Mitspracherecht aus, aber in einer ganz speziellen und einseitigen Art und Weise.

2. Der Unberechenbare

Um in ihrer Familie trotz geringer Anwesenheit dennoch wahrgenommen zu werden, versuchen die Vertreter dieser Kategorie eine extreme Position einzunehmen. Sie sind entweder ganz besonders nett und nachgiebig, oder sie sind ganz besonders streng und autoritär. Sie sind selten und dann spät zu Hause, hantieren dann aber dramatisch mit Zuckerbrot oder Peitsche. Hier handelt es sich, die Formulierungen der Männer verraten es, um ein Konkurrenzverhalten der Ehefrau gegenüber. Der Bonus, den deren größerer Einsatz und ihre häufigere Anwesenheit ihr bringt, soll dadurch aufgehoben werden, daß der Vater sich als der nettere oder aber der eindrucksvollere Elternteil zu erkennen gibt. Zu diesem Zweck nutzt er Zeiten der größten Belastung der Frau aus (und ist dann der Nettere, im Vergleich zu seiner Frau, die von ihrem 24-Stunden-Einsatz genervt und reizbar ist und sowieso für die ganzen Unannehmlichkeiten des Kinderlebens einstehen muß), oder er nutzt die größere Intimität zwischen Frau und Kindern, um sich als imposante Schreck- und Disziplinarfigur zu profilieren.

«Wenn ich heimkomme, bin ich manchmal erstaunt, wegen welcher Kleinigkeiten sich meine Familie in den Haaren liegt. Die Frau schimpft, die Kinder heulen . . . wegen nichts. Die Schuluniform ist voll mit Tomatensauce, die Hausaufgaben sind nicht gemacht, aber der Herr Sohn trotzt, weil er unbedingt etwas im Fernsehen sehen muß . . . ich bin da viel gelassener. Man ist nur einmal Kind, soll er doch fernsehen! Und ein Hemd ist nur ein Hemd!»

Ein schöner, liebenswürdiger Standpunkt – für denjenigen, der die Schuluniform nicht irgendwie bis morgen wieder säubern muß, der nicht den täglichen Kleinkrieg wegen der Schularbeiten miterlebt, der irgendwann aus der großen weiten Welt hereinspaziert und mit überlegener Erhabenheit über diesem banalen Familienärger steht.

In der zweiten Variante dieses Vatertyps kommt nicht der liebe gelassene Freund abends heim, sondern es platzt der Tyrann ins Wohnzimmer. Vater ist da, nun müssen alle strammstehen. An vier Wochentagen darf beim Abendessen gelümmelt werden, am Freitag heißt es Geradesitzen, und ein Hagel von Belehrungen und Kritik erinnert die Kinder daran, daß es neben der guten, alten Mama auch noch eine wichtigere Instanz, den kritischen Vater, gibt. «Ich verlange eine anständige Vater-Sohn-Beziehung», erklärt uns, uncharakteristisch formell, ein sonst ganz lässiger Yuppie. «Als Anzeichen dafür, daß sie die Spielregeln kennen. Es muß zum Ausdruck kommen, daß sie eine gewisse hierarchische Ordnung akzeptieren . . . Mit meiner Frau, da ist der Umgang ganz anders. Das sind vier Freunde, meine Frau und die Kinder.»

Als fünften Freund sieht er für sich keinen Platz, schon gar nicht, wenn er seine Frau in irgendeiner Weise ausstechen will. Sie hat zu den Kindern ein tolles, freundschaftliches Verhältnis. Bleibt also, wenn er irgendwie Profil zeigen soll, die Rolle des bösen, strengen Sittenwächters.

Viele Leute erzählten uns in den Interviews von kränkenden Bemerkungen oder abweisenden Verhaltensweisen ihrer Väter, die ihnen immer noch im Gedächtnis geblieben waren. Eine junge Mutter zitierte mit großer Verbitterung ihren Vater, sie solle sich bloß nichts einbilden, sie sei nämlich «nur ein weißer Punkt in der Landschaft», ein Nichts, ein Niemand. Eine andere Frau hatte nach zwanzig Jahren nicht vergessen, daß ihr Vater sie oft gefragt hatte, warum sie denn nicht so hübsch sei wie ihre Mutter. Diese Väter brauchten nicht viel Zeit zu investieren, um im Leben ihrer Kinder eine gewichtige Rolle zu spielen . . . sie hinterließen, mit wenigen Worten, einen tiefen und bleibenden Eindruck. In der Situation angenehmer, langfristig aber genauso negativ, ist der, der unbeschwert seine Stippvisiten macht. Er hinterläßt bei seinen Kindern das ständige – und richtige – Gefühl, es nicht mit einem wirklichen Menschen, sondern mit einer luftigen Märchenfigur zu tun zu haben.

3. Der Assistent

Das Insistieren der Frauen hat diesen neuen, dritten Vatertypus hervorgebracht. Er beteiligt sich an der Versorgung und Erziehung der Kinder – manchmal. In mancher Hinsicht ist er besser als seine Vorgänger, denn er besitzt ein realeres Verständnis von den Bedürfnissen der Kinder und hat eine weitaus größere Kompetenz. Um so frustrierender ist es, daß sein im Grunde kompetentes Verhalten von plötzlichen und unvorhersehbaren Ausfällen gekennzeichnet ist.

Robert z. B. kennt seine Kinder nicht nur aus Urlaubs- und Sondersituationen. Er geht auch zu Elternabenden, kontrolliert die Mathe-Aufgaben und kann ein Lunchpaket für den Schulausflug zusammenstellen. Aber, klagt seine Frau, «er macht das alles nur, wenn er gerade Lust dazu hat, es ist kein Verlaß auf ihn, und von Regelmäßigkeit oder Verbindlichkeit kann nicht die Rede sein. Selbst wenn er es relativ häufig tut, bin ich nie ganz sicher, bis zum letzten Moment nicht – das macht es anstrengend».

Das heißt, daß Veronika und Robert keine wirkliche Aufgabenteilung vornehmen können. Robert mag zugesagt haben, die Torte für den Geburtstag zu bestellen, aber Veronika kann deshalb nicht getrost die Torte vergessen und sich dem Schreiben der Einladungen zuwenden, denn es ist – sie weiß es aus Erfahrung – absolut möglich, daß er die Torte vergißt. Es ist seine Aufgabe, die Mathe-Aufgaben zu kontrollieren, aber Veronika muß kontrollieren, ob er sie auch wirklich kontrolliert hat. Wenn es um Arbeiten im Haushalt geht, können Frauen sich in dieser Hinsicht Gelassenheit antrainieren und Aufgaben, die der Partner nicht erledigt, einfach unerledigt lassen. Bei Kindern geht das nicht immer. Wird Robert seine Tochter wirklich und bestimmt von der Schule abholen, oder steht die Sechsjährige – was zweimal schon vorgekommen ist – ratlos am Straßenrand, ehe sie auf gut Glück den Heimweg (sechs Ampeln, drei Kilometer) antritt? Auf halber Strecke wurde sie von einer Lehrerin entdeckt und in die Schule zurückgebracht, und schließlich mußte doch noch Veronika, die von der Direktorin angerufen wurde, sie abholen. Während Robert in der Meinung, die Schule habe dienstags erst um eins Schluß (seit dem Schulbeginn vor fünf Monaten ist das anders), noch bei der Reinigung war, um seinen Anzug abzuholen.

Oder der Universitätsprofessor Tim. Seit vielen Jahren praktiziert er mit seiner Frau, Therapeutin, ein Modell der

Arbeitsteilung. Montag und Dienstag arbeitet Tim zu Hause und ist verantwortlich für die Kinder. An diesen Tagen geht Gitta in die Praxis oder hält Vorträge. An den verbleibenden drei Wochentagen ist Tim in der Uni, und Gitta hat vormittags Therapien, bis sie die Kinder um vier aus der Schule abholt. Bekannte loben Tim und beneiden Gitta um diese Regelung. Gitta aber fragt sich, warum Tim in all diesen Jahren nicht begriffen hat, daß er am Montag und Dienstag wirklich verantwortlich ist und sie sich auf ihn verlassen muß. Statt dessen kommt es immer wieder vor, daß er am Dienstag freundlich beim Frühstück erwähnt, er müsse jetzt zum Bahnhof, da er als Hauptreferent bei einer Tagung in Köln erwartet werde. Gitta hat dann drei Möglichkeiten: Sie kann ihm zuvorkommen und übereilt aus dem Haus stürzen, um ihm ein für allemal beizubringen, daß er an diesen Tagen für die Kinder zuständig ist und somit auch verantwortlich für eine Ersatzbetreuung. Sie kann mit ihm am Abend in aller Ruhe ein prinzipielles Gespräch führen. Oder sie kann sich zähneknirschend ans Telefon setzen und einen Rundruf bei allen Tanten und Babysitterinnen starten. In der Praxis läuft es fast immer auf die dritte Möglichkeit hinaus. Auch wenn die erste Variante für Tim die lehrreichste wäre – vor den Kindern will sie keine Szene machen. Sie will ihnen nicht das Gefühl geben, daß ihre Betreuung ein Problem oder eine Belastung darstellt, die ihre Eltern sich verbissen gegenseitig zuschieben. Klärende Gespräche am Abend hat es schon zahllose gegeben; Tim ist dann immer zerknirscht wegen seiner Vergeßlichkeit und dankbar, daß sie eingesprungen ist, aber das nächste Mal passiert es wieder ganz genauso. «Ist er sonst auch so? Kann er nicht planen?» überlegt Gitta. «Doch. In manchen Bereichen ja. Seine Seminare z. B. sind immer sehr gut organisiert. Nur bei persönlichen Dingen, bei der Familie, setzt es merkwürdigerweise aus.»

Die kumulative Vergeßlichkeit, die uns in unzähligen Interviews von Frauen und auch von Männern geschildert wurde, wirkte in der Summe unglaubwürdig. Ist es möglich, daß das väterliche Gedächtnis und Urteilsvermögen gerade in diesem Punkt so oft versagt? Oder handelt es sich um ein deklaratives Verhalten, mit dem Männer einfach die gleichberechtigte Verantwortung für die Erziehung von sich weisen, auch wenn sie bereit sind, einen Hilfsanteil zu erbringen?

Die Beobachtungen unserer Interviewpartner/innen finden Bestätigung in einer Untersuchung, die sich gezielt mit gemeinsam erziehenden Paaren auseinandersetzte. Die Forscherinnen stellten in dieser Untersuchung fest, daß der Druck zur geteilten Elternschaft fast immer von der Frau ausging. Das wäre, für sich allein genommen, noch nicht sehr aussagestark – Gleichberechtigung und emanzipatorisches Denken werden meistens von den Frauen initiiert, besonders, wenn es den Privatbereich angeht. Trotz ihrer Zustimmung zu diesem neuen Modell aber übernahmen die Männer nach wie vor keine Mitverantwortung, sondern lediglich gezielt eine Art Assistenzfunktion. Die Verantwortung verblieb bei der Frau.*

Optimistinnen können das als Übergangsproblem bezeichnen, Pessimistinnen dagegen als konsistente Weigerung der Männer, strukturelle Veränderungen in der Verteilung von Arbeit zu akzeptieren. Und Mißtrauische vermuten dahinter einen listigen Versuch, Titel und Prestige der halben Elternschaft zu beanspruchen, ohne die halben Kosten zu übernehmen. Denn gelegentliche Mithilfe bedeutet, Freiheit zu haben, zu selektieren, also diejenigen Dinge zu tun, die man tun möchte, und zwar dann, wenn es einem paßt. Verantwortung zu tragen heißt, alles zu tun, und zwar dann, wenn es notwendig wird.

* Gabriele Busch, Doris Hess-Diebäcker, Doris und Marlene Stein-Hilbers, Den Männern die Hälfte der Familie, den Frauen mehr Chancen im Beruf, Weinheim 1988

4 Der diskrete Charme des Büros – Wenn Männer zu sehr lieben

Die größte Konkurrenz für Frau und Kinder
im Kampf um den Mann ist nicht eine andere Frau,
sondern Schreibtischsessel, Absatzlisten, Faxgerät.
Was ist los mit diesen Männern, die das Akten-
aufarbeiten dem Sonntagsausflug mit den Kindern
vorziehen?

In den vielen Jahren der Beobachtung haben wir eine ganze Reihe von Theorien über Männer entwickelt. Eine dieser Theorien mußten wir ganz abrupt aufgeben, und zwar mit der Recherche für dieses Buch.

Dieser Theorie zufolge gibt es ein Wort, das Frauen einfach leichter über die Lippen geht als Männern, nämlich: genug. Während der Interviews mit erfolgreichen Männern und Frauen hatten wir es mit vergleichbar toughen, ambitionierten, aufstrebenden Karrieristen zu tun, und dennoch: den Frauen schien es leichter zu fallen, irgendwann einmal einen Schlußpunkt zu setzen: sie hätten genug erreicht, sich genug verausgabt und ein Stadium der maximalen Zufriedenheit erreicht. Es könne zwar noch aufwärtsgehen, aber nur um einen Preis, den sie nicht bereit waren zu zahlen. Einer unserer männlichen Interviewpartner hingegen beschrieb die Gehetztheit des männlichen Erfolgsmenschen ebenso selbstironisch wie akkurat: Er würde zuerst auf eine Villa hinarbeiten; wenn er die Villa hätte, wolle er eine Jacht. Und besäße er die Jacht, dann brauchte er bestimmt noch ein Privatflugzeug. So stressig und letztlich unvernünftig das auch sei, er könne aus der Klammer der Erfolgssucht nicht hinaus.

Frauen dagegen sahen durchaus noch weitere Steigerungsmöglichkeiten in ihrer Karriere – sie könnten noch eine Beförderung, noch eine Gehaltserhöhung, noch einen tollen Titel dazugewinnen – letztlich aber verzichteten sie sehr bewußt darauf, weil sie das dazugehörige Leben nicht führen wollten; sondern Zeit und Nerven sparen wollten für andere Dinge, die ihnen genauso wichtig waren. Offenbar leichter als ihre männlichen Kollegen und Konkurrenten konnten sie einen Punkt identifizieren, der für sie das Höchstmaß an beruflicher Befriedigung brachte; danach wollten sie sich anderen Dingen zuwenden.

Auch Männer meinten, unerwartet aber mit Nachdruck: es ist genug. Es gab also doch einen Lebensbereich, in dem Männer sich freiwillig Beschränkung auferlegten, ihre unbedingte Präsenz und Bedeutung bescheidener gestalteten. Und dieser Bereich war – die Familie. Hier waren es die Frauen, die ständig von dem Trieb geplagt wurden, mehr und besser und umfassender zu leisten, während die Männer ihre gelegentlichen Zuwendungen gelassen als zwar bescheiden, ihrer Meinung nach aber letztendlich und in Anbetracht aller Umstände als ausreichend ansahen. Sie kamen abends erst heim, wenn die Kinder schon schliefen, und hatten am Wochenende nur Zeit, nachdem sie schnell noch auf einen Sprung im Büro vorbeigeschaut hatten. Und an ihrem Sonntagtermin mit dem Squashpartner war nicht zu rütteln. Aber immerhin ... man aß am Wochenende gemeinsam, machte Sonntagnachmittag einen Ausflug, und das war eigentlich «genug».

Berufstätige Fraugen quälten sich permanent mit einem schlechten Gewissen herum, zumindest mit Selbstzweifeln. Sie bauten ihr persönliches Stoppschild nicht leichten Herzens in die Karriereplanung ein, und sie erklärten es mit sehr konkreten Dingen, die sie mit und für die Kinder taten. Die Männer hingegen definierten die eigene Verantwortung anders. Solange es kein massives Problem gab, gingen sie davon aus, daß alles in Ordnung war. Und den Familienbeitrag formulierten sie häufig abstrakt: sie verstanden sich als gute Väter, weil sie theoretisch für ihr Kind verfügbar wären, falls es irgendwann einmal mit einem Problem an sie herantreten sollte. «Wenn der Kai sich an mich wendet, werde ich ihm immer helfen», meinten diese Männer. Daß das noch nie vorgekommen war, schmälerte ihre Bereitschaft nicht; ob es dem kindlichen Verhalten entspricht, den Bedarf selber zu erkennen und dann resolut Hilfe zu fordern, bezweifelten sie nicht. Vor allem aber fragten sie sich nicht, wann der bedauernswerte Kai sich denn an sie wenden sollte. Vielleicht telefonisch, über die Sekretärin, nach Terminabsprache?

Als Frauen ihre Männer noch nach dem Kriterium des Familienernährers auswählten, spielte es keine so große Rolle, wann der Papa vom Büro heimkam. Im Gegenteil. Je länger er im Büro war, so konnte angenommen werden, desto besser sorgte er für das Wohl seiner Lieben. «Wo warst Du?» schrie eine Frau nur dann, wenn der Haushaltungsvorstand aus dem Wirtshaus kam und dort den Familienlohn mit Kumpeln vertrunken hatte.

Heute erwarten Familien etwas anderes, nur bei den Vätern hat es sich noch nicht herumgesprochen. Heute wollen die Familien nicht bloß seinen Lohnzettel, sondern dazu auch noch den Herrn Papa selbst. Eigentlich schmeichelhaft . . . und trotzdem wehren sich die Herren Väter mit Händen und Füßen gegen dieses Ansinnen ihrer Frauen und Kinder.

Das Gespräch mit Dagmar und Robert war in dieser Hinsicht bezeichnend. Denn es geht bei ihren sich mittlerweile zur richtigen Ehekrise eskalierenden Konflikten immer wieder um die Zeit, die Robert für seine Familie (nicht) aufbringt.

Auch Robert, Dagmar und ihr dreijähriger Sohn wirken optisch wie eine Bilderbuchfamilie. Ein schöner, freundlicher, witziger Mann; eine schöne, kluge, lebhafte Frau; ein liebes, blondes, aufgewecktes Kind. Vor drei und auch noch vor zwei Jahren lief alles fast so idyllisch ab, wie es noch heute den Anschein hat. Da arbeitete Robert in einer Firma, in der nicht viel los war, und in einer Branche, die nicht viel mehr erwarten ließ. Dann bekam er das Angebot, nach Bremen zu ziehen. Und in Bremen boomte es nur so. Seither hat sich sein

Verdienst verdoppelt – und seine Arbeitszeit auch. Dagmar gefiel das Leben vorher besser. Robert auch, sagt er. Das hier, sagt er, das ist bloß eine Ausnahmesituation. Später dann, wenn er diese rasante Aufbauphase hinter sich hat, wird alles wieder anders werden, so wie früher, wird er sich «freischaufeln» können. Dagmar glaubt nicht daran, und es ist nicht nur Roberts tatsächliches Verhalten, das sie mißtrauisch werden läßt. Es sind auch seine Formulierungen und Betonungen, die sie hellhörig machen. Denn Robert sagt zwar, daß auch er die Situation schlecht findet. Aber er sagt es in einer Art und Weise, die aufmerken läßt.

Dagmar: Also, wir sind jetzt in einer sehr deutlichen Konfliktlage. Denn wenn Robert beruflich etwas erreichen will, wie er das sieht, können wir offenbar nicht mehr zusammensein.

Robert: In meiner Branche ist momentan Hochkonjunktur.

Dagmar: Also konkret ist das so, wir sind wegen Roberts Job hierher gezogen, und nun sitz ich da, mein Mann ist von morgens bis abends nicht hier, und ich frag mich, was ich hier soll. Ich hab hier zwar auch meinen Job, aber der ist nicht mein ganzes Leben. Also sitz ich hier und regle allen möglichen Alltagskram und mach alles mit dem Kind allein. Bis er gnädigerweise heimkommt um sieben, um acht.

Robert: Auch um sechs.

Dagmar: Ja, aber auch um neun, zehn, halb zwölf. Und am Wochenende bist du auch nicht da. Du sagst immer, wenn du am Wochenende drei bis vier Stunden arbeitest, hast du unter der Woche mehr Luft. Aber in der darauffolgenden Woche bewahrheitet sich das nie, und wir sitzen dann genauso da und warten, daß du heimkommst.

Robert: Wir sind eben in einer totalen Aufbauphase. Und außerdem ist das moderne Leben überhaupt so, es läuft so vieles gleichzeitig, und in der Summe ist es einfach zuviel, dadurch entstehen Dinge, die nicht erledigt werden können, und dadurch entstehen auch Probleme.

Dagmar: Auch die Kindheit läuft ab, nicht nur die Hochkonjunktur.

Robert: Ja, das weiß ich. Und ich bemühe mich deshalb auch, nach Möglichkeit um sieben da zu sein, damit wir noch zusammen essen können.

Dagmar: Ja, zusammen essen!

Robert: Und wir frühstücken morgens gemeinsam. Und ich bin ja nicht allein, in dieser Situation. In allen Architekturbüros, die ernst genommen werden, brennt das Licht lange.

Dagmar: Wenn ich dich abends da abhole, sehe ich aber keine dreizehn Leute dort sitzen.

Robert: Na sicher, die Zeichner, die Sekretärinnen, die gehen pünktlich heim. Aber ich bin schließlich in einer verantwortungsvollen Position. Da sind einfach viele Dinge, die viel Zeit erfordern. Z. B. haben wir eine Mitarbeiterin, die muß man immer wieder schubsen. Die hat ein gutes Potential, aber die muß man erst mal entwickeln. Es hängt alles an mir. Wir haben neue Geräte, da kommen ständig die Sekretärinnen und wissen schon wieder nicht, wie die zu bedienen sind. Oder wenn irgend jemand ein anderes Programm eingespeichert hat, können die schon wieder nicht schreiben . . . es ist schwierig.

Dagmar: Du bist aber total glücklich dabei. Und im Grunde genommen willst du es auch so.

Robert: Sicher freu ich mich, wenn es gut läuft.

Dagmar: Ja, ist ja auch schön. Für dich.

Robert: Wissen Sie, meine Frau hat ein anderes Verhältnis zu den Dingen des Alltags. Das ist bei vielen Frauen so, das hab ich schon beobachtet. Sie scheint nicht zu sehen, daß Arbeit hineingesteckt werden muß, wenn die Dinge bezahlt werden sollen. Oder unser letztes Haus. Das war ein tolles Projekt unserer Firma, dafür haben wir eine Auszeichnung gekriegt, es hat den Ruf unserer Firma gefestigt. Aber sie hat nur bemerkt, daß wir kein Gäste-WC drin hatten und keinen Keller.

Dagmar: Wenigstens hattest du dort aber noch Zeit für Tommy.

Robert: Gut, da hast du recht. Was mir am meisten fehlt, ist die Gelöstheit. Wir haben früher immer rumgeblödelt und Sachen gemacht, und da fehlt mir jetzt neben der Zeit auch die Gelöstheit. Und dann haben wir zur Zeit so viele Auseinandersetzungen, Dagmar und ich. Das belastet das ganze Klima.

Dagmar: Weil ich möchte, daß du zu Hause bist und wir was machen miteinander.

Robert: Ja, ich weiß schon. Dein Idealbild wäre es wohl, wir wären beide Beamte bei der Bahn und würden an zwei benachbarten Schaltern Fahrkarten verkaufen und gemeinsam heimgehen um halb fünf.

Dagmar ist Heilgymnastin. Sie hat viele Fortbildungen gemacht und arbeitet mit großem Engagement in ihrem Beruf. Mit der Unterstellung, sie habe vom «wirklichen Leben» in der Erwerbswirtschaft keine Ahnung, kann Robert sie regelrecht auf die Palme bringen. Vielleicht bezweckt er das auch; vielleicht aber beweist das auch nur, wie sehr er innerlich noch an alten Rollenbildern festhält. Der Mann geht hinaus in die Welt und kämpft für seine Kinder und seine liebe, aber lebensuntüchtige kleine Frau um einen guten Lebensstandard und die finanzielle Sicherheit. Nach diesem Kriterium erfüllt er die Rolle des «guten Ehemanns», des «guten Vaters»: Er ist in der Lage, solide Einkünfte heimzubringen.

Aber Robert weiß, daß das heute nicht mehr ausreicht. Früher, als er bei einer weniger erfolgreichen Firma arbeitete, wurde er den heutigen Kriterien eher gerecht. Damals kam er pünktlich heim. Damals nahm er sich regelmäßig einen Nachmittag frei, holte den Sohn vom Kindergarten ab und unternahm etwas mit ihm. Damals war er «gelöster», als Familienvater – und stand zugleich auch damals unter Druck, als Berufsmensch, gemessen an materiellen Erfolgen. Vor die Wahl gestellt, ist es Robert lieber, wie er es heute hat. Vielleicht deshalb, weil die traditionelle Seite seines Männlichkeitsbildes doch noch stärker ausgeprägt ist als die moderne. Vielleicht weil er weiß, daß Dagmar das Defizit, das er als Vater hinterläßt, nach Möglichkeit auffängt.

Dagmar würde sich anders entscheiden. Für sie hatte das Mehr an Zeit und damit das Weniger an Streß, das eine eingeschränkte Karriere mit sich brachte, einen hohen Stellenwert. Daß Robert das anders sieht und bei allen Lippenbekenntnissen mit seinem 12-Stunden-Tag ganz zufrieden ist, ärgert sie besonders. Daraus wird deutlich, wie verschieden ihre Wertvorstellungen sind. Und außerdem macht es seine Versprechen unglaubwürdig, daß es jemals wieder anders wird.

Die Passage, in der Robert seine Belastungen im Büro beschreibt, ist besonders aufschlußreich. Für die vielen Einzelanforderungen des Bürolebens, die er auflistet, gibt es durchaus ein häusliches Äquivalent. Aber anscheinend fühlt er sich wohler dabei, erzieherisch und aufsichtsmäßig im Büro zu wirken, als zu Hause diese Aufgaben zu übernehmen. Denn auch zu Hause gibt es unzählige Details, auch ein Kind braucht ständig jemanden, der ihm etwas zeigt und erklärt. Robert scheint es irgendwie sinnvoller zu sein, eine Mitarbeiterin väterlich zu betreuen, ihre Entwicklung zu fördern und sie zu einer tüchtigen Kraft heranzuziehen, als sich um seinen eigenen Sohn zu kümmern. «Das kann ja Dagmar machen» – er sagt es nicht, an keiner Stelle, aber der Satz schwingt dennoch hörbar, spürbar mit. Ihn auszusprechen würde dem modernen Ethos widersprechen, zu dem Robert und Dagmar sich formal bekennen. Daß Robert sich diesem

Ethos nicht so innig verschrieben hat, klingt bei vielen seiner Äußerungen durch. Da ist zunächst einmal seine Andeutung, daß Frauen «anders» sind, daß sie die Leistungen der Männer nicht anerkennen und die Welt der Männer nicht wirklich verstehen können. Das kann sein: Wenn es mehr Architekten(innen) und Städteplaner(innen) gäbe, die an den Keller und das Gäste-WC und sonstige praktische Aspekte dächten – von Spielplätzen z. B. und fußgängerfreundlicher Straßengestaltung einmal ganz abgesehen – statt an Auszeichnungen für ungewöhnliches Design, dann würden wir alle davon profitieren. Doch das sieht Robert ganz anders. Er ist, wie so viele seiner nach außen hin modern, aufgeschlossen und freundlich wirkenden Geschlechtsgenossen innerlich einer sehr konventionellen, altmodischen Männlichkeit verpflichtet.

Das Erschreckende für die Partnerinnen solcher Männer – und auch für uns als Gesprächspartnerinnen – ist aber nicht nur das Verhalten dieser Männer. Erschreckend ist, daß sie die Situation oft sehr klar sehen . . . und trotzdem nichts daran zu ändern gedenken. Sie wissen, daß es für ihre Ehen, für ihre Kinder, sogar für sie selbst fatal ist, wenn sie ihr Leben dermaßen eindimensional der Arbeit widmen. Und trotzdem haben sie nicht wirklich die Absicht, irgend etwas zu ändern. Insofern ist der Untertitel, den wir diesem Kapitel gaben, durchaus nicht nur ironisch gemeint. Es hat tatsächlich etwas von einem Suchtverhalten an sich. Ähnlich wie die Frau, die – wohlwissend, daß ihre momentane Beziehung keine Perspektive hat – trotzdem immer mehr Gefühl investiert, um sich nach der dann doch erfolgenden qualvollen Trennung wieder in genau dieselbe Art von Beziehung zu begeben, so verfangen sich diese Männer in einem beruflichen Teufelskreis, in dem ihre Gier nach Macht und Geld sie nicht mehr losläßt, auch wenn ihre Intelligenz ihnen sagt, daß es andere, sehr viel bessere Lebensmöglichkeiten gibt.

Der 40jährige Unternehmer Ludwig Joch ist einer von diesen Männern. Er hat Durchblick, er hat Humor. Er hat fünf Kinder. Er hat einen Job. Und der Job hat ihn.

«Mein Vater war bestimmt der Stärkere in der Ehe meiner Eltern, mit Abstand. Nur hat er, wie alle Väter der Nachkriegsgeneration, sehr viel gearbeitet. Er war für uns Kinder nur am Wochenende und ganz selten am Abend verfügbar. Trotzdem war er ein absolutes Vorbild für mich, in jeder Hinsicht. Er stand für Verantwortung, für Pflichtbewußtsein, war irgendwie eine sehr starke, sehr beeindruckende Figur.

Mein Vater wollte immer fünf Kinder, das hat er oft gesagt. Er hatte dann nur drei, aber ich bin aufgewachsen in dem Bewußtsein, daß es gut und erstrebenswert sei, eine kinderreiche Familie zu haben, weil eben mein Vater das so sah.

Mit zunehmendem Alter habe ich dann begonnen, ihn als sehr starr zu erleben, als einen Menschen mit sehr festgefahrenen Ansichten und wenig Toleranz. Vor allem während Pubertät und Studium hatte ich enorme Konflikte mit ihm, da sind wir ganz frontal aneinandergekracht. Es ging um intellektuelle Dinge, Studentenbewegung, linke Ideen, aber unsere Konflikte darüber waren sehr emotional. Er war sehr beherrschend, sehr einschränkend, trotz seiner Abwesenheit irgendwie sehr präsent, und dagegen mußte ich mich wohl auflehnen, in einer bestimmten Phase meiner Entwicklung.

Später hat sich der Konflikt wieder gelegt.

Ich habe für meine Kinder genausowenig Zeit, wie mein Vater für uns hatte. Teilweise wahrscheinlich noch weniger, mein Vater war ja zumindest Samstagnachmittag und Sonntag zu Hause, ich aber bin samstags immer regelmäßig in der Firma und zeitweise auch Sonntagvormittag. Allerdings versuche ich, in einer Beziehung ein besserer Vater zu sein als mein eigener Vater: Ich versuche, meinen Kindern nicht so stark eine Richtung vorzugeben, sie weniger festzulegen, geistig und intellektuell. Sie sollen freier sein, sich selber zu entwickeln, wie sie wollen.

Ich weiß, daß ich zu wenig Zeit für meine Kinder aufbringe. Ich habe da zwei Mentalausreden, die ich gern benutze. Die erste ist, daß ich meine Kinder bei meiner Frau absolut gut aufgehoben weiß. Meine Frau hat auch eine starke Persönlichkeit, anders als meine Mutter. Sie hat eine Art, die mir sehr, sehr recht ist, in bezug auf Freisein und Lokkerlassen. Und die zweite ist . . . nun, diese ganze Art, in der ich lebe, jetzt rein auf mich selber bezogen, ist ja nur auszuhalten, wenn man sich sagt, irgendwann hört das mal auf. Das dauert mittlerweile zwanzig Jahre, aber wenn ich das am Anfang schon gewußt hätte, hätte ich es wahrscheinlich nicht ausgehalten. So denke ich mir immer, es dauert maximal noch zwei bis drei Jahre, dann wird es ganz anders. Auf meine Kinder bezogen heißt das, daß ich mir sage, eigentlich wird meine Funktion sowieso dann wichtiger, wenn sie größer sind, und bis dahin werde ich mehr Zeit haben. Meine Ältesten sind zwar jetzt achtzehn und sechzehn, die fallen aus diesem Plan leider fast schon raus. Die nächsten sind vierzehn und zwölf, für die kann es klappen, und unser Nachzügler ist fünf, der wird in den vollen Genuß kommen, hoffe ich.

Sicher empfinde ich selber die Situation auch als Problem. Speziell am Wochenende, wenn ich dann hier im Büro sitze, und das Wetter ist schön, dann gehen mir die Dinge durch den Kopf, die ich statt dessen mit den Kindern machen könnte. Aber ich zwinge mich dazu, das zu verdrängen, sonst kann ich nicht arbeiten. Ich würde ja gerne sagen, daß das reine Sachzwänge sind, die mich hier festhalten, aber ich glaub es nicht. Ein Teil ist Sachzwang, natürlich, aber es ist auch eine Frage der Selbstdisziplin, der Organisation, der Delegierung und auch der eigenen Prioritäten, sicher.

In meinem Fall war es so, ich bin hineingeschlittert. Am Anfang war es tatsächlich der Überlebenskampf. Mein Vater ist plötzlich gestorben, ich mußte die Firma übernehmen. Sein Partner ging in Pension, es war die totale Katastrophe. Das war der Anfang. Danach kam die Phase, wo es Spaß macht, weil es endlich bergauf geht, wo es gutgeht. Und dann kommt man schnell in eine Phase mit der berühmten Tretmühle. Man will zu Ende führen, was man einmal begonnen hat; die Geister, die man rief . . . Dann herauszukommen und Abstand zu gewinnen, das ist schwer, und von der Erkenntnis bis zum tatsächlichen ersten Schritt ist ein weiter Weg.

Meine Frau hat diese Kette von Entwicklungen von Anfang an nicht akzeptieren wollen und hat lange gekämpft um meine zeitliche Verfügbarkeit. Schließlich hat sie resigniert. Irgendwann hat sie dann gesagt, gut, ich mach mein Wochenendprogramm selber. Es hat keine richtigen Diskussionen gegeben, weil ich mich darauf nicht eingelassen habe. Ich war sehr stur, ich hab einfach gesagt, ich muß das machen, und war damals am Anfang auch davon überzeugt, es tatsächlich zu müssen.

Ich glaube, meine Frau hat dann gemerkt, wie schwierig es ist, jemanden zu beeinflussen, und daß jeder im Leben selber draufkommen muß, was ihm wichtig ist und welchen Weg er geht. Genau wie Kindern kann man auch einem Partner nur Alternativen anbieten, aber man kann ihn nicht zwingen, einen bestimmten Weg zu gehen, und vor allem kann man jemanden nicht mit einer analytischen Diskussion von seiner Meinung oder seinem Wollen und Tun abbringen. Es muß jeder zu seinen Erkenntnissen selber kommen.

So einen Augenblick gab es bei mir auch. Da gab es eine Serie von Vorträgen, die mich sehr interessierten, und da hatte ich dann plötzlich Zeit, mich ein Wochenende lang in literarische Seminare zu setzen oder an mehreren Abenden in der Woche Vorträge über Musik zu hören. Da dachte ich mir plötzlich: ‹Aha, für deine Kinder hast du nie drei Abende hintereinander Zeit, aber nun bist du in der Lage, um sechs Uhr pünktlich hier zu sitzen.› Das sind Momente, wo man sich sagt, Moment, sind dir deine Kinder gar nicht so wichtig im Grunde genommen? Aber es ist leider so, daß das relativ wenig ändert.

Inwiefern ich für meine Kinder als Vater wichtig bin, weiß ich nicht so richtig. Ich weiß, daß sie mich lieben, daß sie mich wirklich und stark lieben. Ich versuche, eine Vorbildfunktion abzugeben, so in Hinblick auf Pflichtgefühl und Arbeit. Ich versuche ihnen beizubringen, daß es wichtig ist, sich für etwas zu engagieren, egal für was, aber sie sollen irgend etwas wirklich intensiv tun und mit Hingabe.

Mit großer Verspätung, aber doch immer mehr, komme ich darauf, daß ich in meinem Leben Platz schaffen muß für die Kinder. In den Osterferien z. B. hätte ich zu einer Messe fahren können, aber statt dessen bin ich für vier Tage mit den Kindern nach Rom gefahren, das hatten sie sich gewünscht. Ich erzähl das, um zu zeigen, daß so langsam neue Denkmechanismen in mir greifen. Ich kann mir jetzt auch allmählich sagen, schön, das ist jetzt mindestens genauso wichtig wie die Messe, denn an vier Tage Rom werden meine Kinder sich in zehn Jahren noch erinnern, und Messen gibt's dauernd.

Im Alltag, unter der Woche, komme ich kaum vor halb neun aus der Firma. Einmal in der Woche klappt es, daß ich am Abend rechtzeitig zu Hause bin und wir gemeinsam essen. Das ist dann so um acht, da wartet die ganze Familie auf mich. In der Regel ist das dann sehr harmonisch. Manchmal ist es insofern gereizt, daß ich da hereinkomme und einfach irgendwie ein strengeres Wort sage, manchmal, weil irgend etwas mir nicht gefällt. Sei es das Aufstehen während des Essens, so Kleinigkeiten, darauf reagiere ich gereizt und manchmal auch übertrieben, und es kommt dann auch vor, daß es Tränen gibt. Da fühle ich mich dann betroffen, aber im großen und ganzen würde ich unsere Abendessen als harmonisch bezeichnen. Manchmal vielleicht betrachten meine Kinder mich als lästigen Gast. ‹Jetzt ist der Vater da, jetzt müssen wir still sitzen.› Die Älteren sind da schon gelassener, die verstehen meine Gereiztheit, denen sieht man manchmal ihre Gedanken an: ‹Der Vater hat eh genug am Hals, wir wollen ihn jetzt nicht auch noch belasten.›

Für meine Frau ist es vielleicht nicht so angenehm, da ist schon die Gefahr da, daß so quasi der Vater, der einmal in der Woche eine Stunde mit den Kindern verbringt, sich auch noch bemüßigt fühlt, Kommentare abzugeben und in die Familie einzugreifen und bei alltäglichen Dingen zu sagen, du darfst das nicht, warum hast du jenes nicht gemacht, ohne die Zusammenhänge zu kennen. Da kann ich mir vorstellen, daß ich da ungerecht bin.

Aber da ist noch etwas. Meine Kinder gehen in die Rudolf-Steiner-Schule, womit ich einverstanden bin, aber ich habe das Gefühl, daß ich die Richtung dieser Schule doch ein wenig kompensieren muß. Es gibt ja auch noch das Leistungselement, das Widerstände überwindende Element, und ich stelle mir vor, daß ich mit meinen wenn auch minimalen Eingriffen die Kinder dazu bringen kann, daß sie wirklich leistungsbewußter werden. Manchmal sehe ich auch den Erfolg, da merke ich, daß ich die Kinder erfolgreich angespornt habe, daß sie sich sagen, okay, jetzt zeigen wir dem Vater aber, daß wir nicht ‹blöde Steiner-Schüler› sind. Aber oft ernte ich nur das totale Unverständnis.

Für mich gibt es natürlich eine totale Diskrepanz zwischen den Vorstellungen der Steiner-Schule und denen meiner Unternehmerwelt. Sicher ist das für mich eine Bereicherung. Ich selber ging auf eine Eliteschule. Das mit der Steiner-Schule, das hat meine Frau initiiert, wobei ich aber nichts dagegen einzuwenden hatte. Die zentralen Erziehungsentscheidungen, die liegen bei meiner Frau, schon allein weil sie mehr pädagogisches Know-how hat als ich. Und weil sie einfach Dinge spürt, die Kinder betreffend, die ich nicht bemerke, genauso, wie ich sicher im Geschäftsleben Dinge spüre, die sie nicht empfinden würde, und so akzeptier ich das gern, daß sie für die Kinder mehr Gespür hat.

Meine Aufgabe wird es dann sein, je älter die Kinder werden, ihnen dann eben auch diese andere Welt anzubieten. Denn es gibt einfach Leistung, und es gibt Leistungsdruck. Die Großen wissen das schon, sie haben auch Angst davor und lehnen das ab; sie sagen: nur, weil du so bist oder so geworden bist, müssen wir das nicht auch noch. Sie haben bestimmt auch Angst vor der Erwartungshaltung des Vaters. Sie sind also eher negativ prädisponiert, aber trotzdem möchte ich ihnen das anbieten, meine Welt anbieten.

Ich weiß nicht, ob ich gern Kind in meiner Familie wäre. Ich weiß, daß unsere Kinder oft und unaufgefordert sagen, daß sie mich lieben . . . ich würde, von außen betrachtet, den Vater dieser Familie schon unter Druck setzen wollen, daß er mehr da ist für seine Familie, daß er mehr Ausnahmen macht in seiner Verfügbarkeit. Daß er sich einen Nachmittag einmal freimacht . . . Ich erleb das, wenn ich wirklich einmal mittags zu Hause bin, das kommt einmal im Jahr vor, wie Weihnachten fühlen sich meine Kinder dann. Das ist eigentlich nicht so schwer zu organisieren, das wäre möglich. Aber das liegt nicht nur an den Männern, das liegt auch an der Erwartungshaltung des Umfelds. Ich weiß, wie es mir ginge, wenn in der Firma einer meiner Mitarbeiter sagen würde, bitte sehr, einmal in der Woche möchte ich nachmittags frei haben für meine Kinder. Das paßt nicht zur Firmenkultur, und meine Reaktion wäre dann, wenn der das will, warum nicht die 300 anderen auch, und dann ist natürlich sofort die Sperre da bei mir. So sehr man dann emotionell eigentlich Sympathie hätte für den, so sehr muß man dann zum Wohl der Firma sagen, nein, das geht nicht.»

Faszinierend an einem Gespräch mit Ludwig sind zwei Dinge: sein exzellenter Durchblick und die Bruchstellen, an denen dieser Durchblick ganz abrupt und gründlich versagt.

Es überrascht uns nicht mehr, daß Ludwig seinen Vater kritisch beurteilt und dennoch als Vater genauso wird wie er; dieses Muster kennen wir mittlerweile aus zahlreichen anderen Interviews. Es überrascht uns nicht, daß Ludwig seinem Vater sogar mit voller Absicht in den Grundstrukturen seiner Lebensgestaltung nachfolgt – seine Werte und seinen Arbeitseifer übernimmt –, in den Details seines Erziehungsstils jedoch anders sein möchte, weniger dominant, toleranter. Überraschend an Ludwig ist die Tatsache, daß jemand so klar sehen kann, welcher Motor ihn antreibt, ohne in der Lage zu sein, diesen Motor zu korrigieren.

Hinzu kommt noch, daß trotz der Offenheit, mit der Ludwig seine Sichtweise und auch seine Widersprüchlichkeiten darlegt, viel Unausgesprochenes zwischen den Zeilen zu lesen ist.

Ludwigs Vater war eine distante, strenge Figur. «Pflichtbewußtsein» ist die erste Eigenschaft, die der Sohn mit ihm assoziiert – ein ziemlich kalter, formeller Charakterzug. Bestimmt hatte Ludwig vor diesem Mann und seinem Urteil Angst, eine Angst, die er als junger Student in einer heftigen Protestphase zu überwinden suchte. Seine Mutter war schwach, und Ludwig hebt an seiner Frau lobend und kontrastierend hervor, daß sie im Gegensatz zu seiner Mutter eine starke Persönlichkeit ist und daß er das für die Mutter seiner Kinder auch bevorzugt.

Ludwig hat die «kinderreiche» Familie, die sein Vater immer haben wollte, ja er hat sogar mit fünf Kindern die genaue Wunschzahl des Vaters erreicht. Aber er verbringt mit diesen Kindern weniger Zeit als sein Vater seinerzeit mit ihm und seinen Geschwistern. Dabei ist ihm bewußt, daß die Gründe dafür nicht wirklich stichhaltig sind. Er könnte seine Arbeit auch anders organisieren. Bei aller Klarheit seiner Formulierungen spüren wir hier eine starke innere Unsicherheit. Er scheint selber nicht genau zu wissen, ob er wirklich mehr Zeit mit seinen Kindern verbringen will (denn es fällt ihm selber auf, daß er für esoterische Vorträge plötzlich mehrere Abende und ein Wochenende freimachen kann), in welcher Hinsicht er für seine Kinder wichtig ist und ob es ihm wirklich recht ist, daß er seiner Frau nicht nur die Erziehungsarbeit, sondern damit verbunden auch die Entscheidungsbefugnis übertragen hat. Er weiß, daß es nicht seine Frau war, die diese Kompetenzen an sich gerissen hat, im Gegenteil. Als die ersten beiden Kinder noch klein waren, kämpfte seine Frau mit allen Mitteln um Ludwigs Anwesenheit und Beteiligung am Familienleben. Ludwig aber ließ sich, wie er sagt, nicht einmal auf diesbezügliche Diskussionen ein, sondern war für jedes Druckmittel, für jeden Argumentationsgang unerreichbar. Auch das kann als «Jetzt erst recht»-Standpunkt bezeichnet werden, denn Ludwig wußte, daß die vermeintlichen Sachzwänge eigentlich keine waren, daß es im Grunde besser wäre, wenn er seine Zeit anders einteilen würde, um den Kindern mehr Platz einzuräumen. Warum tat er es nicht? Das kann Ludwig bis heute nicht beantworten, und auch wir tun uns schwer mit der Antwort auf diese Frage. Der Konflikt mit seiner Frau wurde beigelegt durch ein kompliziertes und für die Frau negatives Verhandlungsergebnis. Ludwig verweigerte die Mitarbeit und delegierte die Erziehung an seine Frau, wobei er einige Argumente anführte: Er selber war anderweitig unabkömmlich; sie mache das ohnehin sehr gut; diese Teilung sei objektiv optimal, weil jeder «gemäß seinen Fähigkeiten» eingesetzt war, Ludwig mit seinem besseren Gespür für Geschäftliches und seine Frau mit ihrem besseren Gespür für die Kinder. Seine Frau akzeptierte die Situation, weil sie erkannte, daß sie sie nicht ändern konnte, denn Ludwig sperrte sich gegen jedes Argument. Ihre Akzeptanz war, Ludwig weiß es, eine rein aufgezwungene. Sie hat seine Entscheidung nie respektiert, sondern sich nur gefügt und akzeptiert, daß man für einen anderen Menschen nicht die Prioritäten festlegen und ihm nicht seine Lebensführung vorschreiben kann. Auch dann nicht, wenn man weiß, daß er in einem großen Irrtum lebt.

Letztlich aber sind beide mit ihrem von Ludwig erzwungenen Arrangement nicht zufrieden. Ihr Konflikt wird, wie bei Ehekrisen so oft, in den Kindern ausgetragen. Ludwigs Frau lehnt seine Arbeits- und Erfolgsbesessenheit ab und schickt die Kinder auf eine Schule, die sehr dezidiert andere Werte vertritt. Ludwig akzeptiert das, sagt er. Tatsächlich aber vermittelt er den Kindern seine Mißbilligung. Darin ist er der klassische negative, verurteilende Vater, vor dessen Augen man nie bestehen kann. Diesen Stil behält er auch bei den seltenen gemeinsamen Abendessen bei; kaum ist er da, fühlen sich alle nicht mehr wohl. In der Familie macht sich Ludwig scheinbar absichtlich zum Fremdkörper, zum Vertreter eines anderen und härteren Standards – vielleicht deshalb, weil er keine andere Funktion für sich sieht. Er will nicht da sein, aber er will wichtig sein, und das erreicht er, indem er sich zum Prüfer und Richter stilisiert.

Für Frauen ist – wie Ludwig genau weiß – diese Art von väterlichem Verhalten besonders ärgerlich. Da entzieht sich einer der Familienarbeit, ist nicht einmal in der Freizeit, geschweige denn im Alltag vorhanden, und bei seinen seltenen Gastauftritten spielt er den Chef. Das ist sehr irritierend, aber auch sehr aufschlußreich, denn es zeigt, daß die Verweigerung des Mannes als Vater auch als Machtgeste gegen die Partnerin gedacht ist. Welchen Sinn hat diese Machtgeste? Das ist auf den ersten Blick schwer zu sagen. Um die Frage beantworten zu können, müssen wir prüfen, welche Wirkung dieses Verhalten hat. Der Mann zieht sich auf eine traditionelle Form von Männlichkeit zurück, um Autorität zu gewinnen. Diese Autorität nutzt er dann dazu, um sich Aufgaben zu entziehen, die ihm andere – seine Frau und seine Kinder – zuweisen wollen. So nimmt er einen gewichtigen Platz ein im Leben seiner Kinder, wenn auch bloß auf eine negative, neurotische Art. Und verweigert sich gleichzeitig den Forderungen seiner Frau nach größerer Egalität im Zusammenleben.

Hier ist anscheinend eine sehr destruktive Dynamik am Werk. Partnerschaftlichkeit als Eltern und ein freundschaftlicher, emanzipatorischer Erziehungsstil erscheinen vielen Männern so sehr Teilziel der weiblichen Emanzipationsbewegung zu sein, daß sie sich schon aus Prinzip dagegen sträuben müssen. Die Reform der Familie wird somit zu einem Konflikt, in dem Frauen und Kinder auf der einen Seite stehen und Männer auf der anderen, wobei Männer aber partiell wissen, daß sie im Grunde im Unrecht sind. Diese zwiespältige Empfindung wiederum führt zu sturen Trotzreaktionen; der Mann verweigert sich der Erziehung, ärgert sich dann, weil seine Frau damit zur wichtigeren Erziehungsperson wird, und wirft Sand ins Getriebe, um wenigstens auf diesem Weg seine Präsenz und Wichtigkeit zu demonstrieren.

Selten laufen diese Verhaltensweisen bewußt kalkuliert ab, eher schon reflexhaft, defensiv, motiviert durch Trotz. Deshalb lehnt Ludwig zum Beispiel jede Diskussion mit seiner Frau ab und unterdrückt absichtlich jeden Zweifel, der ihm selber an seiner Prioritätensetzung in den Sinn kommt.

Handeln Männer wirklich in ihrem eigenen Interesse? Auffallend an ihrem Verhalten ist der starke Automatismus, von dem es bestimmt wird. Das wird in dem Gespräch mit Friedrich besonders deutlich.

«Ich mache nichts, was nichts mit der Firma zu tun hat.» Friedrich Knaus ist Manager in einer Elektrofirma, in der auch schon sein Vater als leitender Buchhalter arbeitete. Er ist 34 Jahre alt, sehr freundlich und, zumindest äußerlich, sehr modern. Seine Ehe scheiterte nach fünf Jahren, als das zweite Kind noch ein Baby war.

«Ich bin von klein auf dahin erzogen worden, einmal eine Führungsposition einzunehmen. Für meinen Vater war, soweit ich mich zurückerinnern kann, die Firma immer das wichtigste gemeinsame Gesprächsthema. An zweiter Stelle kam der Sport, mein Vater war ein Tennisfanatiker. Unsere Ausrichtung in der Familie war immer äußerst erwerbsorientiert, so traurig das klingen mag. Ich glaube heute, daß da keine besonders positiven Charaktereigenschaften bei einem Menschen herauskommen können, wenn ständig alles in Beziehung gesetzt wird zu dem materiellen Wert, den man erzielen kann. Die richtigen Freunde, die richtige Schule, die richtigen Hobbys, die später eine optimale Eingliederung ins Unternehmerleben gewährleisten . . .

Ich habe meinen Vater nur am Wochenende gesehen. In der Schule hatte ich massive Probleme, ich flog sogar mit siebzehn raus und mußte das Abitur mit Privatlehrern absolvieren.

Ich habe mit 22 geheiratet, nach fünf Jahren ließen wir uns scheiden. Warum? Es gab keine Harmonie zwischen uns, so einfach ist das. Die Kinder sehe ich jedes zweite Wochenende, so haben wir es vereinbart, öfter hätte ich auch nicht Zeit. Aber an diesen Wochenenden bin ich voll da, wir unternehmen viel, gehen skifahren, letztes Wochenende waren wir im Zirkus . . . Ich schaue immer, daß es ein gutes Programm gibt, wenn die Kinder bei mir sind. Die Trennung war für den Kleinen o. k., der war noch ein Baby und hat das gar nicht mitgekriegt, aber der Größere hat darunter gelitten, hatte im Kindergarten Probleme.

Als Vater bin ich sicher antiautoritär, die Kinder haben bestimmt keine Angst vor mir. Wie meine Frau die Kinder erzieht, weiß ich eigentlich gar nicht. Ich denke schon, daß ich einen guten Kontakt zu ihnen habe. Wie oft ich sie sehe, ist nicht so wichtig, wesentlicher ist die Regelmäßigkeit.

Ein freier Nachmittag unter der Woche, mit den Kindern? Unmöglich. Ich bin bis neun Uhr abends in der Firma und könnte auch bis neun Uhr morgens durcharbeiten. Natürlich kann man sich da fragen, wo bleiben die Wertvorstellungen? Aber wir bewegen uns mit dem Elektronikbereich im härtesten Markt Europas. Ich gehe nicht einmal mehr Tennis spielen, obwohl Sport ja auch wichtig wäre. Ich mache nichts, was nichts mit der Firma zu tun hat. Am langen Samstag besuche ich unsere Verkaufsfilialen, man muß ja auch Kontakt halten mit dem Verkauf, das kann durch nichts ersetzt werden. Manchmal fällt das leider auf meinen Kindersamstag.

Ein workaholic, nein, eigentlich bin ich von Grund auf ja faul. Aber das hier macht mir Spaß. Ich freue mich, morgens herzukommen. Wenn meine neue Freundin nicht wäre, würde ich bestimmt noch viel mehr Zeit hier verbringen. Mein Problem ist ein anderes, ich habe eine irre Schlafstörung. Ich hab alles probiert, war sogar in einem therapeutischen Schlafinstitut in Behandlung, Kräuter, Kissen, das hat alles nichts genützt. Ich weiß, ich brauche sieben Stunden, um fit zu sein. Und dann kann ich nicht einschlafen, und dann läuft der Countdown, nur noch fünf Stunden, nur noch vier, nur noch zwei ... Es ist teuflisch. Von Samstag auf Sonntag ist alles okay, komisch.

Ich leite eine unserer wichtigsten Abteilungen, ein gutes Ergebnis ist meine Leistung. Und dieses Ergebnis zu erbringen ist sicher einer der wichtigsten Lebensinhalte für mich.

Ich werde die nächsten zwanzig Jahre bestimmt noch hart arbeiten. Dieses ist mein erstes Jahr als Leiter dieser Abteilung; wenn wir eine gute Bilanz haben, wird sie für alle ersichtlich auf meinem Mist gewachsen sein.

Ich passe sehr auf, die Kinder nicht autoritär zu erziehen, ohne daß mir bewußt ist, was ich damit bezwecke. Vielleicht will ich sie einfach in kein Leistungsdenken hineinpressen, ja, das will ich verhindern. In mir ist dieses Leistungsdenken jetzt ganz fest verankert, und ich bin nicht ganz sicher, ob die Folgeerscheinungen allzu erfreuliche Charaktereigenschaften sind. Ich bin nicht sehr angenehm zu meiner Umwelt, fürchte ich, sonst wäre ich vermutlich auch nicht geschieden. Bestimmt bin ich nicht das Traumbild eines Partners, wie eine Frau sich das wünscht. Ich kann einfach nicht anders, als erwerbs- und erfolgsorientiert zu denken. Und gleichzeitig sehe ich aber doch, daß das nicht das Erstrebenswerteste auf der Erde ist. Wenn meine Kinder die Dinge einmal ganz anders anpacken als ich, werde ich nicht traurig sein, im Gegenteil.

In Hinblick auf den Kontakt mit den Kindern habe ich überhaupt kein schlechtes Gewissen. Wenn wir noch als intakte Familie zusammen wären, würde ich sie auch nicht häufiger sehen. Ich habe nicht das Gefühl, etwas zu versäumen.»

Nach Gesprächen wie diesem blieb jedes Mal ein diffuses Gefühl der Ratlosigkeit zurück, und mit der Zeit waren wir dankbar für dieses Gefühl, denn es erlaubte uns einen kleinen Einblick in die Gefühle, die diese Männer bei ihren Kindern wecken mußten. Wenn schon wir die Doppeldeutigkeit empfanden, die das Denken dieser Männer auszeichnete, wieviel verwirrender mußte das erst für Kinder sein. Für Kinder, die aus den spärlichen Äußerungen und den Verhaltensweisen dieser für sie so immens wichtigen Menschen versuchen müssen, sich ein Bild des Vaters und eine Orientierung für das eigene Denken zu schaffen, muß diese doppelte Botschaft extrem belastend sein.

Friedrich sendet zwei parallele Botschaften aus: daß ein

total der Arbeit gewidmetes Leben nicht erstrebenswert ist und daß ihm ein solches Leben Spaß macht und wichtig ist. Diese sich gegenseitig aufhebenden Botschaften vermittelt er nicht nur verbal, sondern auch durch seine eigene Lebensführung; deshalb müssen wir ihm seine Ambivalenz glauben.

Friedrich weiß, wie Ludwig, daß seine Form der Lebensgestaltung eine «falsche» Prioritätensetzung spiegelt. Es ist ein einseitiges Leben, auf Kosten der Familie, der Ehe, der eigenen Gesundheit. Friedrich weiß im Grunde, gibt aber nicht zu, daß Symptome wie seine extreme Schlaflosigkeit ein Protest seines inneren Wesens gegen seine Lebensführung sind. Er artikuliert seine Kritik offen, seine Kritik an der eigenen Erziehung, an dem ganzen Getriebe, in dem er sich verfangen sieht. Zugleich behauptet er, mit dieser Situation glücklich zu sein, seine Arbeit zu lieben, seine Identität darin zu finden. Über die kommende Bilanz spricht er mit einem Stolz, den wir fast als «väterlich» bezeichnen können.

Wie sehen ihn seine Kinder? Er behauptet, daß er sich für sie ein anderes Leben wünscht, aber seine Worte und Taten vom Tage ihrer Geburt an sprechen sehr deutlich eine andere Sprache. «Regelmäßigkeit», sagt er, kompensiert in seiner Beziehung zu ihnen eine häufigere Anwesenheit; aber sogar diese Regelmäßigkeit muß dem Kundenkontakt weichen. Der «lange Samstag» ist ein Termin, der unbedingt wahrgenommen werden muß, der Besuchssamstag mit seinen Kindern dagegen kann durchaus entfallen, wenn etwas anderes dazwischenkommt. In der Firma ist er vom frühen Morgen bis in den Abend hinein, und er könnte auch die Nacht dort verbringen – eine interessante Anmerkung in Hinsicht auf sein Problem mit der Schlaflosigkeit –, aber für die Entwicklung seiner Kinder bringt er nur wenig Zeit auf.

Wie ist das Selbstbild eines solchen Mannes zu interpretieren? Ist sein Bedauern, kein guter Partner, ein zu einseitiger Mensch mit schlechten Eigenschaften zu sein, aufrichtig? Ist er wirklich ambivalent, oder sind das bloß Gedankenspielereien eines Menschen, der in Wirklichkeit ganz genau das tut, was er will?

Wir glauben diesen Männern ihre Ambivalenz. Wir bedauern sie dafür, daß sie den Eindruck haben, aus der Falle, die ihre eigene Erziehung, ihr Ego und ihr Starrsinn für sie konstruiert haben, nicht herauszukönnen. Aber mehr noch bedauern wir die Kinder, die desorientiert, verletzt, verwirrt vor ihrem Leben stehen und nicht wissen, an welche Werte sie sich halten können.

5 Will you still love me tomorrow? Frauentreue und Kinderleid

Loyalität gegenüber dem Mann, dieses Erste Gebot für Mütter, ist für Kinder oft verheerend. Denn sie verlieren damit nicht nur ihre einzige Verbündete; durch das verzweifelte Bemühen der Mutter, ihnen den Vater zumindest als Idee zu erhalten, verlieren sie beide Eltern. Das anfängliche Mitleid für die Mutter macht irgendwann der Verachtung Platz und dem zutreffenden Gefühl, verraten zu sein.

Das Erste Gebot für eine gute Mutter heißt bis heute: Loyalität. Und zwar nicht Loyalität dem Kind, sondern dem Vater gegenüber, Loyalität dem Prinzip der «Familie» gegenüber, der gemeinsamen Elternschaft. Zwar durfte die liebe Mutter ein gutes Wort einlegen für ihr Kind. Sie durfte sich schützend dazwischenwerfen, wenn der Vater zuschlagen wollte; sie durfte ein gutes Wort einlegen, wenn der Vater etwas verboten hatte; sie durfte ihre heimlich gesparten Groschen dem Kind zustecken, wenn der Vater irgendeine kindliche Frivolität nicht bezahlen wollte. Aber in allen wesentlichen Dingen hatte sie zu ihm zu halten. Das war nicht bloß ihre Pflicht als Ehefrau, sondern auch ihre Pflicht als Mutter. Es war, so die dahinterstehende Idee, buchstäblich lebenswichtig für das Kind, die Eltern als geschlossene Einheit zu erleben und den Vater als positive Respektsperson zu schätzen.

Für Mütter gelten diese Gebote unter fast allen Umständen. Sie sind loyal nicht nur gegenüber dem sichtlich boshaften, egoistischen, gleichgültigen Vater, sondern auch gegenüber dem groben, gewalttätigen. Dieses Gebot ist oft auch noch bei mißhandelnden, vergewaltigenden Vätern wirksam; und immer noch kann diese Mutter glauben, daß die Alternative, also ohne Vater aufzuwachsen, für das Kind noch schlimmer wäre.

Dieses erste Müttergebot ist für Kinder verheerend. Sie erleben nicht bloß die Schizophrenie der Spaltung zwischen ihrer eigenen Intelligenz, Wahrnehmung und Empfindung, sie verlieren nicht nur ihre einzige potentiell wertvolle, erwachsene Verbündete. Durch das verzweifelte Bemühen der Mutter, ihnen den Vater zumindest als Idee zu erhalten, verlieren sie beide Eltern. Sogar das Mitleid, das sie unter Umständen für ihre Mutter empfinden, macht irgendwann der Verachtung Platz und dem zutreffenden Gefühl, verraten worden zu sein.

Das Gebot der mütterlichen Loyalität gegenüber dem Vater gilt sogar noch über die Scheidung hinaus. Es gibt sicherlich Frauen, die ihre Kinder als Waffe einsetzen, um sich am Exehemann zu rächen, aber ungleich häufiger schicken Frauen, die zusammengebissenen Zähne hinter einem verkrampften Lächeln verborgen, ihre Kinder los zu einem Besuch bei «Papi», der diesen Titel kaum verdient. Im vermeintlichen seelischen Interesse ihrer Kinder bleiben sie auch nach der Scheidung oft noch Komplizinnen der Männer, decken sie deren Vergehen, Defizite und Egoismen, um den Kindern gegenüber das Phantasiebild des lieben und liebevollen Vatis zu schützen. Frauen unterwerfen sich damit einer heftigen Indoktrinierung und sind insofern nicht «schuld», aber sie begehen dennoch mit dieser falsch verstandenen Loyalität einen gravierenden Fehler. Sowohl in wie nach einer Ehe gilt: Erst, wenn das ewige Verständnis verweigert und der Mann verantwortlich gemacht wird für sein eigenes Verhalten, kann die Situation sich verändern. Entweder dadurch, daß sich der Mann verändert, zumindest aber dadurch, daß die Kinder die Chance haben, sich ein authentisches Urteil über den Vater, die Mutter und ihre eigene Situation zu bilden und auf dieser Grundlage Entscheidungen über ihr eigenes zukünftiges Verhalten zu treffen.

Insofern ist der Trost, den Anwalt Hiersemann männlichen Klienten bei Scheidungen gerne spendet, nicht ganz ungerechtfertigt. Es kann in einigen Fällen tatsächlich zutreffend sein, daß eine Scheidung für den Vater eine große Chance bietet, dann, wenn sie bei ihm einen Lernprozeß einleitet. Er kann dann – wenn auch spät, und oft zu spät – zumindest ein Wochenende lang die Art von Mann, die Art von Vater sein, die ihm, hätte er das früher ausprobiert, seine Familie und seine Ehe erhalten hätte.

Es ist aufschlußreich zu beobachten, wie an sich wenig einsichtsvolle Männer – z. B. der extrem scheidungsgeschädigte und daher ehefrauenfeindliche Autor Frank Ferrara – allmählich zu der Erkenntnis finden, daß Elternschaft Verpflichtungen und Verbindlichkeiten mit sich bringt. Dieser Erkenntnis konnten sie früher ausweichen, weil es einen anderen Menschen gab, der alle Verbindlichkeiten übernahm: eine Mutter. Fällt sie weg, muß der Mann ein Stück erwachsener werden.

«Wenn deine Kinder bei dir sind, mußt du dich absolut verläßlich an vereinbarte Zeiten halten. Wenn du ihnen sagst, daß du für eine Viertelstunde wegmußt, dann kannst du nicht eine halbe Stunde wegbleiben. Wenn du sagst, daß du um elf Uhr zurück bist, dann mußt du auch spätestens um elf wieder da sein. Kinder brauchen diese Art von Verbindlichkeit.

Ich ließ meinen Sohn einmal allein in der Wohnung, um schnell Milch und Saft vom Supermarkt zu holen. Der Laden war gleich um die Ecke, aber es war ein wunderschöner Tag, ich trödelte herum, und dann beschloß ich, gleich meinen Einkauf für die ganze Woche zu erledigen. Eine Stunde später kam ich wieder und fand in meiner Wohnung ein total hysterisches Kind vor. Er hatte seine Mutter angerufen, die sofort ihre (wichtigen) geschäftlichen Termine abgesagt hatte und bereits im Taxi saß, auf dem Weg zu mir in der festen Überzeugung, daß mir etwas ganz Schreckliches zugestoßen sein mußte. Mein Sohn war erleichtert, als ich zur Tür hereinkam, aber er war auch sehr zornig und verstört. Das zeigte mir, wie schnell die kindliche Phantasie außer Rand und Band geraten und wegen einer bedeutungslosen Sache eskalieren kann. In einer Ehe hat man diese Probleme auch, aber dort kann die Frau den Kindern gegenüber vermittelnd eingreifen. Ich weiß schon, Papa wollte anrufen, aber wahrscheinlich ist sein Telefon kaputt. Oder, bestimmt steckt Papa in einem Verkehrsstau und wird bald da sein. Jetzt hast du niemanden mehr, der deine Verfehlungen glattbügelt und deine Kinder beruhigt, wenn du deine Versprechen nicht hältst, also mußt du dich bemühen, verläßlicher zu sein.»*

Nicht gelernt hat Frank, daß Verläßlichkeit und Verbindlichkeit in jeder zwischenmenschlichen Beziehung fundamental wichtig sind. Diesbezügliche Erwartungen fallen für ihn nach wie vor in die Kategorie der Irrationalität. Hysterische, phantasievolle Kinder haben das unerklärliche Bedürfnis, sich auf das Wort des Vaters, auf sein Versprechen verlassen zu können, und bei ihnen kann er es deshalb auch gerade noch entschuldigen. Zwischen den Zeilen können wir herauslesen, daß eine erwachsene Frau mit denselben Erwartungen auf weniger Verständnis stoßen wird.

Elterliche Verantwortung übernehmen die meisten Männer nicht deshalb, weil sie sich von sich aus entschieden haben, die Unannehmlichkeiten und Einschränkungen und die zeitlichen Belastungen in Kauf zu nehmen, um eine «echte», eine substantielle Beziehung zu ihren Kindern aufzubauen und ihren Kindern eine zweite verläßliche Stütze für ihr Wachstum zu bieten. Sie tun diesen Schritt nur, wenn sie dazu gezwungen werden: weil ihre Frau sie unter Druck setzt oder weil es diese Frau plötzlich nicht mehr gibt oder weil irgendein Ereignis mit den Kindern ihnen zeigt, daß in der Beziehung zu ihnen etwas schiefläuft. Letzteres kann ein sehr dramatisches Lernereignis für einen Vater sein, ist aber für die Kinder selten noch von Nutzen. Der Vater mag eine neue Einstellung gewinnen, aber die Kinder (meist schon halberwachsen, wenn diese große Einsicht stattfindet) werden

* Frank Ferrara, On Being Father, N. Y. 1985, S. 68

den Ballast aus den ersten Jahren für immer mit sich herumschleppen.

Die paradoxe und für viele Frauen frustrierende Erfahrung, daß der Mann ausgerechnet nach der Scheidung sich in eine Richtung entwickelt, die sie in den langen Jahren der Ehe verzweifelt vorzugeben versuchten, daß er erst Anzeichen zeigt, die Rolle des Vaters verantwortlicher einzunehmen, wenn die Familie bereits auseinandergebrochen ist, findet jedenfalls hierin ihre Erklärung. Erst, wenn die Umstände ihn dringend dazu zwingen, rafft sich dieser Mann zu einer verbindlicheren Vaterschaft auf.

«Für die meisten geschiedenen Männer bedeutet es eine sehr große Umstellung, alleinstehend zu sein, geschweige denn, ein alleinstehender Vater zu sein. Sie sind es gewöhnt, sich auf die Frau zu verlassen, auf diese nützliche Person, die sich mit den Kindern auseinandersetzt und all das macht, was dem Mann bis jetzt erspart blieb: ihren Alltag managen, mit ihnen Geduld haben, mit ihren Krankheiten umgehen, ihre Fragen beantworten, ihnen zuhören. Jetzt ist sie weg, und der Mann muß ganz schnell all diese Qualitäten entwickeln, Toleranz, Geduld, Zärtlichkeit usw. Ob er seine Kinder zwei Tage oder zwei Wochen im Monat bei sich hat, das ist egal. Die Anforderungen sind die gleichen.»*

Die Loyalität der Mutter dem Vater gegenüber – was das für Kinder bedeutet, machten einige Interviews mit Jugendlichen deutlich. Etwa mit zwei ganz «normalen», durchschnittlichen Jugendlichen, deren Kindheit von keinen außergewöhnlichen oder extremen Erfahrungen geprägt war. Denn es ist den meisten von uns klar, daß die Loyalität der Mutter zum Vater fehl am Platz ist, wenn es sich um einen gewalttätigen Mann oder um einen Fall von sexueller Mißhandlung

* Ferrara, op. cit., Einleitung

dreht. Matthias und Elfi zeigen uns, daß die Illusion des intakten Elternhauses auch bei Familien zu teuer erkauft ist, bei denen alles offensichtlich ganz normal abläuft.

Matthias ist 17, ein Alter, in dem man noch abhängig ist, in dem man aber schon mit der eigenen Unabhängigkeit liebäugelt. An der Grenze zur Selbständigkeit, kurz vor der Trennung von zu Hause, kann Matthias sich eher unabhängige Gedanken machen, über seinen Vater, seine Mutter, sich selbst.

«Ich bin in einem sehr durchschnittlichen Elternhaus aufgewachsen ... dabei fällt mir auf, daß ich in der Vergangenheitsform rede, obwohl ich ja noch zu Hause wohne. Aber ich habe mich völlig abgesetzt. Ich meine, mein Körper ist noch da, aber ich bin im Grunde schon weg.

Wenn ich an meine Kindheit denke, kann ich mich anfangs an meinen Vater gar nicht erinnern. Erst so ab dem Schulalter habe ich ihn im Gedächtnis. Er ist Beamter; meine Mutter war Sekretärin, hat aber aufgehört zu arbeiten, als ich vier Jahre alt war, um am Nachmittag für mich da zu sein.

Mein Vater ... am Wochenende war er da, hat lange geschlafen, meine Mutter stand viel früher auf, daran kann ich mich noch ganz genau erinnern. Er hat sein Frühstück auf den Tisch gestellt bekommen, das weiß ich auch noch. Er war der einzige, der immer alles serviert bekommen hat. Wir haben immer eher im Stehen und Vorübergehen gegessen, was diese kleineren Mahlzeiten anbelangt. Alle gemeinsam haben wir dann immer am Abend gegessen, das war im Grunde die schrecklichste Stunde des Tages, das habe ich nie als schön empfunden. Es gab immer diese Sprüche: ‹Solange du deine Füße unter meinen Tisch stellst, ißt du, was auf den Tisch kommt.› Das war typisch mein Vater.

Ich sehe meinen Vater immer, wie er etwas hingestellt bekommt. Eigentlich war immer eine angespannte Stimmung, wenn er da war, am Wochenende. Unter der Woche habe ich überhaupt keine Erinnerung an ihn.

Meine Mutter ist wohl, glaube ich, eine sehr geduldige Frau. Sie hat die Launen meines Vaters, sein Schweigen, seine Ausbrüche, nicht nur ausgehalten, sie hat auch immer wieder vor mir versucht, sie auszugleichen und abzuwiegeln. Er ist so müde, er muß im Büro soviel arbeiten, die Leute bürden ihm alles auf, er ist so gutmütig und übernimmt alles . . . das waren so ihre stehenden Redewendungen über ihn.

Direkt zwischen uns ist da wenig passiert, zwischen ihm und mir. Im Grunde bin ich bei meiner Mutter aufgewachsen.

Richtig schrecklich wurde es dann, als mein Vater beschloß, ein Haus zu bauen. Es ist ewig nicht fertig geworden, weil meine Eltern viel mit Schwarzarbeitern und entfernten Verwandten machen wollten. Mein Vater hat dann die Lust verloren und ist nach dem Büro ins Gasthaus gegangen, statt heimzukommen. Danach hat es Streit gegeben. Dadurch ist er im Grunde erst richtig in mein Leben eingetreten. Wenn ich zurückdenke, erinnere ich mich an richtige Orkanstürme. Er ist heimgekommen, und meine Mutter hat ihm erzählt, daß z. B. der Zimmermann da war und nicht weitergewußt hat und sie sich auch nicht ausgekannt hat, so daß sie ihn wieder heimschicken mußte. Dann hat mein Vater wahnsinnig zu schreien angefangen. Ich bin dann meistens ganz schnell abgedampft, in meine Koje. Das war ein Eck, das für mich vom Eßzimmer abgetrennt worden war und das ich mir wie eine Höhle hergerichtet habe. Ein eigenes Zimmer hatte ich nicht. Im Grunde hätten sie eine größere Wohnung mieten können, und wir hätten es all die Jahre bequemer gehabt. Statt dessen stand dieser blöde Rohbau da, und wir haben in einem Zweieinhalb-Zimmer-Loch gesteckt.

Einmal ist mein Vater nach Hause gekommen, ich kann mich sehr gut erinnern. Es war ein schwarzer Tag, ich war ziemlich nervös, weil ich gerade ein «befriedigend» in einer Mathe-Schularbeit hatte und die Konfrontation fürchtete. Ich mußte damals meine Arbeiten noch unterschreiben lassen, das war in der neunten Klasse, also war ich etwa fünfzehn Jahre alt. Er ist heimgekommen, meine Eltern haben gestritten, und plötzlich habe ich meine Mutter schreien hören, wie sie noch nie geschrien hatte: ‹Hans, tu es nicht, tu es nicht!› Ich bin hinausgestürzt in die Küche, und da stand er mit dem Messer in der Hand, mit einem riesigen Brotmesser, und das hatte er gegen sie gerichtet. Ich bin auf ihn losgestürzt, habe mich aber nicht getraut, ihn anzugreifen, bin nur ganz nah hin zu ihm und hab gesagt: ‹Schmeiß es hin, schmeiß es hin!› Er hat das Messer dann hingelegt und ist aus dem Haus gegangen. Meine Mutter und ich haben uns umklammert, wir sind dagestanden und haben beide gezittert. Ich war so entsetzt, so erschrocken . . . ich hätte nicht gedacht, daß bei uns so etwas möglich sein könnte. Und mein Vater . . . das war das erste Mal, daß ich wirklich bewußt über ihn nachgedacht habe, daß er da ist und was er für uns bedeutet, ja, daß er der Mörder meiner Mutter sein könnte. Ich weiß nicht, wie ernst er es wirklich gemeint hat, wie gefährlich die Situation wirklich war. Aber das war der Auslöser, darüber nachzudenken, wer er ist. In Wirklichkeit war er wohl so etwas wie eine lebende Lohntüte. Er hat sein Geld abgeliefert, das hat meine Mutter immer lobend erwähnt, wenn es sonst Probleme mit ihm gab. Er hat gut für uns gesorgt, er hat uns weiter gebracht. Aber was war er sonst noch? Ich kann mich an kein einziges inhaltliches Gespräch mit ihm erinnern.

Gespräche über meine Zukunft, über meine Schulpläne, die gab es nur mit meiner Mutter. ‹Du sollst alle Möglichkeiten haben›, hat sie immer gesagt. ‹Du sollst dich später nicht mit irgendwelchen kleinen Dingen abplagen müssen, um ein bißchen mehr zu verdienen, aber im Grunde immer abhängig sein, so wie ich von deinem Vater abhängig bin.›

Das Wort ‹abhängig› ist mir damals, in diesen Gesprächen, sehr aufgefallen. Ich habe das nämlich nicht so gesehen, sondern fand es ganz selbstverständlich: Er bringt das Geld, wir sind seine Familie, und wir leben halt so nebeneinander her.

Für meine Schulsachen hat er sich auch nie interessiert, nein, eigentlich nicht. Einmal hat die Lehrerin meine Eltern in die Schule bestellt, da war ich schlecht in Mathematik, und meine Mutter fühlte sich überfordert und hat meinen Vater hingeschickt. Er ist in die Schule gegangen und hat mich gezwungen mitzugehen. Ich mußte draußen sitzen und warten, während er mit der Lehrerin gesprochen hat. Es war furchtbar, so, als ob ich auf mein Todesurteil warten würde. Dann ist er herausgekommen und hat mir wortlos eine geknallt. Wortlos, und das war alles. Er hat nie etwas gesagt, es war nichts aus ihm herauszuholen, er hat mir einfach eine gescheuert, kann man sich das vorstellen? Als ich ihn schließlich mit zusammengebissenen Zähnen gefragt habe, was war, was los ist, was die Lehrerin gesagt hat, da meinte er nur: ‹Das weißt du nur zu gut, und jetzt reiß dich zusammen.›

Nach dem Vorfall mit dem Messer war ich sehr aufgewühlt. Es war sowieso eine sehr turbulente Zeit für mich, Pubertät, und ich war das erste Mal verliebt . . . da habe ich sehr viel nachgedacht, was für ein Mensch mein Vater ist und ob ich auch so bin wie er, wie ich mich von ihm unterscheide, wie ich einmal sein werde. Immerhin ist er ja der Mann in meinem Leben, der mir am nächsten steht. Werde ich auch so ein Mann sein wie er, was will ich überhaupt für ein Mann sein? Ich habe angefangen, mich sehr genau zu beobachten. Ich habe dann z. B. aufgehört, auf den Sportplatz zu gehen, ich wollte alle Ähnlichkeiten mit ihm ausmerzen, einfach ausmerzen. Ich wollte mich total von ihm distanzieren. Zugleich habe ich Ähnlichkeiten bemerkt. Das Schweigsame z. B., das Zurückhaltende, das habe ich von ihm, das habe ich an ihm beobachtet.

Aber auch der Umgang mit meiner Mutter wurde für mich schwerer. Ich kann sie eigentlich überhaupt nicht verstehen. Zwar hat sich ein Auftritt dieser Art nicht mehr wiederholt, aber ich glaube, daß sich damals bei uns in der Familie dennoch alles ins Negative wendete. Meine Mutter ist noch ein bißchen unterwürfiger, noch ein bißchen verzagter geworden. Sie hat sich noch mehr bemüht, ihm alles recht zu machen. Dieses Verhalten hat mich irgendwie angewidert. Es hat mich sehr geärgert, daß sie ihn immer verteidigt hat. Sie hat zu ihm gestanden, ohne daß er es eigentlich wirklich wollte, und an mich haben sie beide nicht gedacht.

Irgendwie scheint mein Vater sich mit uns nicht wohl zu fühlen. Ich weiß nicht warum, ich weiß nicht, ob ich für ihn nicht eine furchtbare Enttäuschung bin. Ich gehe schon mal auf den Sportplatz, aber eigentlich nur, weil es das einzige war, was er als gemeinsame Aktivität angeboten hat. Ich wollte ihm damit gefallen. Früher. Jetzt ist es eher umgekehrt. Wenn er mich heute ablehnt, sehe ich das eher als Kompliment an. Jetzt haben wir eine Nullbeziehung, ich sitze nur noch die paar Jährchen ab, bis ich auf und davon kann.

Meine Vorstellung von der Rolle eines Vaters . . . so theoretisch gefragt ist das für mich schwierig. Ich weiß, daß mein Vater sehr wichtig war für mich und eigentlich auch immer noch ist. Er hat mir immer gezeigt, wie ich nicht sein will. Das Problem ist halt nur, daß ich nicht weiß, wie ich sein will. Ich schau mich um, und eigentlich sehe ich keinen, von dem ich mir vorstellen könnte, so wie der, so wärst du gern, als Mann. Meinen Vater habe ich jetzt angefangen zu verachten. Das ist wohl aber auch nicht der richtige Weg. Und meine Mutter, die tut mir leid, aber gleichzeitig habe ich Aggressionen gegen sie. Sie hätte vielleicht doch das Ruder herumreißen können, bei uns zu Hause. Aber sie hat sich alles gefallen lassen und damit die Linie vorgegeben für uns. Ich war dann der nächste, der sich auch alles hat gefallen lassen müssen, der nächste in der Reihe der Schwächeren.

Jetzt ist es anders, jetzt könnte ich mit meinem Vater kämpfen und streiten, aber wozu? Ich glaube, er ist mir gar nicht gewachsen, wüßte gar nicht, wovon ich rede.»

Der Mann, von dem hier die Rede ist, ist 37 Jahre alt. Weiß er, wie sein Sohn über ihn denkt? Gibt es irgend etwas in seinem Leben, das irgendwie sein vernichtendes Scheitern im Bereich des persönlichen Zusammenlebens aufwiegen kann, das auch nur einigermaßen gleichgewichtig gegen ein solch verheerendes Urteil bestehen kann?

Aber der junge Mann, der sich so beeindruckend artikulierte, stellt noch andere, wichtigere Fragen. Woher soll er selbst, für sein späteres Leben, ein Vorbild nehmen? Die englische Soziologin Anne Burton kommt nach einer großangelegten vergleichenden Untersuchung sehr dezidiert zu dem Ergebnis, daß *kein* männliches Rollenbild für die Entwicklung der Kinder, insbesondere der Söhne, besser ist als ein schlechtes Rollenbild, daß eine alleinerziehende Mutter ausgeglichenere Söhne hervorbringt als eine Mutter, die ihren Kindern sogar noch einen schlechten Vater erhalten will. Die Aussagen von Matthias jedenfalls gehen tendenziell in dieselbe Richtung. Von der nach außen hin «normalen», absolut durchschnittlichen Ehe seiner Eltern und von den angestrengten Bemühungen seiner Mutter, diese Ehe aufrechtzuerhalten, profitiert Matthias in keiner Weise. Dem Kind ein intaktes Elternhaus, einen Vater bieten zu wollen, diese Zielvorstellung ist unter diesen Umständen genauso schablonenhaft und für das Glück der Beteiligten genauso verheerend wie der ebenso schablonenhafte Imperativ, für die Familie «ein Haus bauen» zu wollen.

Welche Art von Mann will Matthias eines Tages sein? Es ist fraglich, wenn man sich seine Aussagen ansieht, ob das «negative Vorbild» des eigenen Vaters bei der Suche wirklich hilft. Eher scheint es dazu beizutragen, daß Matthias sich zerrissen fühlt. Von der Suche nach dem eigenen, möglicherweise abzulehnenden «Erbgut» bis zu der quälenden Frage nach einem möglichen Schuldanteil daran, daß der Vater ihn nicht liebte (hat man ihn vielleicht enttäuscht?), hat Matthias nur eine Menge väterlichen Ballast aufgebürdet bekommen. Und das passive, demütige Verhalten seiner Mutter hat, weit davon entfernt, Frieden und Harmonie zu stiften, bloß noch verschärfend gewirkt. Denn es suggeriert Matthias, ob er es will oder nicht, daß es zwei Menschenkategorien gibt: die bösen Starken und die lieben Schwachen. Auch wenn man die Lieben mag und mit ihnen fühlt, möchte man nicht immer zu den Schwachen gehören. Das ist auch eine Entscheidung, die seine Mutter ihm nahelegt: Er soll nicht so werden wie sie, nicht so abhängig, nicht so mißbraucht, nicht so hilflos. Was aber ist die Alternative? Das hat ihm seine Mutter, wie er ihr mit Recht zum Vorwurf macht, nie vorgelebt, nicht einmal ansatzweise. Wenn sich Matthias nicht mit seiner Mutter identifizieren kann, dann nicht in erster Linie deshalb, weil sie eine Frau ist, sondern deshalb, weil sie keine menschlichen Eigenschaften hat, die er bewundern kann. Der geschlechtsspezifische Sozialisationseffekt ist nicht naturgegeben, sondern wird von den Eltern übermittelt, die ihrem Sohn gar keine andere Wahl lassen, als sich zwischen der aufopfernden Mutter und dem bedrohlich-distanten Vater zerrieben, in der eigenen Identität gefährdet und gefangen zu fühlen.

Auch Elfi ist siebzehn. Sie lebt in einer «sehr kleinen Kleinstadt», besucht dort ein Gymnasium und träumt von Berufen, die sie in die Ferne transportieren könnten: Reiseleiterin, Konferenzorganisatorin, Auslandskorrespondentin. Ihre Stimme klingt gelassen und unbewegt, auch wenn sie die unerfreulichsten Details ihrer Kindheit erzählt. Darin gleicht sie Matthias. Vielleicht sind beide der Unabhängigkeit schon so nahe, daß sie die emotionale Distanz schon vorwegnehmen können. Vielleicht aber folgen beide auch bloß dem Gebot der Jugendlichenkultur, auf jeden Fall cool zu bleiben.

«Ich bin hier aufgewachsen und habe hier (zeigt mit einer ausholenden Geste die Wohnküche, in der wir sitzen) den Großteil meiner Kindheit verbracht.

Mein Vater ist Lehrer, meine Mutter Hausfrau. Früher war sie Sozialarbeiterin, das hat meinem Vater aber nicht gepaßt, er fand es einfach unschicklich, daß sie sich, wie er sagte, dauernd mit Drogensüchtigen und Kriminellen befaßte. Daher ließ sie sich umschulen und arbeitete in einer Altentagesstätte, war dort aber unglücklich und hat letztendlich, auch auf Drängen meines Vaters, ihren Beruf ganz aufgegeben. Ich erinnere mich an diese Zeit, er kam mittags heim und forderte das Mittagessen. Meine Mutter hetzte in ihrer Pause also immer nach Hause, um ihm etwas zu richten. Das aber verschaffte ihr in der Arbeit Konflikte, denn eigentlich wurde erwartet, daß sie dort mithalf bei dem Mittagessen für die Alten . . . Sogar in unserem ultrakonservativen Ort galt mein Vater als altmodischer Tyrann, weil er sein Mittagessen serviert bekommen mußte. Das sagt eigentlich schon alles.

Mein Bruder ist drei Jahre älter als ich, und als ich auf die Welt kam, war unsere Rollenverteilung schon vorgegeben. Er ist mit meinem Vater nie zurechtgekommen, sondern war der Aufsässige, der Freche. Daher sollte ich die Liebe und Brave sein. Als Kinder hatten wir kein sehr gutes Verhältnis zueinander, aber heute denke ich mir, daß er es richtig macht. Er hat sich nach dem Abitur überhaupt nicht mehr bei uns blicken lassen. Er studiert, lebt in der Stadt, verdient sich sein Studium selbst und scheint ganz flott unterwegs zu sein. Er hat eine Freundin, die im übrigen eine Emanze ist, denn ein Hausmütterchen, sagt er, ist nur ein Klotz am Bein. Das hat er bei seinem letzten Besuch, ausgerechnet am Muttertag, hier verkündet, was unsere Mutter sehr gekränkt hat. Dazu hätte er auch nicht extra anreisen müssen . . . oder vielleicht doch, vielleicht war das notwendig. Da kommt schon wieder mein Bravsein durch, wenn ich finde, er hätte lieb sein und sich benehmen sollen. Benehmen sollen hätten sich in Wirklichkeit unsere Eltern.

Meine ersten Lebensjahre sind unspektakulär verlaufen. Mein Vater war viel zu Hause, aber man hat ihn nicht wirklich wahrgenommen. Wenn er da war, ging mehr ein Druck von ihm aus, die Stimmung war dann nicht locker. Er ist im Haus herumgegangen und hat alles mögliche kritisiert. Als ich noch im Kindergarten war, hat er mich manchmal in die Schule mitgenommen, ich habe dann hinten gesessen und irgend etwas gezeichnet und durfte zuschauen. Damals habe ich eine richtige Angst vor der Schule bekommen. Mein Vater war so streng und knurrig. Ich habe mich für ihn geniert, ich dachte mir, daß wohl alle Leute ihn hassen müssen. Das hat sicher nicht gestimmt, im Gegenteil, im Ort gilt er als Respektsperson. Aber ich habe mich für ihn geschämt, weil er einfach nie so war, wie ich mir einen Vater vorgestellt habe. Wie habe ich ihn mir vorgestellt? Lustig und lebendig. Ich habe mir vorgestellt, daß er mich einfach gern hat, daß er mir nahe ist. Dabei glaube ich, daß es kaum einen Menschen gibt, der mir so fremd ist wie mein Vater.

Meine Mutter hat mir immer gesagt, ich muß freundlich und lieb zu ihm sein. Er hat mein Zögern gespürt, wahrscheinlich, und danach um so mehr darauf bestanden, daß ich ihm öfter einen Kuß gebe, mit ihm schmuse. Ich habe das in ganz furchtbarer Erinnerung, und irgendwann habe ich mich dann geweigert. Ich war damals neun Jahre alt, da hat er gesagt: ‹Was ist mit meinem Bussi, komm sofort her!› Ich habe gesagt, ich mag nicht. Da hat er mich an meinem Zopf im Nacken gepackt und mir das Gesicht zurückgebogen und mir einen richtigen Schmatz gegeben, direkt auf den Mund. Von dem Tag an hat er angefangen, einen besonderen Punkt daraus zu machen. Er hat mich irgendwo erwischt, nicht mal nur zur Zeit des Heimkommens wie früher, und hat mich an sich gedrückt und mich geküßt. Es ist so eine Art Besessenheit fast von ihm geworden, eine Demonstration ...

Ich habe an meiner Mutter gesehen, was passiert, wenn man nicht spurt. Sie ist an sich eine wahnsinnig angepaßte Frau, aber ab und zu ist es sogar ihr zuviel geworden. Es hieß immer nur, Martha, tu dies, Martha, tu das, sie hat auch nie nein gesagt, aber manchmal hat sie so getan, als ob sie ihn nicht hören würde. Da ist er dann völlig ausgerastet und hat zu schreien begonnen. Er hat dann uns Kindern die Arbeiten aufgebrummt, und wir sind gesprungen, einfach aus Angst vor ihm. Er hat uns zwar nie geschlagen, aber es war so bedrohlich trotzdem, es war eine fürchterliche Stimmung ... Wenn meine Mutter dann gesehen hat, daß wir nun dran waren, ist sie wieder aufgestanden und hat alles übernommen. Es war sehr demütigend.

Meinen Vater habe ich innerlich ganz schnell abgeschrieben; ich glaube, ich war noch ein ganz kleines Kind, als er für mich schon nicht mehr richtig existiert hat, ich nicht mehr mit ihm gerechnet habe. Immer, wenn es ein Problem gegeben hat, war mein erster Gedanke, hoffentlich erfährt er nichts davon. Er war nur eine strafende Instanz, hatte nur eine negative Bedeutung. Ich habe ihn so sehr abgelehnt, daß er mir schon äußerlich zuwider war. Er ist sehr dick, das würde mich an sich nicht stören, weil viele dicke Leute eine gemütliche und liebe Ausstrahlung haben. Aber bei ihm hatte es etwas Gefräßiges. Meine Mutter ist das genaue Gegenteil, sie ist sehr dünn und wirkt neben ihm ganz ausgezehrt. Sie hat sich alles versagt und bescheiden gelebt und gespart, während er alles in sich hineingestopft hat. Er hat sich immer irgendwelche Leckerbissen von ihr besorgen lassen, aber immer nur für sich. Es ist ihm nicht in den Sinn gekommen, daß wir alle lieber Bündner Fleisch essen wollten, sondern er hat 100 Gramm für sich bringen lassen, und wir haben gerade mal den feinen Geruch in der Nase abbekommen und an unserer Bergsteigerwurst herumgekaut.

Oder auch beim Anziehen, da hat meine Mutter sich nie etwas Schönes gegönnt, war auch nie beim Friseur, während mein Vater immer gut angezogen war, mit Golduhr, der Herr Lehrer. Anfangs hat sie mir leid getan, dann ist es irgendwann umgeschlagen, und ich habe angefangen, sie dafür zu hassen. Sie war so unterwürfig, daß für uns Kinder eigentlich gar nichts mehr übriggeblieben ist an Freude oder an Energie. Für sie natürlich auch nicht, aber das war mir damals relativ egal, als Kind. Heute denke ich anders darüber; wenn es ihr damals gut gegangen wäre und sie ein lustigeres Leben gehabt hätte, dann wären wir Kinder auch besser dagestanden.

Dann ist etwas passiert, was mein Leben aus dem Gleichgewicht gebracht hat. Es war erst vor ein paar Jahren, ich weiß es genau, weil es an meinem Geburtstag war, meinem 14. Geburtstag. Wir haben meinen Geburtstag gefeiert, meine Mutter hatte einen Kuchen gebacken, eine Geburtstagstorte, und dann noch einen Schokoladenkuchen, den ich sehr gern mag. Es war Nachmittag, und wir sind im Garten gesessen, und es waren ein paar Freundinnen aus der Schule da. Wir waren etwa vier, fünf Mädchen, und wir waren ganz albern, haben uns in den Büschen versteckt und sind ganz ausgelassen herumgelaufen. Es war wirklich lustig, es war ein schöner, strahlender Nachmittag, und es hat mir sehr gut gefallen. Mein Vater hat nur dagesessen und in die Luft gestarrt. So gegen fünf haben sich alle verabschiedet, und ich habe meiner Mutter noch beim Abtrocknen geholfen, da hat mich mein Vater gerufen. Komm, jetzt werde ich dich einmal suchen, versteck dich. Willst du nicht mit deinem Vater spielen? Es war irgendwie eigenartig für mich, aber ich habe mich versteckt, und er ist mich suchen gekommen, wie ich es zuvor mit meinen Freundinnen gemacht hatte. Ich habe mich hinter einen Busch gestellt, dann habe ich die Schritte meines Vaters gehört. Er ist gekommen und hat mich an den Oberarmen festgehalten und sich ganz fest an mich gedrückt, er hat angefangen, mich am Hals, dann weiter unten, fast auf meine Brust zu küssen. Ich habe nicht gewußt, was ich tun sollte, ich war so erschrocken, fassungslos ... Ich wollte es meiner Mutter erzählen, aber dann dachte ich, warum soll ich dieser Frau noch mehr Kummer bereiten. Auch meinen Freundinnen habe ich es nicht erzählt, weil ich nicht sicher war, wie sie reagieren würden, ob sie es ihren Eltern erzählen ...

Es ist komisch, mein Bruder, der mir als Kind nicht so nahe stand, ist jetzt irgendwie der wichtigste in meiner Familie für mich. Er zeigt mir, daß man weg kann, daß es einem dann gutgeht und man nicht mehr wiederkommen muß.»

Strenggenommen ist Elfi, sogar in der durch sie als sehr traumatisch erlebten Geburtstagsszene, «nichts passiert». Und trotzdem ist ihr sehr viel widerfahren in ihrer ganz normalen, kleinstädtischen Kindheit, nämlich der Verlust an Lebensvorbildern. Ihr Vater, der seiner erwachsenen Partnerin keine Zuneigung und keinen Respekt entgegenbrachte, der sich mit dem Sohn nicht vertrug und an seine Tochter nur eine gelegentliche, deplazierte Forderung nach weiblicher Zärtlichkeit richtete, weckt in ihr Enttäuschung und Ablehnung. Hinsichtlich heterosexuellem Zusammenleben und männlicher Zuwendung bietet er ein katastrophales Vorbild. Elfi wäre vielleicht besser dran, wenn sie statt seiner nur mit dem abstrakten Phantasiebild eines Vaters lebte, mit dem sie ihn sowieso vergleicht und dem er nicht genügen kann.

Aber Elfi hat nicht nur kein väterliches, sondern auch kein

mütterliches Vorbild. Ihre Mutter mag davon überzeugt sein, daß sie den Kindern mit ihrer Untertänigkeit eine intakte Familie erhält. Statt dessen aber wird sie von den Kindern nur als trauriger, schwacher Jammerhaufen wahrgenommen. Ihre Aufforderungen, zum Vater «nett» zu sein, verbessern keineswegs die Stimmung, noch sind sie der Beziehung zwischen Vater und Tochter förderlich. Statt dessen liefern sie die Tochter dem ideologischen Inzest aus, der tyrannischen Definition des Vaters, derzufolge eine weibliche Person in erster Linie dazu da ist, um dem Mann zu gefallen. Ob hinter den Küssen des Vaters eine unväterliche Intention steckte, ist insofern irrelevant. Wir können dem subjektiven Gefühl der Tochter vertrauen, das in jedem Fall richtig ist: Es war nicht in Ordnung, ja sogar widerlich, Liebe und Zärtlichkeit einzufordern, ohne sie verdient zu haben.

Für ihre Söhne sind Väter eine mögliche, eine wichtige und manchmal leider eine unwillkürlich zwingende Vorlage für das spätere eigene Verhalten. Ein mißbilligender oder abwesender Vater schmerzt nicht nur, er prägt auch . . . und bringt häufig die nächste Generation von abwesenden und mißbilligenden Vätern hervor.

Für die Tochter ist der Vater – und die Gründe seiner Abwesenheit, ob durch Tod, Scheidung, Bürosucht oder inneres Desinteresse, sind dabei erst zweitrangig wichtig – ein männliches Phantom, das sie noch sehr lange als trüber Schatten auf ihrem Lebensweg begleiten wird. Ein engagierter Vater leistet einen Beitrag zu Erziehung und Sozialisation, aber auch von einem abwesenden Vater kann man eine Menge lernen, z. B. Männern nicht zu vertrauen, sie aber andererseits übermäßig zu idealisieren. Man lernt, im eigenen späteren Leben ähnlich unzuverlässige Partner auszuwählen, mit denen man das Drama von Sehnsucht und Verlassenwerden immer wieder nachspielen kann. Man lernt, sich verführerisch zu verhalten, lieb und amüsant zu sein, um wenigstens kurzfristig männliche Zuwendung zu erlangen. Man lernt, die Mutter abzulehnen, die nicht in der Lage war, diesen Mann festzuhalten, und, schlimmer noch, sich selbst, weil man offenbar nicht schön, nett und reizvoll genug war, um seine Aufmerksamkeit zu verdienen. All das wird später einmal sehr wichtig werden: bei der Verhinderung der Entwicklung eines gesunden Selbstbewußtseins und dem Mißlingen einer guten Beziehung.

Besonders schwer kann die Tochter, Untersuchungen zufolge, verarbeiten, daß der Vater für sie selten vorhanden ist, sei es wegen Scheidung oder aus Desinteresse. Ein klarer Schlußstrich dagegen ist vergleichsweise weniger belastend. Denn während die Tochter den totalen Verlust eines Menschen, z. B. durch Tod, konsistent verarbeiten kann – so schmerzhaft das auch sein mag –, stellt der nur sporadisch an ihr interessierte Vater sie vor ein permanentes Dilemma. Hat sie irgend etwas getan, um ihn wieder einmal zu vertreiben? Kann sie irgend etwas tun, damit er sich ihr wieder zuwendet? Das Desinteresse des Vaters löst bei der Tochter verallgemeinernd Gefühle über ihre eigene mangelnde Liebens-Würdigkeit und über die Notwendigkeit aus, Mißtrauen und Distanz im Umgang mit Männern zu bewahren, während sie zugleich an einem Defizit an männlicher Zuwendung leidet.*

Sanna Murat ist 34. Ihre avantgardistische Erscheinung und ihre grazile Art verraten ihren Beruf: Sanna ist Choreographin an einem großen Theater. Sie selbst hat bereits einen guten Ruf in ihrem Fach, und sie trägt einen berühmten Namen: ihr Vater ist eine Legende der experimentellen Fotografie.

Sanna hat ein Kind, einen Sohn, der jetzt sieben Jahre alt ist.

* E. M. Hetherington, Girls Without Fathers, Psychology Today, Feb. 1973, S. 47

Mit diesem Sohn lebt sie allein. Der Vater des Kindes ruft täglich an, aber nur, um mit Sanna zu sprechen; einen echten Bezug zum Kind hat er nie gefunden. Schon vor der Zeugung hat er sich gegen das Kind ausgesprochen. Der jetzige Lebensgefährte hat sich gerade von Sanna getrennt. So bleibt ihr, als Konstante, das Kind, zu dem sie jedoch sehr ambivalente Gefühle hat. Denn sie möchte eigentlich, wie sie sagt, lieber «Frau» sein als Mutter. Sie wird richtig nervös bei dem Gefühl, das sich schon gleich nach der Geburt einstellte, nämlich niemals mehr so richtig «allein zu sein». Und sie bekommt manchmal Beklemmungen wegen der Intensität der Liebe, die das Kind ihr entgegenbringt.

Die Genese dieser ambivalenten Gefühle wird schnell offenbar, wenn man ihr zuhört. Denn sie stammen allesamt aus einer einzigen Quelle, das ist ihr Vater, ihr ablehnender, berühmter, abwesender und gerade deshalb über alle Maßen präsenter Vater.

Sannas Vater verlangte von ihrer Mutter, einer schwachen, depressiven Frau, sich zwischen ihrer Pflicht, seine Frau und Muse zu sein, und ihrem Wunsch, Mutter zu sein, zu entscheiden. Er verknüpfte Kreativität mit Einsamkeit und erklärte, keine Kinder um sich ertragen zu können. Für den Vater war Liebe etwas, was nur spärlich vergeben werden durfte.

Aus Sannas Erzählung können wir die Replizierung väterlicher Einstellungen im Leben der Kinder ablesen mit der Genauigkeit, die seiner Kunst Ehre macht.

«Als ich schwanger wurde, war ich schon seit zehn Jahren mit Bernd zusammen. Bernd ist ja sehr viel älter als ich. Als ich ihn kennenlernte, war er schon berühmt, der berühmte Intendant Bernd V. Er hat sich meinetwegen von seiner Frau getrennt, d. h. vielleicht war ich ja auch nur der Anlaß.

In diesen zehn Jahren war ich fünfmal schwanger. Einmal aus Fahrlässigkeit, aber die anderen Male waren es echte Unfälle. Also, einmal trotz Pille, und einmal zu einem Zeitpunkt, wo laut Papst und Temperaturtabellen wirklich nichts hätte passieren dürfen. Adrian ist ein Spiralenkind. All die anderen Male habe ich abgetrieben, unter großen Qualen und unter Protest. Aber diesmal habe ich mich geweigert. Ich habe gesagt, dieses Kind laß ich mir nicht nehmen, sonst krieg ich einen Knacks.

Wie Bernd reagiert hat? Grauenvoll. Die ganze Schwangerschaft hindurch, nicht bloß im ersten Moment. Wir haben gestritten und nur gestritten deswegen, selbst dann, als es eigentlich schon zu spät war und nicht mehr rückgängig gemacht werden konnte. Dauernd hieß es, wie konnte ich ihm das antun, er wolle das nicht, er fühle sich schlecht dabei, er wolle nichts damit zu tun haben . . . Zum Glück war ich beruflich erfolgreich und finanziell nicht auf ihn angewiesen, daher habe ich gesagt: ich mach das, ich muß das machen, ich krieg dieses Kind, aber er braucht ja nicht zu bleiben, sondern er kann ja abhauen. Das tat er aber nicht, sondern er blieb da, die ganze Zeit, und war die ganze Zeit grauenvoll.

Meine Gefühle waren gespalten, körperlich hab ich mich irrsinnig wohl gefühlt, so wohl wie nie in meinem Leben, ich schwebte wie mit Flügeln. Wenn seine Einstellung nicht gewesen wäre, es wäre eine irrsinnig schöne Zeit gewesen. Ich habe dann sehr versucht, mich trotzdem zu freuen, und bekam Unterstützung von einer sehr netten Ärztin.

Seine Haltung hat mich nicht überrascht, nein. Nicht nur, weil ich seine Auffassung zum Thema Kind schon kannte, sondern weil er insgesamt eine sehr schwierige, eigentümliche Persönlichkeit ist. Auch lag ihm auf der Seele, daß er seine Frau meinetwegen verlassen hatte. Aber ich war in jedem Fall seine große Liebe. Er hat dauernd angerufen, das tut er noch heute. Aber wir haben nie zusammen gelebt, bis auf ein einziges Mal. Das ging nicht gut, überhaupt nicht. Damals hatte ich gerade eine Abtreibung hinter mir und fühlte mich sehr schlimm und aufgewühlt, und ausgerechnet in dieser Zeit fing er ein Verhältnis an mit einer anderen Frau. Ich bin dann ausgezogen, und das blieb unser einziger Versuch in dieser Richtung.

Etwa ein Jahr nach der Geburt des Kindes haben wir uns endgültig getrennt. Bei der Geburt war er dabei, wobei das auch so eine halbe Sache war. Zuerst wollte er das nicht, auf keinen Fall. Ich fuhr also allein in die Klinik, aber dann raste er mir im Taxi nach und stand plötzlich da. Während der Geburt hat er es sich dann noch mal anders überlegt und wollte gehen, aber das habe ich nicht erlaubt. Ich war der Meinung, daß er das dann auch durchstehen soll. Er hat sich nicht dazu geäußert, aber vor kurzem sagte er einmal, es sei sein intensivstes Erlebnis gewesen.

Dann kam ich heim aus der Klinik, meine Freundin hatte ein kleines Fest in meiner Wohnung für mich organisiert, und nach dem Fest gingen alle Leute weg, auch er. Und ich blieb zurück, mit dem Kind. Und dachte mir plötzlich: jetzt bin ich nie mehr allein. Das war ein wahnsinniges, ein beengendes und beängstigendes Gefühl.

Bernd hat zu dem Kind keinen Kontakt aufgenommen, nein. Ich kann mich nicht erinnern, daß er es jemals auch nur angefaßt hätte. Er kam fast jeden Abend, und ich habe gekocht, und ich habe das Baby gehalten dabei . . . So kam es auch zur Trennung. Ich hab wieder einmal gekocht, ein zahnendes und heulendes Kind im Arm, und plötzlich wurde es mir zuviel. Ich sagte: kannst du mir helfen? Darauf er: kochen kann ich nicht, das weißt du doch, und bei mir schreit das Baby nur noch mehr.

Da habe ich ihn rausgeworfen.

Dieses erste Jahr mit dem Baby war die Hölle. Wenn ich mich heute daran erinnere, ist es für mich so, als ob immer Winter gewesen wäre und immer kalt.

Ich war dann fünf Jahre mit dem Kind allein, bis ich meinen jetzigen Freund kennenlernte, d. h. den Mann, der bis zirka vorgestern mein jetziger Freund war. Er ist auch Choreograph, aber bei einer Tanzgruppe. Ich lernte ihn kennen, und wir hatten sofort eine intellektuelle Nähe, eine Übereinstimmung ... er hatte damals eine Freundin, aber das war wohl eher eine lockere Beziehung ... Mit meinem Sohn hat er sich gut verstanden, aber auf sehr unverbindliche Art. Es war keine wirkliche Beziehung. Mein Freund, Jonas, hatte immer schon sehr große Bindungsängste. Es gab immer Phasen, da meinte er, er sei jetzt soweit, er möchte mit mir eine echte Beziehung haben, aber kurz darauf wurde es ihm immer zuviel, und er hat wieder irgend etwas gemacht, um Distanz zu erzeugen. Meist war das eine Affäre. Und dieses Mal, also vorgestern, hat er prinzipiell gesagt, daß er die Freiheit braucht, auch andere Beziehungen zu haben. Das kann ich nicht akzeptieren, und wir haben uns getrennt. Er sagte diesmal auch, was aber eine glatte Lüge ist, daß zwischen uns ja sowieso nicht eine wirkliche Liebe bestünde, sondern eher so etwas wie Freundschaft. Und das stimmt also wirklich nicht. Das weiß man ja, und das spürt man; unsere Beziehung war eher das genaue Gegenteil, nämlich sie war ungemein leidenschaftlich und intensiv.

Und unser Zusammensein, das war immer von hoher Qualität. Er hat mich bekocht, er hat mir vorgelesen, wir haben geredet bis 4 Uhr früh. Es war immer etwas sehr Besonderes.

Ich liebe meinen Sohn, ich liebe ihn heiß, aber ich frage mich manchmal, ob ich das wirklich gebraucht habe. Diese Verpflichtung. Denn eigentlich möchte ich ein Frauenleben führen und nicht immer Mutter sein.

Mit dem Kind hilft mir meine Mutter, manchmal, und häufiger noch meine Stiefmutter. Oder wie soll ich sie nennen. Das war nämlich so, ich war, bis ich zirka ein Jahr alt war, allein. Die Hausbesorgerin ist gekommen und hat mich gefüttert, so war das abgemacht mit meinen Eltern, aber offensichtlich blieb die immer nur kurz da und ging dann weg. Und sie konnte es wohl hören, wenn ich schrie. Meine Eltern waren unterwegs, mein Vater hatte viel zu tun, und meine Mutter war seine inoffizielle Assistentin und Sekretärin und ging mit. Dann erkannten meine Eltern, daß dieses Arrangement vielleicht doch nicht so toll war, vor allem wohl, nachdem ich mich bewegen und mich diversen Gefahren aussetzen konnte, und dann haben sie für mich eine Familie gesucht. Dort wurde ich als Pflegekind aufgenommen. Es war eine Arbeiterfamilie, die nahmen mich zu den eigenen fünf Kindern dazu. Wir lebten recht beengt, aber das war gut, finde ich, denn erstens waren sie sehr herzlich, und zweitens habe ich dadurch – mein Vater hat das wohl auch so beabsichtigt –, auch ganz andere Milieus kennengelernt. Aber mit sechzehn ist es mir dort einfach zu eng geworden, und ich lief davon und nahm mir mit einer Freundin ein Zimmer.

Meine Beziehung zu meiner Mutter war eher die einer Mutter zu ihrer Tochter. Ich habe mir immer Sorgen um sie gemacht. Mein Vater trennte sich von ihr, danach war sie verzweifelt, sie hatte kein Geld, sie hatte keinen Lebenswillen mehr ...

Zu meinem Vater habe ich eine recht gute Beziehung. Ich sah ihn nicht sehr oft, denn er war viel im Ausland, aber wenn er in Deutschland war, hat er mich immer besucht. Ich fühlte mich als sein Lieblingskind. Er hatte fünf Kinder, aber ich wußte, daß er sich mir am nächsten fühlte, und das war wichtig für mich. Mein Sohn? Na, lieb ist er, sehr lieb. Er hängt extrem an mir, also extrem. Ich bin wirklich die vergötterte Mama. Und das ist mir gar nicht recht, und ich werde da manchmal böse, denn ich denke mir, wenn er zwei Eltern hätte, würde sich das besser aufteilen, diese Gefühlsintensität.

Bernd hat zu ihm keine Beziehung, auch heute nicht. Anfangs dachte ich, daß sich das vielleicht ändern würde, wenn er älter ist ... Ich glaube, er hat ihm ein einziges Mal vorgelesen. Er ruft an, sehr oft, und ich weiß gar nicht genau, was er dann will. Er fragt nicht nach dem Kind, sondern spricht mit mir, über uns. Aber er hat eine neue Freundin. Sie ist 21, und er ist jetzt 53. Und er sagt, daß sie sehr eifersüchtig sei auf mich, weil ich sein Kind habe.»

Unser erster Impuls war, dieses Interview zur Seite zu legen. Denn es war zwar sehr interessant, aber Sanna blieb so gar nicht beim Thema. Über ihre Mutterschaft sollte sie mit uns sprechen, das wußte sie, und immer wieder versuchten wir, sie sanft zu diesem Thema zurückzulenken. Wir fragten, wie sie die Kinderbetreuung organisiere und welche Persönlichkeit ihr Sohn habe, welchen Erziehungsstil sie bevorzuge und wie ihr Alltag mit dem Kind aussähe. Was immer wir sie fragten, sie sprach nicht über ihre Mutterschaft und nicht über das Kind, sondern nur über ihre Beziehung zu den beiden Geliebten. Und dann begriffen wir, daß sie damit ohnehin, und zwar sehr genau und sehr ehrlich, beim Thema war. Beim Thema ihrer Mutterschaft und ihrer Beziehung zum Kind. Es verlangt nicht sehr viel Interpretation, um die Analogie zwischen Sannas Vatererlebnis und ihrer späteren Partnerwahl zu erkennen. Der Vater ihres eigenen Kindes ist nicht nur in dem Alter ihres Vaters, er hat auch viele der Eigenschaften, die ihren Vater auszeichneten. Ihre nächste ernsthafte Beziehung wiederholt dasselbe Muster. Sanna, eine intelligente Frau, ist durchaus in der Lage, zumindest in groben Zügen diese Parallelen zu erkennen. «Da kann man bestimmt die tollsten Interpretationen machen im Hinblick auf meine jetzigen Männerbeziehungen, ich weiß schon», sagt sie an einer Stelle des Interviews selbst.

In anderen Punkten fällt es ihr schwerer, ihre Prägungen zu durchschauen. Das wird besonders deutlich an ihrer eigenen subjektiven Beurteilung von Kindheit und Vater. Kindern, die einen problematischen Vater hatten, tun sich für die Zukunft drei Bewältigungsstrategien auf. Sie können ihre Wut zulassen und den Vater hassen. Sie können ihre Wut verdrängen und ihn lieben. Oder sie können, in einem langwierigen und mühevollen Prozeß, versuchen, ihre Gefühle zu entwirren, ihn zu verstehen, ohne ihn unbedingt zu entschuldigen, und eine innere Gelassenheit zu finden. Die letzte Strategie ist die schwierigste und selten auf Dauer erfolgreich. In Situationen seelischer Belastung kommen die bewältigt geglaubten Gefühle wieder hoch, und selbst die sorgfältigste Psychoarbeit wird sich schwer damit tun, die entscheidenden seelischen Weggabelungen ausfindig zu machen und irgendwie zu relativieren. Die Betroffenen empfinden in aller Regel auch später noch sehr viel Liebe und sehr viel Haß: dem Vater gegenüber, der Mutter gegenüber, die dies zuließ, ertrug oder begünstigte, und vor allem sich selbst gegenüber.

Was Sanna als Kind erlebte, war im Grunde extrem und kaum zu glauben. Der Tonfall, in dem sie davon berichtet, trägt dem aber kaum Rechnung. Sie erzählt eher beiläufig von ihrer Kindheit und kritisiert sie nicht. Daß ihr wohlhabender, berühmter Vater sie als Baby einer extremen Unterversorgung aussetzte, um sie danach in einem verlogenen proletarischen Solidaritätsgefühl zu «armen Leuten» zu geben, während er selbst einer bikontinentalen Megakarriere nachjagte, bemängelt sie mit keinem Wort. Sie bringt dafür sogar noch Entschuldigungen vor. Sanna behauptet, sich als Kind zufrieden und geliebt gefühlt zu haben, sowohl von den Pflegeeltern als auch von einem Vater, den sie ein paarmal im Jahr zu Gesicht kriegte. Wichtig für sie ist dabei die Überzeugung, das «Lieblingskind» des Vaters gewesen zu sein. Vielleicht war er es, der ihr aus einer Laune heraus diesen mageren Knochen hinwarf; vielleicht war sie selbst es, die sich als Kind diese tröstliche Fiktion entwarf. Noch heute hält sie daran fest, an diesem Pfeiler ihres kindlichen Selbstwertgefühls: Er ist nicht da, aber er liebt mich. Ich muß ihm verzeihen, denn er ist ein außergewöhnlicher Mensch. Weil ich ihm verzeihe und ihn verstehe, liebt er mich ganz besonders.

Sannas späteres Leben zeigt in gespenstischer Weise sowohl ihre Neigung, die Kindheitsdramen erneut zu inszenieren, als auch ihre Versuche, das Muster zu durchbrechen und sich zu befreien. In beiden Geliebten können wir unschwer den ablehnenden, ambivalenten, egoistischen Vater erkennen. Beide sind Künstler; beide nehmen sich im Namen ihrer vermeintlichen großen Begabung im zwischenmenschlichen Bereich besondere Freiheiten heraus; beide lehnen ein «normales» Zusammenleben ab; keiner hat väterliche Qualitäten. Bei beiden ist sich Sanna «sicher», daß sie – oft ganz im Gegensatz zum tatsächlichen Anschein der Dinge – die «große Liebe» dieser Männer ist. Daß sie neben ihr und in für sie besonders schweren Zeiten andere Freundinnen haben, daß sie selber die Wichtigkeit der Beziehung leugnen, das alles kann Sanna genausowenig irritieren wie seinerzeit die offensichtliche Lieblosigkeit ihres Vaters. Sie «weiß», daß sie geliebt wird, und zwar ganz besonders. Bezeichnend ist auch, daß ihr zweiter Liebhaber für seine väterlichen Zuwendungen gepriesen wird: er «füttert» sie, er liest ihr vor; aber eben nur sehr, sehr selten.

Aber gleichzeitig rebelliert Sanna gegen ihren Vater. Sie weiß, daß ihre Mutter schwach, labil, manchmal klinisch depressiv war. Sie selbst identifiziert sich mit ihrem starken Vater, wenn sie z. B. wie er eine künstlerische Karriere wählt, wie er den Wert der persönlichen Freiheit und Ungebundenheit hochhält und sich von ihrem Kind okkupiert und eingeschränkt fühlt. Der Satz «jetzt bin ich nie mehr allein» ist in dieser Hinsicht ein Schlüsselsatz. Für Sanna hat diese Vorstellung etwas Erschreckendes, macht angst. Es gibt auch Frauen, für die diese Vorstellung, mitunter aus entgegengesetzten, aber nicht minder ungesunden Beweggründen, etwas Tröstliches hat. Diese Frauen klammern sich in Ermangelung zufriedenstellender Erwachsenenbeziehungen an das Kind. Aber die Vorstellung, nie mehr allein zu sein, kann durchaus etwas Gesundes, menschlich Natürliches an sich haben: Der Mensch ist ein soziales Wesen, die Familie die natürliche Grundeinheit des Lebens. Doch für Sanna ist der Gedanke einer unaufhebbaren, langfristigen Lebensgemeinschaft bedrohlich.

Sie lehnt auch die Identifikation mit ihrer Mutter nicht gänzlich ab. Sie inszeniert die Beziehung ihrer Eltern neu, mit Bernd, aber in der Absicht, der Geschichte diesmal einen anderen Ausgang zu geben. Es fällt ihr sehr schwer und erfordert fünf schmerzliche Anläufe, aber schließlich setzt Sanna sich gegen den Kinder-verneinenden Freund (= Vater) durch und «läßt sich das Kind nicht nehmen». Anders als ihre eigene Mutter, die sich das Kind – Sanna – wegnehmen ließ.

Die Rebellion ist dennoch unvollständig. Das hat Sanna zu büßen, mit ihrem Unglück und ihrer Prädisposition zu Beziehungen, die den ewig gleichen Ausgang nehmen werden. Und das wird Sannas Kind zu büßen haben, ein Kind, das ebenso wie Sanna vom Vater zunächst abgelehnt und später ignoriert wird, ein Kind, dessen Liebesbezeugungen als extrem und als belastend erlebt werden von einer Mutter, die selber keine Liebe erhält.

Männliche Abwesenheit gibt es in fast unzähligen Varianten. Es gibt den Vater, der zwar de facto und rein räumlich nie da ist, der aber telefonisch oder sonstwie ständig das Gegenteil behauptet. Es gibt den Vater, der rein körperlich gesehen sehr oft da ist, den Kindern aber keine Aufmerksamkeit schenkt und für die Familie genausogut meilenweit entfernt leben könnte. Es gibt den Vater, der seltene, dann aber ganz besonders intensive und tolle Gastauftritte liefert, den Vater, der zu beschränkten Routineauftritten erscheint – jeden Freitag zum Abendessen, jeden Sonntag zum gemeinsamen Spaziergang und viele andere mehr. Als abwesend kann ein Vater, unabhängig von seinem körperlichen Da-Sein oder Weg-Sein bezeichnet werden, wenn er keine tragende Rolle im Leben des Kindes spielt, wenn er im Alltag nicht vorhanden ist, wenn die wichtigen Kleinigkeiten, aus denen ein Kinderleben besteht, ohne ihn ablaufen. Doch das ist noch die gnädigste Form von Abwesenheit. Denn es gibt auch das aktive Ablehnen kindlicher Wünsche, das Nichteinhalten von Versprechungen, das Wegstoßen des Kindes, bis hin zum «böswilligen Verlassen» der Familie. Jede dieser «Abwesenheiten» erfordert ihre eigene Art der Kompensation; jede gibt dem Männerbild des Mädchens ihre spezifische negative Prägung.

Tessa ist heute 29. Sie entstammte der «großen Liebe» zwischen ihrer Mutter, einer Krankenschwester, und einem Kinderarzt, der dann in letzter Sekunde lieber doch eine standesgemäßere Ehe mit der Tochter seines Klinikvorstands einging. Ihren Vater sah Tessa während ihrer Kindheit «nur dann, wenn ich krank war. Bei diesen Anlässen machte er einen Hausbesuch, und ich sollte ‹Papa› zu ihm sagen. Darauf legte er Wert, da war er dann immer recht sentimental.» In der Öffentlichkeit und in der Schule sollte Tessa jedoch sagen, daß sie «keinen Vater» hätte, denn man lebte in einer Kleinstadt, und die Gefahr eines Skandals sollte verhindert werden. Der Vater war für Mutter und Tochter nicht vorhanden, aber er distanzierte sich auch nicht ganz. «Er kam sporadisch, hat dann Geld dagelassen, war aber für mich nie greifbar. Außer daß ich ihm Vorwürfe gemacht habe, etwas später, und ehrliche Antworten auf meine Fragen wollte, die ich aber nicht bekam, habe ich eigentlich keine Beziehung zu ihm gehabt. Als ich 18, 19 war, hat er mich zu teuren Abendessen eingeladen, auf die ich dann aber verzichtet habe.»

Das Verhältnis zwischen den Eltern war belastet und ambivalent. Der Vater kam zum Beispiel immer zum Geburtstag von Tessas Mutter, telefonierte auch oft mit ihr und hielt die Mutter damit partiell in seiner Einflußsphäre. Mit der Tochter verfuhr er ähnlich. Er riet ihr ab von einem Studium und überredete sie statt dessen, nach dem Abitur in seiner Praxis zu arbeiten. «Ich habe immer den Anspruch gehabt, mich durch alles, was ich tue, in seinen Augen zu bewähren. Ich wollte geliebt werden von ihm, wenn schon nicht als Tochter, dann vielleicht als tüchtige Arbeitskraft.»

Neben dieser Sehnsucht nach seiner Liebe empfand Tessa gleichzeitig Zorn und Ablehnung für diesen Mann; und das Bedürfnis, ihre Prägung durch den Vater abzuschütteln, ihrem Leben eine andere Richtung zu geben. «Ich fing Beziehungen mit verheirateten Männern an. Diese Beziehungen waren nicht unbedingt traumatisch, ich war ja auch immer die Siegerin, weil ich sozusagen die andere Frau, die Ehefrau, besiegt habe, indem ich den Mann für mich gewann. Zwar haben diese Männer sich nicht von ihren Frauen getrennt, meinetwegen, aber so weit ließ ich es gar nicht kommen. Ich habe diese Beziehungen immer von mir aus gelöst, habe das nicht dem Mann überlassen. Und dann habe ich mich stark gefühlt.»

Tessa will ihre Kindheitsbeziehung zum Vater neu leben, und sie will dem Schicksal ihrer Mutter entkommen. Gerade dadurch begibt sie sich in dieselbe Falle. Nachdem sie sich eine Zeitlang in der Rolle der – diesmal, im Unterschied zu ihrer Mutter, starken und «siegreichen» – Geliebten erprobt hat, geht sie die Sache von einer anderen Seite an. Nun will sie eine Ehe führen. Der Mann, den sie sich dafür aussucht, ist siebzehn Jahre älter als sie, also geeignet, um in der Neuinszenierung ihres Kinderdramas den Vater zu spielen.

Marias Mutter war Sekretärin und ihr Vater Herbert Universitätsassistent, als sie nach einjähriger Ehe mit 27 ihr erstes

Kind, Maria, bekamen. Das zweite folgte kurz danach, und die Familie realisierte Herberts Plan: Die Mutter gab ihren Job auf, und die Familie übersiedelte aufs Land. Herbert arbeitete weiterhin in der Stadt, kam spätabends heim, und die Schere der beidseitigen Erwartungen klaffte bald weit auseinander. Marias früheste Kindheitserinnerungen kreisen um die «Atmosphäre der Verlassenheit», die ihre Mutter verbreitete, und den ewigen Streit, wenn ihr Vater selbst am Wochenende «kurz ins Institut» ging. Der Streit verlief immer gleich: der Vater warf der Mutter vor, hysterisch, verklemmt und eifersüchtig zu sein; die Mutter warf dem Vater vor, Verhältnisse zu haben. Anfangs stritt er es ab, später liefen seine Liebschaften dann ganz offiziell unter dem Schlagwort «aufgeklärte Sexualität».

«Mein Vater», meint Maria heute, «hat es sich einfach irrsinnig leicht gemacht. Meine Mutter war die rückständige, die zu Hause saß, und er war der aufgeklärte Intellektuelle. Seine Freundinnen, die ich alle persönlich kennengelernt habe, waren natürlich auch alle offen und emanzipiert. Sie gehörten immer gleich irgendwie zur Familie. Sie sind zwar nicht ins Haus gekommen und haben meine Mutter nicht getroffen, aber mein Vater hat uns oft ins Institut mitgenommen oder ist mit uns auf den Tennisplatz gefahren, und dort waren sie dann.

Was mich am meisten gekränkt hat, war das Gefühl, daß er sich ständig entzog. Er log eigentlich alle an, uns eingeschlossen, z. B., daß er keine Liebesbeziehung zu diesen Frauen habe, sondern sie nur gute Freundinnen seien. Dann aber hat er sich mit ihnen in eine Ecke verdrückt, und sie haben herumgeschmust, und wir haben das mitangesehen. Wir, meine Schwester und ich, haben dann weggeschaut und haben das total verdrängt. Wir haben kein Wort darüber gesagt. Das ist so arg, was man als Kind alles tut für die Eltern, bloß um den Status quo zu erhalten.»

Die Bemühungen der Kinder waren umsonst; die Trennung war unausweichlich. Marias Mutter zog aus, und die Kinder sollten, bis sie sich irgendwo etabliert hatte, beim Vater bleiben. Die sechs Monate, die sie bei ihrem Vater verbrachte, und die späteren Besuche bei ihm, nach der Scheidung, hat Maria in keiner guten Erinnerung: «Mein Vater hat dann, als ich etwa zwölf war, begonnen, massiv auf mir herumzuhacken. Beim Essen hat er ständig gesagt: ‹Wie sitzt du denn da, du willst wohl für immer krumm sein›. Früher hat er beim Essen immer meine Mutter heruntergemacht, ‹das ist die, die nicht einmal weiß, wo Afrika liegt› usw. Er hat immer den Klugen herausgekehrt, während sie der Familienidiot war. Später war ich das dann. Er meinte, ich wollte mich immer in den Vordergrund drängen, hat mich kritisiert in einer Weise, die mich irrsinnig getroffen hat und an der ich heute immer noch zu kauen habe. Ich habe den Haushalt gemacht, hatte die besten Noten in der Schule, aber für meinen Vater war ich nur häßlich und ein Problem.

Ich habe jahrelang das Gefühl gehabt, daß ich nicht aufrecht gehen konnte, und ich konnte es wohl auch nicht. Die ganze Last, die auf mir lag . . . wenn man dauernd gesagt bekommt, wie sitzt du denn da, dann kann man wohl gar nicht mehr gerade sitzen. Und daß ich häßlich bin, das war das zweite. Und früher hab ich auch immer geglaubt, daß es halt einfach wirklich so ist. Ich war halt diejenige, die häßlich war, die an allem schuld war, die nicht perfekt war, während mein Vater einfach *der* Professor an der Uni war, von allen Studenten geliebt, weil er so nett und so progressiv war. Ich habe das nie angezweifelt.»

Mit sechzehn sucht Maria sich den ersten Freund, vielleicht um zu testen, ob sie wirklich so häßlich ist. Dieser Freund, Thomas, ist zehn Jahre älter; die Beziehung hält mehrere Jahre und ähnelt in frappanter Weise der Beziehung zwischen Marias Eltern. Auch Thomas ist «intellektuell» und progressiv.

Auch Thomas lebt in der Stadt, in einer WG, während Maria zu einer Freundin aufs Land zieht. Auch Thomas hat andere Freundinnen, und auch Thomas lügt. «Wir haben uns getrennt, und dann ist er wiedergekommen, und wir haben sehr lange geredet. Unser erstes richtiges Gespräch über die Zukunft war das und darüber, wie wir die Dinge sehen. Am darauffolgenden Sonntag hab ich dann angerufen in seiner WG, und die haben gesagt, nein, der ist nicht da, der ist gestern nacht nicht heimgekommen. Ich habe ihn darauf angesprochen, und er hat dann erzählt, daß er schon seit einem halben Jahr eine Freundin hat, von der er sich jetzt nicht trennen kann. Für mich ist eine Welt zusammengebrochen. Ich habe zwar ganz rational und ruhig gesagt, daß er sich entscheiden muß, aber es war arg. Es war die Wiederholung des Verlassenwerdens durch den Vater, der auch nicht von selbst etwas sagte, sondern wartete, bis wir selbst etwas herausfanden.»

Der widersprüchliche, der ambivalente Mann, wichtig und geliebt, untreu und nicht zu fassen. Die Hilflosigkeit, mit der eine patente Person wie Maria solchen Männern in ihrem späteren Leben gegenübersteht, hat eigentlich nichts mit ihrer Gegenwart zu tun. In diesen Beziehungen ist sie immer wieder das Kind, das sich einen überdimensional großen, überdimensional wichtigen Vater erhalten will.

«Bis vor kurzem», faßt Maria die persönlichen Konsequenzen dieser kindlichen Prägung zusammen, «ist es mir unheimlich schwer gefallen, Beziehungen zu beenden, weil ich immer noch auf Besserung gehofft habe.»

Maria hat gelernt, mit Ambivalenz zu leben, den «Status quo», der einem Kind unverzichtbar erscheint, um jeden Preis erhalten zu wollen, die doppelten Botschaften eines Mannes stets hoffnungsvoll zu interpretieren in dem verzweifelten Optimismus eines Kindes, das seine Familie, seine lebensnotwendige Existenzbasis, unter allen Umständen erhalten will.

«Ein Mann, mit dem ich länger zusammen war, hat immer gesagt, daß eine Familie doch was Tolles sei, daß er eine feste Beziehung und viele Kinder haben wolle. Er wolle auch endlich mit mir zusammenziehen. Und im nächsten Satz hat er davon gesprochen, daß er als Entwicklungshelfer nach Afrika gehen will. Ich habe ganz lange gebraucht, bis ich gemerkt habe, daß meine Wahrnehmung richtig ist, daß diese zwei Botschaften nicht zusammenpassen. Was ich aber gespürt habe, war wahr: er hat sich wirklich distanziert und wollte nur über den Kopf die ideale Beziehung, eine Familie. Es ist typisch für mich, daß ich nur auf das achte, was geredet wird, und nicht auf das, was ich fühle.

Mein Vater kann auch wahnsinnig toll reden, und das habe ich auch immer gehört. Gespürt habe ich aber, daß er nie da war, oft total gemein und unfair war und ich sehr wütend auf ihn bin. Er verbreitet immer noch eine grantige, eine irgendwie eklige und mißbilligende Atmosphäre; was er dabei aber sagt, ist nett.»

Auch ein authentisch «netter» Vater lebt im eklatanten Widerspruch zu seinem vermittelten Bild, wenn die dazugehörigen Handlungen nicht stimmen. Für ein Kind ist Liebe untrennbar mit Versorgung verbunden, und Versorgung wiederum ist nicht denkbar ohne Anwesenheit. Das ist eine Tatsache, um die kein noch so ausgefeiltes Argument, kein noch so stichhaltiger Sachzwang herumführt. Das Kind weiß nur eins: Wenn ich jemanden liebe, möchte ich bei dieser Person sein. Und Liebe ist für das Kind gleichbedeutend mit Nahrung, körperlichem Wohlbefinden, Sicherheit.

In seinem existentiellen Bedürfnis, das eigene Zuhause als sicher und die wichtigsten Personen als nett, gut und zuverlässig zu erleben, ist das Kind bereit, seine eigenen Empfindungen und Erfahrungen zu leugnen. Es zweifelt lieber an sich selber als an der erwachsenen Person, von der es vollkommen abhängig ist. Der Vater muß gut sein, daher ist man selber vermutlich schuld, wenn er an einem nicht interessiert ist. Und: Da der eigene Vater einfach ein guter Mann sein *muß*, erkennt man einen guten Mann vermutlich daran, daß er abweisend, abwesend und ambivalent ist.

Gerade in ihren Töchtern erreichen Väter ein Stück Unsterblichkeit, denn sie können bewirken, daß diese Töchter ein Leben lang an sich selber und ihrem weiblichen Wert zweifeln, sich als nicht liebenswert empfinden und in ihren Beziehungen das neurotische Verhältnis zum Vater oder das des Vaters zur Mutter nachleben.

6 Die Steinzeit ist noch nicht zu Ende – die Frau im Paläolithikum

Über weite Teile unserer Stammesgeschichte war die Frau einfach das Vehikel zur Erzeugung von Nachkommenschaft. In der modernen westlichen Welt glauben wir Lichtjahre von diesem Standpunkt entfernt zu sein. Aber: Kauert der Mann und mit ihm die Gesellschaft als Ganzes nicht noch paläolithisch am Lagerfeuer, die wilde Männerfreiheit beschwörend?

«Als erstes möchte ich sagen, daß der Vater in der Familie nötig ist, damit sich die Mutter körperlich wohl und seelisch glücklich fühlen kann.»

D. W. Winnicott

Auf der Grundlage einer schlechten Ehe oder Beziehung kann es keine glückliche Familie geben. So einfach ist das. Wenn der Mann die Mutter seiner Kinder verachtet und mißhandelt, kann er auch zu den Kindern dieser Mutter kein unbelastetes Verhältnis haben.

Wenn sich diese Erkenntnis vor allem in der männlichen Bevölkerung noch nicht herumgesprochen hat, dann hat das, wie wir glauben, kulturhistorische Gründe. Über weite Teile unserer Stammesgeschichte hindurch war die Frau einfach das Vehikel zur Erzeugung von Nachkommenschaft, vorzugsweise männlicher Nachkommenschaft. Es war nicht ihre freiwillige Entscheidung, Kinder zu bekommen, und die mit ihrer Mutterschaft zusammenhängenden Aufgaben galten entweder als instinktgesteuert oder als rein körperlich. Wie sie sich dabei fühlte, welchen diffizilen Gedankengängen sie nachhing, ob sie glücklich war . . . diese Fragen stellten sich nicht. Man konnte fast jede x-beliebige Frau zu dieser Dienstleistung verwenden: eine Sklavin, eine analphabetische Dreizehnjährige, egal. Vielleicht war man bereit, die Frau vorübergehend von schwerer körperlicher Arbeit zu verschonen und ihren manchmal exotischen Ernährungswünschen nachzugeben, um die Schwangerschaft zu begünstigen, aber damit war das Maximum der allgemeinen Einfühlungskraft erreicht. Die Frau hatte Kinder zu gebären, und diese Kinder gehörten dann dem Mann.

In der modernen westlichen Welt glauben wir von diesem Standpunkt um Lichtjahre entfernt zu sein – in der Dritten Welt herrscht er weitgehend noch vor –, aber trotzdem ist genau diese Philosophie unter Männern noch erstaunlich verbreitet. Sie kommt vor allem dann zur Geltung, wenn der Mann keine Zuneigung mehr zu seiner Frau empfindet. Unter diesen Umständen meinen die Männer dann, daß sie die Beziehung zu ihrer Frau vollkommen abstrahieren können von ihrer Beziehung zu den Kindern, die sie mit dieser Frau haben. In seinem Ratgeber für geschiedene Männer schreibt Frank Ferrara z. B. charmant: «Auch wenn deine Frau ein blöder Trampel ist, solltest du zu deinen Kindern guten Kontakt halten.»* Dieser Gedanke, der so etwas wie der Leitsatz der militanten Vaterbewegung ist, entstammt der Steinzeit des patriarchalischen Vaterschaftsdenkens. Er sieht die Familie nicht als komplexes System und wertet den Anteil der Frau nicht, sondern sieht mit primitivem Männerrechtsdenken nur sich selber und seinen genetischen Abzug und Erben.

Das Denken der Frauen hat sich demgegenüber seit dem Paläolithikum weit mehr verändert. Allein der moderne Voluntarismus der Familiengründung hat der Mutterschaft eine vollkommen neue Prägung gegeben. Für Frauen ist eine Schwangerschaft, oder zumindest das Austragen einer Schwangerschaft, heute eine soziale und intellektuelle Entscheidung, nicht ein biologisches Zwangsereignis. In den Augen der Frauen ist auch der Mann als Mensch in diesem Zusammenhang stark aufgewertet worden. Die Frau bekommt sein Kind nicht, weil sie nur so ihre Pflicht erfüllen und in der Welt überleben kann, sondern deshalb, weil sie

* Frank Ferrara: On Being Father, N. Y. 1985, S. 12

ganz speziell und ausgerechnet mit diesem Mann ein Kind haben will. Und sie erwartet von ihm nicht ein Dach über dem Kopf und einen Hammel auf dem Lagerfeuerspieß, sondern emotionale und intellektuelle Beteiligung an der Aufzucht dieses Kindes. Diese Frau hat aber, in der modernen Neuzeit, ein großes Problem: Ihr Mann und mit ihm die Gesellschaft als Ganzes kauert noch paläolithisch am Lagerfeuer. Die ständig zitierte Gefährdung der Familie hat als wesentlichste Ursache, daß die Gesellschaft die Mutter ganz allein losgeschickt hat auf ihren Weg in die Moderne. Vielleicht erreicht sie dieses Ziel sogar – aber wenn die Männer nicht mitgehen, werden sie zurückgelassen, und wenn die Gesellschaft den Weg nicht besser ebnet, kann sie noch mit sehr vielen Problemen rechnen.

Die Aufgabe einer Mutter ist schwierig, vielschichtig und belastend. Sie war es immer schon, und sie wird mit der voranschreitenden menschlichen Geschichte nicht leichter, sondern eher noch schwieriger. Die Standards steigen, und immer neue Ansprüche kommen hinzu. Wurde früher von einer Mutter lediglich erwartet, gesunde Kinder zu bekommen, und zwar möglichst viele und möglichst nur Söhne, diese Kinder zu füttern und zu pflegen, besteht die Mutterrolle heute aus einem umfassenden Katalog hygienischer, psychologischer, didaktischer und sozialer Ansprüche. Eine gute Mutter ist ständig auf dem neuesten Stand der Fachliteratur und hat eine wohlüberlegte Meinung zu einer Unmenge pädagogischer und gesundheitlicher Fragen. Sie registriert die Gefühle, die Entwicklungsstufen, die Persönlichkeit ihrer Kinder, organisiert deren Sozialleben, überdenkt und beaufsichtigt ihr Lernen. Die Verantwortung für ein kleines Kind erfordert körperliche Kraft und eine enorme Konzentration, aber auch empathisches und altruistisches Verhalten. Es sagt sich sehr leicht, die Arbeit einer Mutter sei «wertvoll». In

Wirklichkeit kann sich keiner, der diese Arbeit nicht selbst und hauptverantwortlich über einen längeren Zeitraum einmal geleistet hätte, die Realität hinter diesem Klischee vorstellen. Väter, die zufällig und ersatzweise in diese Situation kommen, äußern sich meist entsetzt im Hinblick auf die erfahrene Belastung. Ein Psychoanalytiker z. B. meinte, daß er

«nicht wirklich in der Lage war, die Situation meiner Patientinnen, die auch Mütter waren, zu verstehen, bis meine Frau einmal unerwartet für zweieinhalb Wochen verreisen mußte und ich unseren dreijährigen Sohn zu versorgen hatte. Trotz meines Berufs hatte ich noch nie eine dermaßen intensive Beziehung erlebt – und zwar eine so einseitig belastende, in der die eine Seite immer gibt und die andere immer nur nimmt. Diese Erfahrung hat meine Sichtweise völlig verändert. Ich mußte erkennen, daß ich weder Kinder noch die Belastung ihrer Mütter vorher wirklich verstanden hatte. Nur wenn man Tag für Tag, Stunde für Stunde ein Kind versorgt, versteht man ihre Welt und die Art und Weise, wie ihre Bedürfnisse mit den Bedürfnissen von Erwachsenen kollidieren. Es hat mich verunsichert, daß ich über meine Patientinnen, mich selbst und sogar über meinen eigenen Sohn so wenig gewußt hatte.»*

Mehrere unserer Interviewpartner äußerten sich ähnlich. Durch irgendwelche Umstände vorübergehend gezwungen, ein paar Tage oder Wochen lang das Leben ihrer Frau, das Leben einer Mutter zu führen (wenn auch in extrem moderierter Form, mit vollen Lebensmittelregalen und geputztem Haus und angenähten Knöpfen und einer von der Frau längst vorbereiteten kindlichen Infrastruktur), erlebten die meisten Männer dies als ausgesprochen illuminierende Erfahrung. Ein Journalist beschrieb die Woche, die er mit seinen Zwillingen allein verbrachte, als «härtesten Einsatz meines Le-

* Aus: Jane Swigart, The Myth of the Bad Mother, N. Y. 1991, S. 10

bens». Die Apothekerin Sibylle H. berichtet über den Lerneffekt, den ein vorübergehender Rollentausch bei ihrem Mann bewirkte. Sie war, nach längerem Erziehungsurlaub, gerade wieder in ihren Job zurückgekehrt, als die Kinder krank wurden. Sie konnte nicht schon jetzt, erst zwei Wochen nach ihrem beruflichen Wiedereinstieg, Pflegeurlaub nehmen, also «ist meinem Mann nichts anderes übriggeblieben, als zu Hause zu bleiben. Erstmals mußte er sich mit den Kindern tagelang auseinandersetzen, nicht nur am Abend und nicht nur beim Frühstück, sondern einen ganzen Tag hindurch mit allen Problemen, die sich daraus ergeben. Es hat ihm recht gutgetan, er kennt sich jetzt mit dem Ganzen besser aus. Eigentlich war erstaunlich, was er vorher alles nicht gewußt hatte, nämlich nicht einmal, wie ein Dreijähriger sich auf einem Klo verhält. Danach hat er gemeint: ‹Wenn ich das länger machen muß, bin ich reif fürs Irrenhaus.› Früher, als ich noch zu Hause war, hatte er wenig Verständnis für mich. Da meinte er immer: ‹Wovon bist du denn müde, du bist doch den ganzen Tag zu Hause, das kann doch nicht so schwer sein, du kannst dich doch jederzeit ausruhen, du kannst ja einen Kaffee trinken, wenn du möchtest.› Ich hab ihm das erklärt, aber er konnte es nicht einsehen. Ich habe versucht ihm zu erklären, daß das eine nervenaufreibende Sache ist, allein, wenn sich zwei kleine Kinder dauernd in den Haaren haben, da ein Gequietsche, dort ein Geschrei und das am laufenden Band. Da wird man ganz schön gefordert, und die Wohnung sollte nebenbei auch noch gemacht werden. Als er ganztags zu Hause war, ist er zu nichts zusätzlich gekommen außer der Kinderbetreuung, kein Staubsaugen, kein Geschirr Abwaschen, äußerst selten Kochen, weil er so schwer beschäftigt war. Das hab ich gemacht, wenn ich heimgekommen bin».

Die Versorgung von Kindern ist, wenn man sie gewissenhaft machen will, eine nervlich belastende Aufgabe. Sie erfordert darüber hinaus eine starke Zurücksetzung der eigenen Wünsche und Bedürfnisse und objektiv starke Einbußen der eigenen Lebensführung. Tanja z. B. hat viel aufgegeben, um ihr ungeplantes Kind aufziehen zu können: ihr Studium, ihre Freizeit, ihre Freiheit. Sie hat das Getuschel ihrer Nachbarn, die Mißbilligung ihrer Eltern, die Kränkungen ihres Freundes ertragen. Die «Hilfe», die sie erhielt, war an Entmündigung und Herabsetzung gekoppelt: die sozialarbeiterische Instanz, die ihr Unterstützung zahlte, verbot ihr die Fortsetzung ihres Studiums und versetzte sie in die Rolle einer Wohlfahrtsempfängerin. Woher nahm dieses kleine, schmale, dunkelhaarige Mädchen die Kraft, um all das zu ertragen und dann noch für ein Kind stark und stabil zu sein? Aus «Liebe», na sicher. Und trotzdem erkannten wir an Tanja erstmals mit voller Klarheit, was uns an Familien schon oft latenter aufgefallen war: daß etwas fehlte. Tanja half uns zu erkennen, was das genau war. Es war wie der Bruch in einer Versorgungskette: die Mutter gab dem Kind, aber keiner gab der Mutter.

Der Analytiker D. W. Winnicott hat in seinen Untersuchungen über die kindliche Entwicklung beschrieben, wie essentiell ein «begünstigendes Umfeld» für die Entfaltung des Kindes ist. Aufgabe der Mutter sei es, dem Kind einen «Halt» zu geben.* Deswegen aber, so führt die Psychologin Swigart seinen Gedankengang fort, muß die Mutter im Kontext dieser Umwelt gesehen werden. «Der Halt des Kindes hängt nicht nur von den Armen der Mutter ab, sondern auch von ihrem emotionalen Zustand, von dem die Stimmung der kindlichen Welt geprägt wird . . . Wenn die Mutter selbst keinen Halt erfährt, kein begünstigendes Umfeld erlebt, wird sie ihrem Kind das auch nicht bieten können. Was für die

* D. W. Winnicott: The Maturational Process and the Facilitating Environment, Madison 1965

Mutter traumatisch ist, ist auch für das Baby und das Kind traumatisch. Ich halte ein verständnisvolles, unterstützendes Klima für eine essentielle Voraussetzung, wenn Mütter oder andere versorgende Personen ihre Aufgabe erfüllen sollen.»*

Die Zeit der Schwangerschaft ist eine Phase, in der viele Frauen versuchen, sich ein solches Klima zu schaffen. Darin liegt die Erklärung für die von Männern manchmal als zwar berechtigte, jedoch überproportional «dramatisiert» beschriebene Kritik ihrer Frauen an den gedankenlosen Handlungen und dem mangelnden Engagement der Väter während Schwangerschaft, Geburt und Kleinkindzeit. Die Frau prüft in dieser Zeit, ob das psychische und soziale Umfeld für ihre kommenden Aufgaben intakt ist, und muß sehr oft feststellen, daß sie allein ist auf weiter Flur. Wer versorgt die Versorgende? Niemand. Und wenn dann die Person, von der sie sich die stabile Basis für ihre eigene stabilitätsgebende Funktion erhofft hat, desertiert oder ihr sogar noch in den Rücken fällt, kann das ein Erlebnis mit bleibenden Konsequenzen sein.

Monika Seck-Agthe beschreibt in ihrem Buch «Neun Monate» (München 1981, S. 173) ihre eigene diesbezügliche Erfahrung mit dem Vater ihres Kindes:

«Abends die offizielle Aufnahme im Krankenhaus. Wir bekommen ein Zimmer in der Nähe des Kreißsaales, wo wir für uns sind, ich lege mich aufs Bett, versuche, mich zu entspannen. Die Wehen sind jetzt ganz flott, und ich muß schon ganz schön mit ihnen arbeiten. Locker unterhalten kann ich mich nicht mehr.

A. sitzt mit griesgrämigem Gesicht auf einem Stuhl, ich merke schon, daß ihm irgendwas stinkt, fühle mich aber unfähig, in diesem Moment noch auf ihn einzugehen. Das Atmen, die Entspannungsübungen erfordern viel Konzentra-

* Op. cit., S. 14

tion. Unwillen steigt in mir hoch, daß er nun schon wieder so muffig ist . . .

Trotz schmerzhafter Wehen gibt es also noch eine ziemlich wüste Keiferei zwischen uns. Er findet den Raum ‹unmöglich›, ‹potthäßlich›, es ist ihm zu warm, er hat nichts zu lesen und ‹keine Lust, hier so blöde rumzuhocken›. Ich find dieses Gemoser angesichts der unmittelbar bevorstehenden Geburt völlig deplaziert, möchte statt dessen lieber ein bißchen bemuttert und bemitleidet werden, werde stocksauer, weil er das alles mal wieder absolut nicht bringt . . .

Er fährt noch mal nach Frankfurt, um sich einen Krimi und einen Fotoapparat zu holen . . . Mit dem Atem komme ich gut zurecht, obwohl die ganze Sache mittlerweile ziemlich weh tut . . . Als ich da so allein liege, läuft noch mal die ganze Schwangerschaft vor mir ab. Ob das nun wirklich richtig war? Habe ich mich in der ‹Wahl des Vaters› für mein Kind absolut vertan? Hätte ich vielleicht doch noch ein paar Jahre warten sollen? . . . Die Hebamme guckt rein . . . sie streichelt mir übers Haar, was mir sehr guttut.»

Im «Alleinlassen der Versorgenden» können wir auch generell und gesamtgesellschaftlich eine verhängnisvolle Entwicklung erkennen, die in der Kinderversorgung, der Altenpflege und allen anderen Bereichen, die einen hohen und, infolge der umfassenden Hilfsbedürftigkeit der Versorgten, einen meist einseitigen persönlichen Einsatz erfordern, zu fast untragbaren psychischen Belastungen führt. Bei allen Versorgungstätigkeiten dieser Art wird davon ausgegangen, daß die Arbeit selbst ausreichenden Lohn bringen soll, daß der Altruismus der Versorgenden sich nicht bloß auf ihren Umgang mit den Versorgten, sondern auf ihr gesamtes Wesen erstrecken muß. Sich beklagen, Hilfe, Dank oder Anerkennung verlangen, müde sein widerspricht der «Berufsbeschreibung» und läßt die Betroffene als hysterisch, inkompetent, selbstsüchtig erscheinen. Weil die Betroffenen wirklich sehr motiviert sind, ertragen sie das alles: die Unterbewertung ihrer Tätigkeit, die Platitüden, die Isolation. Sie greifen zurück auf die letzten Reserven in sich selbst und kommen, irgendwie, zurecht. Aber das hat Folgen: für die Betreuten, für die Versorgenden und für das gesellschaftliche Gesamtbild.

Im Fall der Mütter hat es vor allem Folgen für ihr eigenes seelisches Gleichgewicht, für ihre Kinder, für ihre Ehe. «Wenn eine Frau ihr Kind lieben und versorgen soll, muß sie selbst von ihrer Umwelt geliebt und versorgt werden. Egal wie selbständig die Frau ist, die emotionalen Rahmenbedingungen für ihre Mutterschaft sind ausschlaggebend für den Erfolg ihrer Erziehung . . . Die Tätigkeit der Pflege und Erziehung ruft in allen Müttern ein ganz normales Bedürfnis nach Liebe und Unterstützung hervor. Aber viele Mütter müssen lernen, emotional in einer Umgebung zu überleben, die ihnen keinerlei Rückhalt dieser Art bietet. Sie müssen zurechtkommen, ohne Hilfe, mit dem emotionalen Streß, den die Versorgung von Kindern ständig erzeugt . . . Dieses andauernde emotionale Defizit erzeugt in Müttern unweigerlich andere Emotionen, die ein sehr großes destruktives Potential besitzen: Zorn, Neid, Selbstverachtung und den Wunsch nach Rache.»*

Zur Zielscheibe dieser Emotionen wird in erster Linie die Person, von der die Frau sich die notwendige Unterstützung und Zuwendung erhofft und die sich dieser Aufgabe aber entzogen hat – oft sogar in aggressiver Weise. In anderen Kulturen und vergangenen Zeiten, manchmal auch in einigen kleinen Subkulturen bei uns, kann diese Unterstützung durchaus von anderen Frauen geleistet werden. Für die Masse der Bevölkerung aber ist, unter den gegebenen Formen sozialer Organisation, der Vater des Kindes die Person, von der

* Swigart, op. cit., S. 193 und S. 200

diese Zuwendung erwartet wird. Die Vermutung eines unserer militanten Vaterrechtler ist insofern ausgesprochen zutreffend. Er ortete die Ursache all seiner späteren Probleme mit der Kindesmutter in den Anfangszeiten der gemeinsamen Elternschaft – als er nämlich zuließ, daß die schwangere Freundin buchstäblich auf die Straße gesetzt wurde, und später bei der Geburt, als er während der Wehen revolutionäre Taschenbücher las.

Angeblich sind Männer ganz besonders begabt, logische Folgerungen zu ziehen; in diesem Bereich jedoch versagt ihr Talent, und sie glauben immer noch, die Spielregeln beliebig gemäß dem alleinigen Gesetz ihrer Bequemlichkeit und ihrer momentanen Stimmungslage festlegen zu können.

Wenn der Vater die Mutter schlecht behandelt, schadet das dem Kind. Wenn der Vater das Kind schlecht behandelt oder vernachlässigt, schadet das der Ehe. Selbst bei späterer Einsicht kann es schwer sein, diese Schäden zu reparieren.

Gravierende männliche Ungerechtigkeit verursacht bei der Frau eine Verbitterung, die nicht unbedingt zur Trennung führen muß, die aber das Zusammenleben der Familie ruinös gestalten wird.

Frauen wird allseits aufgetragen – und die meisten akzeptieren diesen Anspruch –, etwaige persönliche Probleme und vor allem alle Konflikte mit dem Partner «von den Kindern fernzuhalten», die Kinder also damit nicht zu belasten. Doch dafür müßte eine Frau übermenschliche Kräfte haben oder ihre Psyche chirurgisch entfernen lassen.

Mona wurde mit vier kleinen Kindern sitzengelassen; ihr Mann zog einfach zu seiner neuen Freundin. In den darauffolgenden Jahren leistete sie Übermenschliches. Sie verdiente den Unterhalt für diese vier Kinder mit einem Kellnerinnenjob, machte das Abitur nach, schloß eine Ausbildung als Zahnarzthelferin ab, fand eine größere Wohnung und lebt jetzt im Gleichgewicht und wesentlich besser als in einer Ehe, in der sie geschlagen, beleidigt und betrogen wurde. Können wir wirklich von ihr verlangen, daß sie den Kindern gegenüber immer nur freundlich und in neutralem Tonfall über den Vater spricht?

Patricia war mit dem dritten Kind schwanger, als ihr Mann sich plötzlich «eingeengt» fühlte und seine Sachen packte, um «Abstand» zu gewinnen. Ein paar Tage später stellte sie fest, daß er zu diesem Zweck auch noch das gemeinsame Bankkonto geräumt hatte. Er kam nie zurück; statt dessen trafen Mahnungen von der Bank ein, und Patricia erfuhr, daß sie für einen Kredit mitverantwortlich war, mit dem er ein neues Auto gekauft hatte. Schwanger, ohne Geld, ohne Job, ohne Ausbildung und verschuldet . . . wie sollte Patricia, selbst bei bestem Willen, ihre Kinder aus dem Konflikt mit dem Ehemann «heraushalten»?*

Die Ressentiments der Mutter lassen sich auch mit Familienmärchen und dem alten Gebot, nicht vor den Kindern zu streiten, nicht aus dem Familienleben verbannen. Eine Frau, der in der Familie ständig Ungerechtigkeit widerfährt, kann nicht ausgeglichen sein.

Janine ist Lehrerin, ihr Mann Angestellter. Sie wirft ihm vor, daß er nicht bloß die Mithilfe in der Familie verweigert, sondern darüber hinaus auch noch tyrannisch und unangenehm ist:

«Die Belastung durch die Kinder ist groß, es geht kaum mehr. Ich habe so viele Aufgaben, daß ich es allein einfach nicht schaffe. Und wenn ich meinen Mann einbeziehen will, macht er nicht mit. Er ist einer von denen, für die Haushalt und Kinder letztendlich einfach ‹Weiberkram› sind. Er macht dafür viele andere Dinge, die mir aber nicht helfen. Er bastelt, er hat einen Teich angelegt, er tut viel, aber das sind letztlich Hobbys. Auf mir lasten die ganzen Pflichten, alles, was un-

* Richard Rashke, Runaway Father, N. Y. 1988

angenehm ist; auch die Steuererklärung muß z. B. ich machen. Während er am Teich sitzt und über das ökologische Gleichgewicht nachdenkt, gehe ich einkaufen, koche, wasche, bringe das Kind ins Bett.

Ich habe ihn gebeten, wenigstens am Wochenende nachts nach der Kleinen zu sehen, die nicht durchschläft. Da kam er dann und sagte: ‹Sie verlangt nach dir.› Und unter der Woche steckt er sich überhaupt Ohropax in die Ohren.

Es gibt auch Situationen, die ich schlimm finde. Wir setzen uns z. B. gerade zum Abendessen; ich habe mit den Kindern vereinbart, daß sie eine Kassette hören dürfen. Dann kommt er nach Hause, dreht die Kassette ab und das Radio auf. Dann weint die Kleine. Er meint dazu nur: ‹Kinder müssen sich ans Familienleben anpassen.› Damit meint er, alle müssen sich an ihn anpassen.»

Janine hat nicht die Absicht, diese Ehe zu verlassen. Aber ihren Mann hat sie, innerlich, partiell schon verlassen. «Bis vor einem Jahr hab ich noch versucht, mit ihm zu diskutieren, einen Weg zu finden. Ich habe versucht, viel über die Erziehung der Kinder mit ihm zu sprechen, einen Kompromiß unserer Ansichten zu finden. Mittlerweile habe ich das aber aufgegeben, und wir reden jetzt eigentlich sehr wenig miteinander.»

Die Kinder leben in einer «intakten» Ehe, erleben neben wenig Dialog zumindest auch wenig Streit. Die Ressentiments der Mutter teilen sich jedoch unweigerlich mit.

«Meine ältere Tochter ist jetzt in dem Alter, in dem die Mädchen auf die Idee kommen, ihren Papa heiraten zu wollen. Vera sagt aber, daß sie, wenn überhaupt, einen lieberen Mann als den Papa heiraten möchte, was genau die Situation ausdrückt, die sie bei uns erlebt. Sie sieht zwischen uns keinerlei Innigkeit. Sie weiß aber, und das versuche ich ihr zu vermitteln, daß ihr Vater sie gern hat, daß sie ihm wichtig ist.»

Die Kinder nicht einbeziehen in die eigenen Partnerschaftskonflikte – das ist ein unmöglicher Auftrag. Selbst wenn eine Frau die übernatürliche Selbstbeherrschung hätte, sich niemals etwas anmerken zu lassen, sind Kinder scharfsinnige «Zeitzeugen» der Interaktion ihrer Eltern.

Und scharfsinnige Beobachter des Verhaltens ihrer Väter. Unter dem Schlagwort «die Kinder aus Konflikten heraushalten» verstand das allgemeine Denken eigentlich etwas anderes, nämlich die Mutterpflicht, den Vater zu verteidigen, Entschuldigungen für ihn zu finden, Märchen zu erzählen. Das hatte auf Kinder eine eher verwirrende als beruhigende Wirkung, denn es verursachte einen ständigen inneren Konflikt zwischen der eigenen Wahrnehmung und der offiziellen Familienversion, zwischen den Worten der Mutter, ihrer wahren Stimmung und den offensichtlichen Fakten.

Das Gespräch mit Antonia war in diesem Punkt für uns besonders aufschlußreich, weil sie den Zorn der alleingelassenen Mutter sehr deutlich zum Ausdruck brachte. Vielleicht fiel ihr das leichter, weil die Ungerechtigkeit in ihrem Fall ganz besonders auffällig war: Das Kind, das sie allein aufzog, war nicht einmal ihr leibliches. Die «verheiratete Alleinerzieherin» ist kein Einzelfall, aber Antonias Situation ist durch eine zusätzliche Pointe bereichert: Der Mann, der sich der Mithilfe und Mitarbeit entzieht, ist der biologische Elternteil, die Frau, der er seinen Anteil noch zusätzlich aufbürdet, nur die Stiefmutter.

«Meine Situation ist amüsant, kann man sagen, sehr amüsant, wirklich. Mein Mann tut nichts, rein gar nichts für das Kind, und dabei ist es sein Kind und gar nicht mein eigenes. Wobei, daran denke ich nicht oft. Vielleicht hab ich irgendwo im Hinterkopf, ich hab sie nicht geboren, aber ich hab sie wirklich lieb und möchte ihr wirklich helfen, weil sie in so einem Schlamassel drinsteckt, durch ihre ganze Geschichte. Aber stark find ich das ja trotzdem, denn jetzt ist es eher so, als hätte ich ein Kind mit in die Ehe gebracht, und mein Mann würde das gnädig tolerieren. Und das finde ich eigentlich total verwerflich von ihm.

Sein Beitrag, also das einzige, wo er überhaupt in Erscheinung tritt, ist ein samstägliches Hickhack in einer Konditorei, wo sie also nicht stillsitzt, sondern die Wurstscheiben aus der Semmel fischt und im Kuchen stochert, und er zuerst blödelt und sich dann aufregt. Und das war's dann schon.

Und er ist also nicht einmal in Ausnahmesituationen da, wenn ich zum Beispiel krank bin. Einmal war ich krank und habe gesagt, er soll mit ihr wie geplant ins Kasperltheater gehen, aber nein. Einfach nein. Er geht doch nicht in ein Kasperltheater!

Ich habe irrsinnige Kämpfe mit ihm, deswegen. Aber irgendwo ist dann auch immer wieder der Punkt der Resignation.

Jetzt sagt er, er will nicht mehr zweimal die Woche auf die Jasmin aufpassen. Das waren zwei Abende, da bin ich immer zur Gymnastik gegangen. Und ich hab eh vorher alles hergerichtet, es gab überhaupt nix zu tun, nur anwesend mußte jemand sein.

Und das ist doch höchst amüsant. Vor allem, weil ich mir das wirklich nicht so vorgestellt habe. Und jetzt, was soll ich jetzt tun? Wenn ich jetzt geh, hab ich bei Jasmin keine Chancen, als nicht leibliche Mutter. Der kann sie packen und weggehen mit ihr, und ich seh sie nicht mehr. Schon jetzt hab ich ja überhaupt keinen Status, ich kann in der Schule nicht einmal unterschreiben, daß sie Fluortabletten kriegen darf.

Aber ich kann nicht einfach weggehen jetzt. Denn ich weiß, das Kind ist schwierig, und ich weiß, was ihr deswegen noch alles passieren kann. Der nimmt sich ja sofort eine andere Frau, weil er mit dem Kram nicht belastet sein will. Und wer weiß, wie das dann für Jasmin ist. Es ist nicht immer leicht mit ihr, und die Nächste sagt dann vielleicht: ‹Hyperaktiv? Die ist einfach frech!› und haut sie.

Und so denk ich, ich beiß mich da durch, für sie. Wobei mein Hintergedanke ist, daß sie dann ja, wenn sie etwas älter ist, ihre Meinung sagen kann, wenn wir uns scheiden lassen. Und wenn ich nicht nur beweisen kann, daß ich sie ganz allein aufziehe, sondern wenn das Kind auch noch sagt, ich will bei der Mutti bleiben, möchte ich das Gericht sehen, das sie mir dann wegnimmt. Wenn ich heute auch oft denke, eigentlich müßte ich mich trennen, dann sag ich mir wieder, ich hab das Kind in die Hand gekriegt, und jetzt bin ich verantwortlich, und dann beiß ich mich durch. Aber unglaublich arg finde ich, daß er so rein gar nix tut. Nicht einmal eine gelegentliche Entlastung ist drin. Wenn die Jasmin z. B. krank ist, dann ist es mit ihr besonders schwierig. Manchmal bin ich einfach überfordert, und früher hab ich ihn dann gebeten, mich zwischendurch zu entlasten. Ich stell eh keine großen Ansprüche, eine Stunde würde mir schon reichen, aber das tut er nicht. Dann sagt er nur: Du hast ja gewußt, daß ich ein Kind mitbringe.

Dann sag ich: Ja, aber ich hab nicht gewußt, daß das Kind einen völlig desinteressierten Vater mitbringt.»

Jasmin ist acht Jahre alt. Ihre Eltern waren nie verheiratet; ihre Mutter war 17, als Jasmin geboren wurde, und begab sich kurz danach mit Depressionen in klinische Behandlung. Jasmins Vater Rolf war wesentlich älter als ihre Mutter. Er ist selbständiger Handwerker und Eigentümer eines kleinen Betriebes. Als die Beziehung auseinanderging und klar wurde, daß Jasmins Mutter nicht in der Lage sein würde, das Kind zu versorgen, erhielt er das Sorgerecht und übte es aus, indem er Jasmin seinen Eltern übergab.

Das Kind war vier, als er Antonia heiratete. Jasmin ist ein aufgewecktes, sehr attraktives Kind, das aber schon im Kindergarten durch Verhaltens- und Konzentrationsstörungen auffiel. Antonia tolerierte das Kind anfangs lediglich, empfand dann aber mit den Jahren eine echte Zuneigung zu Jasmin und wuchs in ein Verantwortungsgefühl hinein. Antonia meint realistisch, daß ein Mann bereits als toller Mensch gelten würde, wenn er ein schwieriges Stiefkind überhaupt nur erdulde; würde er darüber hinaus sogar noch väterliche Gefühle entwickeln, wäre ihm die begeisterte Huldigung der Umwelt sicher. Rolf aber kann die Stiefmutter sogar mit dem Kind, mit ihrer Zuneigung und ihrer Verantwortung für das Kind, erpressen.

Mit seinem Verhalten hat Rolf seine Ehe, auch wenn sie noch nominell besteht, ruiniert. Vermutlich ist er der Auffassung, seine väterliche Pflicht dadurch auf einen Schlag erfüllt zu haben, daß er dem Kind eine «gute Mutter» verschaffte. Nur ist sein Kind weder blind noch dumm. Jasmin erlebt und sieht, daß eine Frau sie «an Kindes Statt» angenommen hat -- und deswegen leidet.

Vielleicht ist Jasmins Lernschwäche darauf zurückzuführen, daß sie die Lektionen ihres jungen Lebens gar nicht lernen will: «Ein Kind und eine gute Mann-Frau-Beziehung lassen sich nicht miteinander vereinbaren.» «Wenn mein Vater auf mich aufpassen soll, gibt es immer Streit, weil er nicht will.» «Die Frau, die für mein Wohlergehen sorgt, ist meinetwegen unglücklich.» Das sind Erkenntnisse, die bis in Jasmins späteres Frauenleben hinein negativ prägend bleiben werden.

Die Enttäuschung über den Mann, den Vater ist eine Konstante im Leben so vieler Frauen und damit eine Konstante im Aufwachsen so vieler Kinder, daß diese Erfahrung im Grunde als feststehender Bestandteil der modernen Erziehung untersucht werden sollte. Die Frauen kommen zurecht, mit mehr oder weniger Erfolg. Aber die Unzulänglichkeit des männlichen Partners in essentiellen Augenblicken, seine strukturelle Insuffizienz beim Aufbau einer Familie, ist trotzdem fast spürbar vorhanden im täglichen Leben, als latente

Enttäuschung im Leben der Mutter. Für die Kinder dieser Frauen ist der Vater ein von der Mutter immer wieder pflichtbewußt heraufbeschworenes Phantom, überschattet von den nie ganz zu unterdrückenden Einblicken in sein wirkliches, mangelhaftes Wesen. Er ist zwar derjenige, der die Mutter geschwängert hat, dann aber davoneilte, ins Büro, in eine neue Ehe oder einfach in eine lebenslange pubertäre Flucht vor Verantwortung und Unannehmlichkeiten.

Z. B. Marita. Marita wirkt ungewöhnlich stabil und ausgeglichen, nicht übermäßig emotional, aber auch nicht unglaubwürdig erhaben über alles und jeden. Eine selbständige, realistische, moderne Frau.

Marita hat einen Sohn, der jetzt acht Jahre alt ist. Ihr Mann ist Universitätsassistent für Psychologie, eine Ironie, die von uns unkommentiert bleiben kann.

Marita war zunächst Verlagslektorin, setzte vorübergehend nach der Geburt von Leo aus und ist jetzt Verlagsvertreterin.

«Ich habe Markus bei einer Lesung kennengelernt. Er war damals schon Assistent. Wir sind irgendwie ins Gespräch gekommen, haben uns sehr schnell sehr gut verstanden und nach zirka einem Jahr geheiratet. Leo ist drei Jahre später auf die Welt gekommen. Ich wollte nie ein Kind allein großziehen. In diesem Punkt war ich konservativ, war deshalb vor meiner Ehe auch überdurchschnittlich gewissenhaft und vorsichtig, was Verhütung anbelangt, denn eine Abtreibung wollte ich nach Möglichkeit auch nicht erleben müssen. Der Zeitpunkt fürs Kinderkriegen war dann auch bewußt gewählt, Markus hatte eine berufliche Hürde hinter sich, wir hatten eine neue Wohnung, und dann sagten wir uns: jetzt. Ich habe die Pille abgesetzt und bin schon im nächsten Monat schwanger geworden.

Markus hat es dann aber mit der Angst zu tun bekommen und hat sich eine Freundin gesucht.

Oh, diese ganzen Lügen über Glück, Familie und Schwangerschaft! Denen war ich offensichtlich aufgesessen, ohne es recht zu ahnen, und dadurch war meine Schwangerschaft eine schlimme Zeit, weil es für mich keinesfalls eine Zeit des Glücks war. Markus war mal da, dann wieder nicht. Das war von dem Moment an so, als ich erfuhr, daß ich schwanger war. Eine Woche später hat er mir schon mitgeteilt, daß er eigentlich nicht mehr richtig will und diese andere Frau hat. Das war ein bißchen viel auf einmal für mich. Ich habe dann beschlossen, mich von ihm zu trennen. Ich hatte ganz heroische Pläne von Frauenhaus bis sonstwas, denn zu meinen Eltern wollte ich nicht zurückgehen, und in dieser Stadt findet man nicht so leicht eine Wohnung.

Dann aber wollte er doch wieder und meinte, wir sollten es doch probieren. Das zog sich dahin, die ganze Schwangerschaft hindurch. Im achten Monat fing er dann an, ganz offen mit dieser Frau wegzugehen, wobei er aber behauptete, die Beziehung habe sich in eine platonische Freundschaft verwandelt, und die ließe er sich nicht verbieten. Zugleich war er abweisend und nicht sehr liebevoll. Die Situation, neben diesem Mann und seinen Launen leben zu müssen, war entsetzlich. Sein Umgang mit mir war voll von Brutalität und Rücksichtslosigkeit. Vielleicht war es vorher in Ansätzen alles schon dagewesen, das kann schon sein. Für mich ging es aber jetzt um mehr, nämlich um uns drei, das Baby mit eingeschlossen. Ich fragte mich ständig, in welche Situation ich dieses Wesen da hineinbringe.

Nach der Geburt bin ich dann wohl in eine ziemliche Wochenbettdepression gestürzt, was mir aber erst rückblikkend klar geworden ist. Ich wollte sozusagen mit dem Kind glücklich sein, habe aber wie in einem Film die ganzen schrecklichen Szenen der letzten neun Monate vor Augen gesehen. Ich dachte immer nur, ich werde schizophren, denn es war eigentlich alles ganz harmonisch, das Kind war lieb und unglaublich unproblematisch, aber ich habe mit einer Gedächtnisstärke und Präzision, die ich sonst gar nicht besitze, die ganzen Abläufe und Gespräche mit dem Markus noch einmal erlebt.

Dann beschloß ich jedenfalls, der Sache eine echte Chance zu geben. Der Markus war sehr stolz auf den Leo, hat aber sehr viel gearbeitet und war einfach nicht da. Es gab Wochen, da haben wir uns wirklich nur zum Abendessen gesehen. Ich habe versucht, einen anderen Weg einzuschlagen, nämlich Konfrontationen zu vermeiden. Ich habe ganz brav das Kind versorgt, allein, und wenn es geschlafen hat, habe ich seine Schularbeiten korrigiert. Nachts um elf habe ich die Wohnung geputzt, und wenn Markus dann um eins kam, war alles in schöner Ordnung. Ich dachte mir, ich komme ihm einmal voll entgegen und lasse ihn widerspruchslos seinen Weg gehen, und vielleicht findet er dann zu uns. Aber das geschah nicht, sondern die Distanz zwischen uns wurde bloß größer und immer größer. Und schließlich bekam er ein Angebot nach Frankfurt, und ich blieb in Berlin.

Ich weiß ehrlich nicht, wie ich Markus' Beziehung zu Leo charakterisieren soll. Einerseits wirkt seine Beziehung zum Kind auf mich ganz liebevoll, andererseits scheint damit nicht der Wunsch verknüpft zu sein, ihn zu sehen. In den ersten zwei Jahren nach unserer Trennung hat er das Kind dreimal im Jahr gesehen. In den ersten Weihnachtsferien hat er groß verkündet, er werde ihn holen, dann war aber seine Freundin offenbar da, und er hat ihn nicht geholt. Und so ist es seither geblieben. Er verspricht dem Kind etwas, das tut er dann oder vielleicht auch nicht. Schon drei-, viermal ist Leo auf gepackten Koffern sitzengeblieben. Für mich ist diese Situation schwierig. Manchmal hatte ich den Impuls, die Kontakte irgendwie zu erschweren, um Leo diese Kränkungen zu ersparen, aber ich habe mich dagegen entschieden. Schließlich ist es unser aller Realität, und ändern kann ich das nicht.

Heute sehe ich mich, wenn ich es in einem Wort sagen soll, als Selbstversorgerin. Es wird immer klarer, daß ich das eigentlich von Anfang an schon gewesen bin. All die Dinge, vor denen ich früher Angst hatte, sind mittlerweile eingetroffen und sind gar nicht so schrecklich. Je mehr ich mir klargemacht habe, daß ich sowieso alle Entscheidungen allein treffen und alle Verantwortungen allein tragen muß, desto leichter ist es mir auch gefallen. Ob das positiv oder negativ ist, kann ich gar nicht sagen. Ich hatte keine andere Wahl, und mit mir selber bin ich zufrieden.

Im Hinblick auf Leos zukünftige Beziehung zu seinem Vater stelle ich mir eigentlich gar nichts vor. Ich werde sie sicher nicht unterbinden, sondern wahrscheinlich eher versuchen, sie zu fördern, wie ich es bislang auch getan habe. Ich bemühe mich, hier großzügig zu sein. Ich versuche, Leo als eigenständigen Menschen zu sehen, und das fällt mir auch gar nicht schwer.

Ich habe eigentlich auch keine Ressentiments oder Haßgefühle gegen Markus, die mir da im Wege stehen würden. Eher spüre ich Bedauern. Ich habe schon deshalb keine Ressentiments, weil er Leos Entwicklungsschritte nicht mitgemacht hat; ich bin der Meinung, daß ihm dadurch einfach irrsinnig viel entgangen ist. Ich halte ein Kind für eine große Möglichkeit, sich selbst zu entwickeln, Kinder sind eigentlich der Spiegel schlechthin. Man kann soviel über sich selbst lernen, über die eigenen Möglichkeiten und Fähigkeiten, darüber, wie man Dinge angeht, über das eigene Urteilsvermögen. Ich sehe ein Kind weder als einen lebendigen Teddybären, also als Spielzeug, noch als unendliche Belastung, sondern als phantastische Möglichkeit, mit einem anderen Menschen eine ganz besondere Form der Kommunikation zu haben, Kommunikation in Reinkultur sozusagen, weil Kinder nicht von vornherein einen Schutzschild haben, sondern ganz offen sind.

Das erlebt Markus nicht, wenn er dreimal im Jahr ein Urlaubswochenende mit Leo veranstaltet. All die Chancen, die im Zusammenleben mit einem Kind stecken, verpaßt er, und daher tut er mir eher leid, als daß ich Ressentiments hätte.»

Maritas Aussagen zeigen uns einmal mehr, wie kritisch die symbolischen Wendepunkte im Familienleben sein können. Wieder ist es hier die Zeit der Schwangerschaft, in der Marita ihre Erwartungen entfaltet . . . und ihr Mann sich diesen Erwartungen dezidiert entzieht.

Defizite bleiben nicht einfach im Raum stehen, sondern erzeugen in irgendeiner Form Ausgleich, Lösungen und Kompensation. Die Frauen, die ohne Unterstützung ihrer Partner, die oft sogar mit der mutwilligen Verweigerung dieser Unterstützung leben müssen, kommen irgendwie zurecht. Gar nicht so selten kommen sie ganz ausgezeichnet zurecht. Aber das Scheitern eines Zusammenlebens, einer Familie, erzeugt andererseits auch oft Streß, und dieser Streß hat eine vergiftete Familienatmosphäre zur Folge, entlädt sich in einer Scheidung oder verlagert sich auf die Kinder, die dann Gesundheits- oder Verhaltensstörungen aufweisen. Oft wird auch die Frau selber krank. Wenn sie sich aber direkt und aktiv mit ihrer Situation auseinandersetzen kann, statt nur passiv zu leiden, kann es auch positive Konsequenzen, manchmal sogar sehr radikale Umgestaltungen zum Besseren geben. Und dennoch bleibt so etwas wie Verbitterung zurück und wird unsere Familien begleiten, bis entweder der fahnenflüchtige Elternteil zu seiner Division zurückkehrt oder eine neue Definition von Familie gefunden wird, in der seine Existenz gar nicht mehr erwartet oder erwünscht wird.

7 Die unerträgliche Leichtigkeit des Seins – Von ungeplanten und geplanten Vätern

Wie wenig sich geändert hat an der gesellschaftlichen Sichtweise der Zuständigkeiten und Geschlechterrollen zeigt sich am Beispiel der ungeplanten Elternschaft besonders deutlich. Die Frau: Sie trägt «Schuld» und Verantwortung. Der Mann: Er ist zu bedauern und gilt schon als bewundernswürdig, wenn er nicht total von der Bildfläche verschwindet.

Aufklärung und sexuelle Revolution blieben in mindestens einem Bereich ohne überzeugende Wirkung auf die Menschheit: im Bereich der Verhütung. Laut demographischen Schätzungen kommen 45 Prozent aller Kinder sogar in den modernen westlichen Industrieländern noch heute «ungeplant» zur Welt. Ihre Ankunft verursacht mitunter Freude, mitunter Verzweiflung ... in jedem Fall aber einen Schock bei den zwei Personen, denen das «passiert» ist. Wir können uns über diese Ziffer wundern; schließlich gibt es zahlreiche Mittel zur Verhütung und umfangreiches Informationsmaterial über die menschliche Fruchtbarkeit. Es sind auch nicht die besonders jungen oder besonders uninformierten Menschen, die in diese Lage geraten; Studenten, denen man einen höheren Aufklärungsgrad zutrauen würde, speziell auch Medizinstudenten, sind hier stark vertreten.

Wie wenig sich wirklich geändert hat an der gesellschaftlichen Sichtweise der Zuständigkeiten und Rollen von Mann und Frau zeigt sich am Beispiel der ungeplanten Elternschaft besonders deutlich, vor allem dann, wenn die Beteiligten sich nicht mehr oder weniger gelassen zu einer Ehe oder einem sonstigen elterlichen Zusammenleben entschließen. Nach wie vor ist es dann die Frau, die die Verantwortung trägt. Wegen mangelnder Verhütung wird ihr Leichtsinn vorgeworfen; im Fall einer Abtreibung wird an ihr Gewissen appelliert und ihre Moral angezweifelt; wenn sie aber das Kind bekommt, hat sie neben der Belastung und den Einschränkungen ihres Lebens nach wie vor das Stigma der «ledigen Mutter» zu tragen, das anscheinend haltbarer ist als das mittlerweile relativ irrelevant gewordene Stigma des «unverheirateten Paares.»

Und der dazugehörige Mann? Er begeht nach wie vor keine «Sünde», wenn sein Kind abgetrieben wird. Er muß sich nicht «beraten» lassen, bevor er die Entscheidung trifft, «nein zum Kind» zu sagen und abzuhauen. Wenn er sich entschließt, die Mutter seines Kindes zu heiraten, hängt über seiner Entscheidung nach wie vor der Strahlenkranz von Ehrenhaftigkeit und Großmut; er kann stolz auf sich sein, weil er verantwortlich und edel gehandelt hat. Wenn nicht – nur äußerst selten ist davon die Rede, daß er durch seine Weigerung, die halbe Verantwortung zu tragen, seine Partnerin in eine häufig unzumutbare Notlage bringt.

Die Sozialwissenschaft übernimmt diese Wertung nahtlos. Studien über ledige Elternpaare gehen von einem krassen Doppelstandard aus, wenn sie das Verhalten der Mutter und das Verhalten des Vaters analysieren. Das Verhalten des Mannes gilt dann schon als «väterlich» und verantwortungsvoll, wenn er nicht total von der Bildfläche verschwindet. Um in den Studien in die Rubrik des «partizipierenden Vaters» aufgenommen zu werden, genügt es schon, wenn er das Kind «in der Klinik besuchen gegangen» ist; bei Kategorien wie «leistet einen finanziellen Beitrag zum Unterhalt des Kindes» gehen die Studien von keinen quantitativen Kriterien aus, sondern akzeptieren einen Beitrag in jedweder Höhe. Eine dieser Studien behauptet, das Klischee des uninteressierten ledigen Vaters widerlegt zu haben auf der Grundlage eines Ergebnisses, das ein wortwörtliches Zitat verdient: zwei Drittel der untersuchten Väter hätten, heißt es da, immerhin «irgend etwas für Mutter oder Kind getan». Eine Untersuchung verwendet als Beweis für die väterliche Präsenz, daß 53% der Kinder in ihrer Stichprobe gesetzlich den Familiennamen des

Vaters bekommen hatten und daß sogar 68% der männlichen Kinder seinen Vornamen trugen.*

Eine andere Untersuchung** akzeptiert es als hinreichendes Indiz für das gestiegene väterliche Verantwortungsgefühl des modernen ledigen Vaters, daß «die meisten Kinder wissen, wer ihr Vater ist» und daß «der Vater irgendwelche Extras bereitstellt, obwohl die Mutter in der Regel den Lebensunterhalt aufbringt».

Geschenke, gelegentliches Bekunden von Interesse, hin und wieder ein Besuch und der patriarchale Stempel seines Nachnamens: das reicht, um einen Mann moralisch aufzuwerten zu einem Menschen, der sich zumindest nicht vor der Verantwortung gedrückt hat. Alles, was darüber hinausgeht, wird lobend bestaunt.

Und die Mutter? Sie wird nie lobend bestaunt. Wie sie es auch macht, sie steht in einem schlechten Licht da. Sie erhält keine Anerkennung für ihre Opfer und keine Prädikate für ihr Verantwortungsgefühl. Sie kann ihr ganzes Leben zwangsweise auf den Kopf stellen müssen, keiner wird es besonders positiv werten. Wie sehr unser Bild von Mütterlichkeit noch dem Mittelalter verpflichtet ist, zeigten uns die Interviews, die wir mit jungen ledigen Müttern im Frühjahr 1991 führten.

Der Taxifahrer fährt uns durch Dörfer, Felder und hält schließlich vor einem sittsamen Reihenhaus. Krokusse bohren sich durch den schmalen Streifen des Vordergartens, und diverse Kindergummistiefel und Spielutensilien verraten, daß wir an der richtigen Adresse sind. Auch innen wird jeder Raum des Hauses deutlich die Botschaft «Kind» vermitteln;

* Rivara, Sweeney und Henderson, Black Teenage Fathers, Pediatrics 78 : 151

** Bryan Robinson, Teenage Fathers, Lexington 1988, S. 32

Spielsachen, Buntstifte, Bilderbücher, Trinkbecher, ein Hochstuhl dominieren die Wohnung, die sonst sehr einfach aber ansprechend in Naturholz und Bast eingerichtet ist. Es ist die Erstwohnung einer deutschen Kleinfamilie. Auch die kleine Yvonne paßt in dieses Bild; Garfield ziert ihren Turnanzug, und sie tapst energisch durch das Zimmer mit immer neuen Projekten und ruft in kurzen Abständen nach ihrer Mutter, die helfen, spielen, tragen, etwas bringen, vorlesen und einfach ständig verfügbar sein soll. Nur diese Mutter, die paßt nicht ganz ins Bild. Wir haben Dutzende von Frauen interviewt für dieses Projekt; Tanja hat uns von ihnen allen am meisten beeindruckt und ist uns am stärksten in Erinnerung geblieben. Ich muß nur die Augen schließen, um sie wieder vor mir zu sehen: mager, mit ihren ausgefransten, schwarz gefärbten Haaren und dunkelblau lackierten Fingernägeln, ihren Punkkleidern und ihrem hübschen schmalen Gesicht, auf dem abwechselnd Mut und Verzweiflung, Entschlossenheit und Überforderung zu lesen sind.

Das Gespräch ist schwer zu führen, ebenso schwer ist es für Tanja, ihr normales Leben zu führen. Yvonne ist immer da, mit ihrer quaksigen Stimme und ihren klebrigen Babyfingern. Die Wohnung ist für sie da, nach ihren Bedürfnissen eingerichtet, und auch Tanja ist für sie da, bereitgestellt durch ein Finanzierungsprojekt des Landes Baden-Württemberg. Dieses Projekt zahlt ledigen Müttern drei Jahre lang Sozialhilfe und Erziehungsgeld unter der Voraussetzung, daß sie sich ganz ihren Kindern widmen. Nach ihrer Meinung zu diesem Projekt befragt, ist Tanja ambivalent. Es soll wohl einen Antiabtreibungseffekt haben, vermutet sie, indem es Frauen eine Alternative gibt. Aber diese Alternative ist halt sehr kurzlebig, denn wie steht die Frau dann nach den drei Jahren da? Sie z. B. wollte die Zeit nutzen, um eine Weiterbildung zu machen, aber das wurde ihr verwehrt. Maximal sechs Wochenstunden hätte sie studieren dürfen, ohne die

Unterstützung zu verlieren. Davor hätte sie noch die Fachhochschulreife nachmachen müssen, aber das wurde dann überhaupt ganz abgelehnt, weil Tanja vor ihrer Schwangerschaft als Verkäuferin bereits eine Arbeit hatte. «Die sagten, ich hätte ohnehin schon einen Beruf, der eine menschenwürdige Existenz erlaubt, und würde nichts anderes mehr brauchen.» Mit Ambivalenz betrachtet Tanja eine weitere Bestimmung des Projekts, nämlich die Regelung, daß die Hilfsempfängerin nicht mit einem Mann zusammenleben darf. Einerseits findet sie das entmündigend und darüber hinaus noch familienfeindlich, denn damit wird dem Vater des Kindes der Zutritt versperrt. Andererseits wird die Regelung in Wirklichkeit nicht so streng gehandhabt, und keine der zahlreichen Projektmütter, die Tanja kennt, hat sich jemals mit einer übereifrigen Sozialarbeiterin über diesen Punkt auseinandersetzen müssen. Wenn die Väter trotzdem fernbleiben, das weiß Tanja nur zu genau, dann nicht wegen dieser Bestimmung, sondern aus Desinteresse.

Ihr eigener «Fabi» zum Beispiel. Tough und ironisch klingt Tanjas Stimme, wenn sie von ihm spricht, seine Vergehen aufzählt, mit blasierter Ironie sein Verhalten schildert. Aber ihr Gesicht spiegelt zugleich die Enttäuschung, die Kränkung, die verletzbare Hoffnung wider, immer wieder von der Realität zunichte gemacht, daß Fabi sich doch noch um sie oder seine Tochter kümmern könnte.

Fabi ist die Art von ledigem Vater, die in den soziologischen Texten so gelassen beschrieben wird. Er kommt – manchmal. Er interessiert sich – ein bißchen. Die Soziologen sehen darin das hoffnungsvolle Zeichen schwacher, aber lebendiger Väterlichkeit, aber Tanja ist anderer Meinung. Sie möchte, daß er entweder ganz wegbleibt oder sich richtig engagiert. Der lauwarme Mittelbereich, in dem man nie mit ihm rechnen kann, aber immer noch auf ihn hofft, der macht sie kaputt, seelisch und auch faktisch.

Tanja hat Angst vor dem Tag, an dem ihre drei Jahre vorbei sind. Sie will dann nicht wieder Verkäuferin sein, und sie sieht auch nicht, wie das gehen sollte. Wer wird dann auf Yvonne aufpassen? Wie soll sie finanziell zurechtkommen, wenn sie eine Tagesmutter bezahlen muß, die ein Kind auch noch samstags und an den verkaufsoffenen Abenden betreut? Tanja ist mager und müde und verdrossen, aber soviel Kraft hat sie noch: daß sie vorankommen will. Also hat sie den Plan gefaßt, per Telekolleg das Abitur nachzumachen. Fabi, dessen Studium – der Pädagogik! – seit der Geburt seiner Tochter ungehindert weitergeht, sollte am Wochenende das Kind übernehmen, damit Tanja lernen konnte. «Ich hab mich total drauf verlassen, daß er am Wochenende kommt, wenn er schon die ganze Woche nicht da ist. Daß er dann mit dem Kind weggeht und ich lernen kann. Zwei Wochenenden lang hat es auch geklappt. Am dritten Wochenende fühlte er sich grippig, und ich ging mit dem Kind spazieren, damit er schlafen konnte. Und dann kam sein Anruf, daß er gar nicht mehr kommt, weil er sich auf sein Studium konzentrieren muß.»

Tanja ist wütend auf Fabian. Sie hat ihm gesagt, daß er sich gar nicht mehr blicken lassen soll. Oft hat sie ihm das schon gesagt, seit dem Moment, in dem er ihr mitteilte, daß er das Kind nicht wolle, daß eine Heirat für ihn nicht in Frage käme und er auch nicht an ein Zusammenleben dächte. «Dann geh doch», sagt sie zu ihm. Er geht auch, aber er kommt wieder, jedesmal, und Tanja nimmt ihn jedesmal wieder auf. Trotz ihrer Wut, ihrer Enttäuschung, die sie durch coole Lässigkeit überspielt. Denn Tanja ist, seit sie Mutter wurde, vor allem allein. Sie hofft schon lange nicht mehr darauf, daß Fabi es sich anders überlegt, daß er die Verantwortung mit ihr teilen, daß er ihr helfen wird, daß er sich wirklich als zuständiger Vater sieht. Wer so allein ist wie Tanja, läßt auch einen Menschen ein, von dem nicht viel zu erwarten ist.

Das Telekollegstudium hat Tanja aufgegeben. Zwar hatte sich ihre Mutter angeboten, an zwei Vormittagen in der Woche die Kleine zu nehmen. Aber diese Vormittage vergingen wie im Flug, ohne daß Tanja sich in ihre Lektionen hätte vertiefen können. Das macht sie sich zum Vorwurf, und gleichzeitig macht es sie betroffen; woher kommt bloß diese Lethargie, dieser mangelhafte Antrieb? Es ist so schwer, immer zu Hause zu sein, immer allein mit dem Kind – da waren die freien Vormittage dann so kostbar, daß sie sie vertrödelt hat mit allen möglichen anderen Dingen, mit Briefe schreiben und Freundinnen anrufen, statt vor den Telekollegkassetten zu sitzen. Tanja hat sich mit ihrer Situation noch nicht abfinden können. Immer wieder ist sie erstaunt über die Lage, in der sie sich befindet, und darüber, was diese Lage bewirkt. «Eigentlich haben wir ja die klassische Rollenteilung», stellt sie z. B. überrascht fest. «Der Fabi kann auf die Karriere hinarbeiten, und ich sitz da mit dem Kind.» Punkfrisur und blaue Fingernägel, die Mutterschaft ist stärker; flugs sitzt du dann da im ordentlichen Vororthaushalt, während dein Partner frei wie ein Vogel sein Leben weiterführt.

Daß eine massive, eine unüberbrückbare, eine haarsträubend ungerechte Kluft sich zwischen ihnen auftat in dem Moment, als der eine Teil des Paares schwanger wurde und der andere nicht, das merkte Tanja sehr schnell. Eigentlich bereits in dem Moment, in dem sie ihm von der Schwangerschaft erzählte. «Seine erste Reaktion ist unvergessen», sagt sie mit ruhiger Stimme, die so wenig mit ihrem kindlichen Gesicht und ihrer belasteten Gemütslage zu tun zu haben scheint. «Er hat gesagt: ‹O Gott, haste Geld, ich muß jetzt schnell was trinken gehen›.»

Dann war da noch Tanjas Freundin, «eine wirklich gute Freundin. Die fuhr mit uns im Auto irgendwohin, und plötzlich sagte sie: ‹Sag mal, Tanja, ich höre, du bist schwanger, der arme Fabi, was soll denn jetzt aus seinem Studium werden, aus seiner Zukunft!›» Das hat sie unheimlich getroffen, gibt Tanja zu. «Und das war fast immer so, es war da ein generelles Unvermögen, sich in meine Lage hineinzuversetzen. Allen tat er leid.»

Für Tanja war die Schwangerschaft ein ebenso großer Schock wie für Fabian und die sonstige interessierte Umwelt. Aber dennoch entwickelte Tanja in der Folge zwei Erwartungen. Sie erwartete, daß Fabian und ihr engstes soziales Umfeld – wie sie ja auch – eine Entscheidung bezüglich des Kindes trafen und das Kind dann, nachdem es da war, in ihr Leben integrierten. Und sie ging davon aus, daß auch sie und ihr Leben etwas wert waren. In beiden Fällen wurde sie enttäuscht. Das Kind war nicht nur eine Bürde, die alle anderen – und allen voran der Kindesvater – ihr ganz allein überließen, sondern es war auch ein Stigma, das aus ihr plötzlich einen Menschen zweiter Klasse machte.

Fabian. Er hat gegen das Kind gestimmt, beziehungsweise, er hat sich – und Tanja findet das eigentlich noch schlimmer – er hat sich der Stimme enthalten. «Das ist der größte Frust», empört sie sich auch heute noch. «Dieses Desinteresse von seiner Seite, dieses ‹ist mir egal, mach, was du glaubst.›»

Schon damals stand für Tanja fest, daß er «entweder ganz der Vater sein soll oder gar nicht». Wobei sie während der Schwangerschaft, als er ihr in ihrem labilen emotionalen Zustand soviel Kummer machte und sich zu gar keiner verbindlichen Aussage hinreißen ließ, «eher zum ‹gar nicht› tendierte». Da er bei Schwangerschaft und Geburt nicht teilnehmend anwesend war, rief Tanja vom Krankenhaus zwar «1000 Leute an», ihn aber nicht; wieder eine entlarvend kindliche Handlungsweise, ein nur dünn kaschierter Ruf nach Hilfe und Zuwendung, denn es war klar, daß Fabian es sofort von einem der «1000 Leute» – viele davon gemeinsame Freunde – erfahren würde.

Fabian kam dann tatsächlich in die Klinik; eine Tat, von der sich Tanja offenbar viel erwartete, von der sie aber erneut sehr enttäuscht wurde. Fabian kam nicht allein, sondern mit einem Freund. Er «sagte nichts und machte nichts», sondern sah sich nur das Kind an; «ungläubig», interpretiert Tanja seinen Gesichtsausdruck. Und sie versuchte, ihn zu verstehen. Vielleicht war die Sache wirklich noch zu abstrakt für ihn, dachte sie; vielleicht hatte er auch Schuldgefühle oder zumindest ein gewisses Gefühl der Scham ihr gegenüber, weil er sie so schmählich im Stich gelassen hatte. Als er am nächsten Tag wiederkam, schöpfte sie erneut Hoffnung. Aber wieder «sagte er nichts».

Dann folgte eine Phase, in der sie versuchte, sich mit wenig zufriedenzugeben. Vielleicht reichte es ja, wenn er hin und wieder am Wochenende kam. Wenigstens wäre sie dann für ein paar Stunden entlastet, und das Kind erlebte einen zweiten Elternteil; vielleicht entstand dann ja doch noch eine verbindlichere Beziehung zumindest zwischen Vater und Kind. Mittlerweile aber ist Tanja wieder zum «Alles oder nichts»-Standpunkt zurückgekehrt. Allerdings nur theoretisch; in der Praxis steht für Fabian, wann immer er kommt, die Tür offen. Aber das hat seinen Preis. Denn Tanja ist wütend darüber, wütender, als sie sich selber eingestehen will. Zu groß ist die Ungerechtigkeit, als daß ein Mensch sie einfach freundlich hinnehmen könnte.

«Eigentlich fällt er in die Kategorie von Oma und Opa», überlegt Tanja. «Die haben auch keine Verantwortung, sondern nur, wenn sie gerade Lust dazu haben, die Freude an dem Kind.»

Und beim Weggehen, im Flur, gibt uns Tanja noch eine letzte Einsicht mit. In der Weihnachtszeit hat sie wieder ein bißchen gearbeitet, in ihrem ehemaligen Geschäft, als Aushilfe für die Feiertage, erzählt sie uns. Und in diesen Wochen war dieses wattige Gefühl, dieses lähmende Gefühl der Kraftlosigkeit, plötzlich wie weggeblasen. «Ich bin heimgekommen mit einer riesigen Freude auf das Kind und hab mehr mit ihr getan als jetzt, wo ich wieder den ganzen Tag mit ihr zusammen bin. Und während dieser Zeit habe ich mir vorgestellt, wie das für den Fabi ist. Er hat sein Leben, und wenn er mag, genießt er noch die schönen Seiten vom Kind. Aber nicht einmal das mag er so richtig.»

Tanja könnte konsequent sein; sie könnte es darauf ankommen lassen. Sie könnte Fabian wirklich mit der «Alles oder nichts»-Alternative konfrontieren, könnte angesichts seines verschwindenden Beitrags wenigstens ihre eigene Gemütslage verbessern, indem sie sich seiner entledigt. Doch das tut sie nicht. Fabrian kann seine Tochter sehen, wann immer er will. Die finanzielle Vaterschaft hat für ihn das Land Baden-Württemberg übernommen; die Erziehungsarbeit absolviert Tanja; wann immer er gerade Lust hat, kann Fabian vorbeischauen und mit seinem Kind spielen. Aber seine unbelastete Vaterschaft bleibt nicht ohne Konsequenzen.

Da ist einmal die Wirkung, die er bei der Mutter seines Kindes erzielt. Zorn, Enttäuschung, Erschöpfung und tiefe Ressentiments, die sich äußern in Animositäten gegen Fabian selber und – was vielleicht bedeutender ist – in heftigen Beeinträchtigungen der mütterlichen Leistungsfähigkeit. «Ich bin schon öfter versucht, so 'nen leichten Seitenhieb zu verpassen», gesteht Tanja. «So in der Art von: ‹Ja, du hast ja viel versäumt, darum hast du auch heute keine richtige Beziehung zur Yvonne›.»

Wenn sie davon spricht, verliert Tanja vorübergehend auch ihre sorgfältig gepflegte Gleichgültigkeit. «Von meiner Seite», erinnert sie sich an die Zeit unmittelbar nach der Geburt der Tochter, «war 'ne totale Aggression da gegen diesen Menschen». Gegen diesen Menschen, der in ihrem Leben ein und aus ging, der zu 50 Prozent an einer Situation beteiligt war, die Tanja nun zu 100 Prozent ausbaden mußte. Wäre er nicht ständig aufgetaucht, wäre ihre Enttäuschung vielleicht allmählich verblaßt. So aber blieb die Enttäuschung immer lebendig durch den Zwang, ihr eigenes Schicksal mit dem seinen zu vergleichen, erkennen zu müssen, wohin ihre verantwortungsvolle Haltung sie gebracht hatte. «Ich hatte auch Angst, daß ich meine Gefühle für ihn auf das Kind übertrage und es ablehne. Ich hab Yvonne auch ziemlich abgelehnt, am Anfang. Also, meinen Pflichten bin ich schon nachgekommen, immer. Aber ich mußte mein Studium abbrechen, ich war sehr frustriert, und ich hatte die ständige Dauerkrise mit dem Fabi. Ich sagte dann Sachen wie: ‹Jetzt grad könnte ich die Yvonne verkaufen.› Das hat sie sicher gehört.»

Die Zustände, wie sie hier beschrieben sind, galten früher als selbstverständlich. Früher hatte die Frau dafür zu sorgen, daß sie ihre Kinder nur in den legal abgesicherten, gesellschaftlich abgesegneten Umständen einer Ehe mit einem versorgungswilligen Mann zur Welt brachte. Tat sie das nicht, dann hatte sie all die schrecklichen Dinge verdient, die unweigerlich auf sie zukamen: der Ruin ihres guten Rufes und ihres Lebens, die Bürde eines unehelichen Kindes. Der dazugehörige Mann dagegen war aus der Verantwortung entlassen. Er handelte vielleicht nicht besonders nobel, wenn er die Frau mit dem Kind sitzenließ, aber das entsprach eben dem Wesen des Mannes; die Frau dagegen war verpflichtet zu einem tugendhaften Lebenswandel, wollte sie der Anerkennung der Gesellschaft sicher sein.

In diesen moralischen Kategorien wird heute nicht mehr unbedingt gedacht und beurteilt – wenn auch mehr Leute, als man für möglich halten sollte, noch immer ganz genauso denken –, aber de facto hat sich an der Situation nichts geändert.

Auch im modernen, studentischen Milieu findet der junge

Mann Verständnis, wenn er sich vor den Konsequenzen seines Handelns drückt; und die junge Frau bleibt auf der Strecke, wenn sie sich ihrer Verantwortung stellt.

Die Gängigkeit des Musters zeigt mit derselben Deutlichkeit noch ein zweiter Fall.

Gregor und Karin haben gemeinsam mit uns gesprochen. Dabei bestach Gregor vor allem durch die brutale Ehrlichkeit seiner Darlegungen. Wir können ihm nicht vorwerfen, sein Verhalten beschönigt zu haben. An manchen Interviewpassagen zuckten wir stellvertretend für Karin zusammen, so hart erschienen uns die unverhüllte Darlegung seiner Distanz zu ihr und sein Bekenntnis zum blanken Eigeninteresse. Auch Gregor ist, ein für uns faszinierendes Randdetail, Student der Pädagogik. Kann man Pädagoge werden wollen und die Verantwortung für die Entwicklung des eigenen Kindes gleichzeitig völlig von sich schieben? Offensichtlich.

Das größte Rätsel für uns bei dieser Gruppe von Vätern war das, was schon Tanja im Interview angesprochen hatte. Sie beteiligten sich nicht, verweigerten jede Verbindlichkeit, aber sie wollten sich offenbar auch nicht ganz und unwiderruflich zurückziehen. Sie waren nicht richtig da, aber sie gingen auch nicht richtig weg.

Hören wir im Originalton, wie Gregor und Karin das Zustandekommen ihrer gemeinsamen Elternschaft im Gespräch beschreiben. Gregor ist groß, breit und massig; sein etwas bärenhafter Körper steht in eklatantem Widerspruch zu seinem weichen Gesicht. Er trägt eine lederne Hose; seine Haare sind knallrot gefärbt, und er hat trotz seiner Größe etwas Babyhaftes. Dieser Eindruck entsteht vielleicht auch durch seine Stimme, die immer leicht gelangweilt klingt. Karin wirkt dagegen sachlicher und irgendwie erwachsener. Sie ist sportlich, hat kurze blonde Haare.

Karin: Ich wurde bald nach dem Abitur schwanger. Meine erste Reaktion war: Panik. Dann aber habe ich für mich beschlossen, das Kind zu bekommen. Gregor hat gemeint, es wäre meine Entscheidung, es wäre ihm egal. Egal war's ihm aber schnell nicht mehr, als ich die finanzielle Panik gekriegt hab und meinte, wie sollten vielleicht heiraten. Dann hätte ich nämlich vier Jahre lang über den Zivildienst Geld gekriegt.

Gregor: Ich weiß auch nicht, warum ich so extrem gegen das Heiraten war. Ich glaub, ich hab mich einfach unter Druck gefühlt, und da reagier ich vielleicht übermäßig sensibel drauf. Das mag ich ganz und gar nicht, da block ich ab. Ich hab die Entscheidung, Kind oder nicht, dann schon ihr überlassen. Die Situation war mir unangenehm.

Karin: Ich hab noch zu Hause gewohnt. Aber ich hab es meinen Eltern gar nicht gesagt, am Anfang. Sondern ich bin nach Ulm gefahren, hab mir dort ein Zimmer gesucht. Meinen Eltern hab ich es erst mitgeteilt, als ich im vierten Monat war. Die waren recht geschockt. Sie meinten, ob ich nicht lieber doch noch abtreiben will. Meine Schwester war zum selben Zeitpunkt auch schwanger, aber die war verheiratet. Und es wurde mir verboten, ihr von meiner Schwangerschaft zu erzählen, weil meine Eltern meinten, das wäre für sie in ihrem Zustand ein zu großer Schock. Meine Verwandtschaft durfte es auch nicht wissen. Geändert hat sich das erst in den letzten Wochen der Schwangerschaft. Die letzten Wochen war ich zu Hause, bei meinen Eltern; da haben sie es dann akzeptiert und hatten eine bessere Einstellung dazu. Aber zwischen uns, zwischen Gregor und mir, gab es ziemliche Probleme während der Schwangerschaft.

Gregor: Ja, ich hatte damals eine Freundin in Heidelberg. Das hatte sich grade neu ergeben, in der Zeit, und mit der hab ich mich ganz gut verstanden. Aber zu Karins Arztterminen bin ich mitgegangen.

Karin: Ich hab dann gesehen, es läuft zwischen uns nicht, und bin dann weggegangen von Ulm. Ich ging zurück in die Nähe meiner Eltern, aber nicht in denselben Ort. Das hätten sie auch nicht gewollt.

Dann kam das Kind, und dann war der Druck da von allen Seiten, wir sollten es doch versuchen miteinander. Ich bin also nach Stuttgart zu ihm, und das war grausam. Ich kannte dort niemanden, er war entweder beim Zivildienst oder im Theater – das ist sein Hobby, die Laienbühne – und ich war 24 Stunden am Tag allein mit dem Kind.

Gregor: Ich hatte viel zu tun, ich konnte nicht immer weg und wollte auch nicht.

Karin: Ich fuhr dann also wieder heim und hab mich für das Modellprojekt entschieden.

Gregor: Also, es ist nicht gut gelaufen. Das Kind hat mich tierisch genervt, besonders nachts. Und dann: Es war also wieder dieser Zwang da, das Kind war da, nun mußte ich Vater sein . . . das alles hat mich sehr irritiert.

Karin: Ja, ich hab mich aber auch total überrollt gefühlt . . .

Gregor: Ich hab keinerlei Anstalten gemacht, mich zu beteiligen. Nee. Also, auch nicht so mit spielen. Das Kind hat bei mir aber auch andauernd geplärrt.

Karin: Wir hatten eigentlich gar nichts mehr miteinander zu tun. Und dann bin ich weggezogen. Ohne daß wir eigentlich besprochen hätten, ob und wie es mit uns weitergehen soll. Er kam dann, so pflichtbesuchsmäßig.

Gregor: Ich kam an Wochenenden, aber nicht regelmäßig. Aber irgendwie hab ich mich dann schon für das Kind zu interessieren begonnen. Das war ein langer Prozeß, bis mir klar wurde, also, ich bin hier der Vater.

Karin: Das lief dann so ab: Er führte ein lockeres Leben, konnte tun, was er wollte, und ich mußte hier hocken. Da ist eine irrsinnige Wut in mir aufgekommen, und ich hab ihn angerufen, daß er kommen sollte, um auf das Kind aufzupassen, weil ich eben auch studieren will.

Gregor: Wobei, das ist eine Mordsaktion. 150 Kilometer. Der Zivildienst hat es mir ermöglicht, die haben mich eine Stunde früher weggehen lassen am Freitag, damit ich den Zug erreiche.

Karin: Und jetzt studiert er in . . ., jetzt ist es überhaupt leichter und funktioniert ganz gut, im beschränkten Rahmen.

Gregor: Also, ich hab mich bestimmt mehr dem Kind verpflichtet gefühlt als der Karin. Vor allem, wie der Kleine dann zu schwätzen begonnen hat. Da hat er mich dann auch langsam interessiert.

Karin: Wir stimmen jetzt unseren Stundenplan aufeinander ab, und es funktioniert ganz gut.

Gregor: Unsere Situation definieren? Also, zusammen wohnen möchte ich nicht. Ich hab gern meine eigene Wohnung und meine Freiheit. Aber es ist wohl auch mehr als z. B. nach einer Scheidung, so mit Besuchsrecht oder gemeinsamem Sorgerecht. Es ist nicht so, daß zwischen uns gar nichts wäre. Ich würde uns am ehesten beschreiben vielleicht als «problematisches Paar». Und dann auch als Zweckgemeinschaft, wegen des Kindes.

Karin: Aber wir teilen uns in keiner Hinsicht die Elternschaft. In der Art des Umgangs mit dem Kind ist da ein riesiger Unterschied. Er ist die Ausnahme, bei mir ist der Alltag. Wenn er mit dem Kind zusammen ist, ist das eher etwas Besonderes.

Und, ich werde halt schon allgemein gesehen als alleinerziehende Mutter. Wie ich zum Beispiel die Wohnung gesucht hab, da bin ich monatelang rumgerannt und hab nix gekriegt. Schließlich hab ich dann angefangen zu lügen, ich hab gesagt, ja, mein Verlobter studiert in München Medizin . . .

Dann hab ich diese Wohnung hier in Aussicht gehabt, und die wollten den Verlobten unbedingt mal sehen. Also sind wir dort angetreten. Der Gregor hatte damals eine so merkwürdige Frisur, so halb eine Glatze und die andere Hälfte sehr lang, aber als Medizinstudenten haben sie ihn akzeptiert, und ich hab die Wohnung gekriegt. Mein Vater zahlt mir drauf, sonst würde es nicht reichen für die Miete, das darf das Sozialamt aber nicht wissen. Es war eine riesige Erleichterung, die Wohnung zu bekommen ...

Gregor: Ich hab die Umwelt nicht so negativ erlebt. Ich hab damals mit einem Freund zusammengewohnt, der hat schon gut verstehen können, daß ich mit der Situation nicht klarkomme. Ich bin da schon auf Verständnis gestoßen. Unfälle gibt's halt.

Karin: Also, die allgemeine Einstellung ist doch immer noch die gleiche. Die Frau ist selber schuld, hätt sie aufgepaßt, wär ihr das nicht passiert.

Gregor: Kann schon sein, daß das ziemlich unfair ist. Aber damals, also ich glaub, das war mir damals wohl ziemlich wurst. Jetzt rückblickend kommt es mir vielleicht nicht so toll vor. Aber damals ... was *ich* will, stand schon im Vordergrund.

Damals ... und eigentlich noch immer. Denn auch heute ist Gregor nicht viel mehr als ein Babysitter, der an zwei Nachmittagen in der Woche antritt. Die restliche Zeit gehört ihm, zur freien Verfügung; um das ja nicht zu schmälern, will er keinesfalls auf seine Studentenwohnung, auf sein Studentenleben verzichten. Zwei Eigenschaften prägen seinen Vaterschaftsstil: Ambivalenz und Selbstsucht. «Was *ich* will, stand schon im Vordergrund», so beschreibt er es auch selbst. Eigeninteresse – manchmal ganz praktisch und pragmatisch, manchmal auch nur als ziemlich unreifer «Jetzt erst recht»-Standpunkt – bestimmte seine Reaktionen von Anfang an. Das ist doppelt auffällig, wenn man die jeweilige Situation von Karin und Gregor betrachtet. Gregor stellt sich als freiheitsliebend dar, als autonom, als Mensch, der jedem Zwang widersteht, schon aus Prinzip. Er heiratet nur deshalb nicht, weil er sich unter Druck gesetzt fühlt zu heiraten. Er sperrt sich gegen väterliche Regungen, weil er die reine Existenz des Kindes schon als «Zwang», jetzt plötzlich Vater zu sein, empfindet. Er verteidigt sich gegen jede Limitierung. Das Weinen des Kindes nervt ihn, die 150 Kilometer Bahnfahrt sind eine Beschwerde wert, er achtet behutsam auf jede mögliche Überschreitung seiner persönlichen Bequemlichkeit und Bewegungsfreiheit: wehret den Anfängen.

Karin muß ganz andere Dinge ertragen. Sie gerät in «Panik», als das Kind sich unerwartet ankündigt. Sie hat finanzielle Sorgen – wie soll sie das Kind allein durchbringen, ohne Berufsqualifikation, gerade zu Beginn ihres Studiums. Sie erfährt nicht nur keine emotionale und soziale Unterstützung, sondern muß – sogar von der eigenen Familie – Ächtung und emotionale Brutalität erleben. Niemand bestärkt sie in ihrem Entschluß, das Kind zu bekommen; niemand unterstützt sie in dieser Zeit einer belastenden Schwangerschaft. Die verheiratete Schwester darf nicht «aufgeregt» werden durch die Nachricht einer außerehelichen Schwangerschaft, um ihre eigene eheliche Schwangerschaft nicht zu gefährden; um den Verlauf von Karins Schwangerschaft macht niemand sich Sorgen. Gregors Gefühl, «unter Druck» zu stehen, wirkt dagegen frivol und lächerlich; unter echtem Druck steht Karin. Sie sucht sich allein ein Zimmer. Sie erträgt die zusätzliche Kränkung, daß Gregor nicht bloß nicht zu ihr steht, sondern sich darüber hinaus noch eine neue Freundin nimmt: seinerseits eine symbolische Handlung, die seine Freiheit und Distanz noch einmal unterstreichen soll.

Der soziale Unterschied unterstützt Gregor noch zusätzlich und verteilt an Karin noch zusätzliche Schläge; Gregor erhält von der Umwelt Verständnis für seine Lage und auch dafür, daß er sich drückt. Karin hingegen wird nicht dafür bewundert, daß sie sich der Lage stellt, im Gegenteil. Sie muß sich verstecken, vor der Verwandtschaft, vor den Nachbarn. Um eine Wohnung zu bekommen, braucht sie einen Mann: Auch wenn dieser Mann, halb kahlgeschoren, im Lederdreß und mit knallbunt gefärbten Haaren, so ganz und gar nicht den Vorstellungen der Kleinstadt entspricht, wertet er durch seine bloße Existenz die Partnerin auf. Optisch und pragmatisch müßte eigentlich Karin allein den besseren Eindruck machen: sie zieht sich viel neutraler an, wirkt seriös und hat mit ihrer Entscheidung für das Kind bewiesen, daß sie Verantwortung tragen will. Aber als ledige Mutter ist sie unerwünscht, während sie als angehende Ehefrau eines Medizinstudenten gerade noch akzeptabel ist.

Einerseits können wir zu Gregors Entschuldigung vorbringen, daß er in seiner Selbstsucht von der Umwelt bestärkt wird, daß er keine Handlungshilfen zur größeren Verantwortung, keine soziale Kontrolle erfährt. Er wird dazu ermutigt, nur an sich selbst zu denken, und darin bestärkt, äußerst bescheidene Maßstäbe an das eigene Verhalten anzulegen. Schon, daß er zu einigen Arztterminen mitgeht, daß er am Wochenende sein Kind betreut, bringt ihm nicht nur die eigene Bewunderung, sondern auch die der Umwelt ein. Andererseits aber könnte auch Karin diesen Weg wählen. Sie wäre allen Belastungen und Sanktionen aus dem Weg gegangen, wenn sie abgetrieben hätte, die Mißbilligungen, die Einschränkungen, die Probleme wären ihr dann alle erspart geblieben. Trotz aller gegenteiligen, moralisierenden Behauptungen unterstützt die Gesellschaft im Grunde den Entschluß abzutreiben, denn die Entscheidung für das Kind erschwert und bestraft sie nach Kräften.

Karin hat mit Panik reagiert, sich dann aber doch für das Kind entschieden. Auch Gregor ist ambivalent. Er spricht sich nicht für und nicht gegen eine Abtreibung aus; die Entscheidung, sagt er, «überläßt» er Karin. Damit lehnt er jegliche Mitverantwortung ab: die Verantwortung für das

Kind und die eventuelle moralische Verantwortung für die Abtreibung. Er zieht sich zurück, aber nicht ganz. Diese Haltung, die nicht nur für ledige Väter typisch ist, ist in ihrer Wirkung ganz besonders unfair und belastend; sie überläßt der Frau die gesamte Bürde, auch die gesamte Schuld an möglichen Fehlentwicklungen, hält sich aber noch eine Hintertür offen für mögliche zukünftige Präsenzen. Und warum? Das wird aus Gregors Aussagen nicht richtig deutlich. Irgendwie «interessant» ist die Idee, ein Kind zu haben. Irgendwo verspürt er ein Gefühl der Verpflichtung, nicht der Partnerin, sondern dem Kind gegenüber. Für die Partnerin, mit der gemeinsam er schließlich diese Situation zuwege gebracht hat, fühlt er keinerlei Verantwortung, wenn er sie auch nicht ganz aus seiner Einflußsphäre entlassen will. Er hat die Beziehung zu ihr nicht gelöst, aber er verweigert eine deutliche Definition der Beziehung. Besteht sie in einer Quasiehe mit getrenntem Wohnsitz? In einer fortgesetzten Affäre mit Kind? In einer Quasischeidung mit getrenntem Sorgerecht? Es ist, sagt er, eine «problematische Paarbeziehung», ergänzt durch die Existenz eines gemeinsamen Kindes.

Die Mutterschaft erweist sich in solchen Gesprächen als zeitlose einseitige Belastung, nicht gebunden an Alter, Moderichtung, Studienfach, Wohnort oder sonstige Umstände. Das schrille junge Punkmädchen sitzt damit ebenso da wie einstmals ihre Mutter, ihre Großmutter, ihre Urgroßmutter.

Und trotzdem müssen wir uns noch näher mit diesen Müttern beschäftigen, denn unter der Oberfläche eines scheinbar zeitlosen Dramas tun sich gewaltige Veränderungen auf. Karin und Tanja haben eine gemeinsame Schwachstelle, die ihnen zum Verhängnis wird: die Hoffnung auf den Partner. Die schlimmsten Kränkungen während ihrer Schwangerschaft sind eindeutig Zeichen der totalen Ablehnung, die sie und das werdende Kind vom Kindesvater in dieser Zeit erfahren; arge Enttäuschungen und bittere Momente machen sie durch, wenn sie ihre eigene Unfreiheit mit der ungerechtfertigten Unbeschwertheit ihres einstigen Liebespartners vergleichen. Seine Hilfeleistungen sind zwar willkommen, heben sich in ihrer Nützlichkeit aber dadurch wieder auf, daß er so unzuverlässig ist. Seine wesentliche Leistung besteht, nüchtern betrachtet, darin, die Frau in einem ständigen inneren Konflikt zu halten: Einerseits will sie ihn in der möglichen Entfaltung seiner Vaterschaft nicht behindern, sieht aber andererseits ihre hoffnungsfrohen Erwartungen immer wieder durch seine Willkür enttäuscht; sie will sich auf ihn nicht verlassen, sieht sich aber durch ansatzweise Hilfsgesten seinerseits immer wieder zu vorsichtigen Hoffnungen verführt; sie will stark sein und ist es auch, leidet aber immer wieder, wenn er sie oder das Kind zurückweist und wieder einmal im Stich läßt. Immer wieder wirft er sie aus dem mühselig erreichten Gleichgewicht.

Frauen, die sich bewußt dazu entscheiden, ihr Kind allein aufzuziehen, ersparen sich und ihren Kindern diese Psychospiele. Insofern ist Tanjas Impuls ein richtiger, und auch die Ergebnisse der Sozialforschung bestätigen ihn: Ein Mann sollte entweder ganz Vater sein oder gar nicht.

In der Familie hat der Mann zwei Funktionen. Er ist der Partner der Frau, und er ist der Vater der Kinder.

Mit beiden Funktionen tut er sich heute schwer, so schwer, daß wir mittlerweile ohne Übertreibung sagen können, daß sogar sein Verbleiben in der Familie zunehmend fraglich erscheint.

Die Situation der Frauen hat sich in unserem Jahrhundert dramatisch gewandelt, aber ihre beiden privaten Funktionen sind dabei erstaunlich stabil geblieben. Die meisten Frauen wissen ziemlich präzise, welche Verantwortlichkeiten sie ihren Kindern gegenüber haben – auch wenn sie diese heute in einer anderen Weise organisieren, als Frauen das früher taten. Die berufstätige Mutter hat dem Kind gegenüber die Verantwortung nicht abgelegt und übt die «Mutterschaft» – mit all den Gefühlen und Leistungen – qualitativ ziemlich unverändert aus. Auch als Partnerin kann die Frau eine ziemlich genaue «Jobbeschreibung» vorlegen. Hier hat sich äußerlich viel geändert, aber die Frauen haben sehr daran gearbeitet, um die Essenz des Zusammenlebens mit einem Mann von den materiellen Details früherer Zeiten loszulösen. Als Partnerin bietet die Frau nach wie vor Nähe, Zuwendung, Interesse für die Probleme des anderen und Teilnahme an den Alltagssorgen. Finanzielle Versorgung und wohlwollende Vormundschaft erwartet sie in der Regel nicht mehr; dafür hält sie eine egalitäre Teilung der anfallenden Aufgaben und Arbeiten in der Familie für selbstverständlich.

Manchmal fragen wir uns, wo die Männer waren, während all diese Verschiebungen stattfanden? Verreist, vielleicht. Oder im Büro, bei einer Besprechung, das ist wahrscheinlicher. Während der dramatischen sozialen Ereignisse dieses Jahrhunderts waren sie offenbar anderweitig beschäftigt, und heute stehen die meisten da und wissen auf die Fragen: Was ist ein Vater? Was ist ein Partner? keine Antwort. Keine neue Antwort jedenfalls, und daß die alte nicht mehr gilt und außerdem nicht mehr sehr attraktiv ist, das ist den meisten immerhin schon aufgefallen.

Keine geringere Instanz als das deutsche Bundesministerium für Jugend, Familie, Frauen und Gesundheit hat sich die Männer des Landes angesehen und festgestellt, daß Männer sich vor allem dann aus der Familie absentieren, wenn es dort etwas zu tun gibt. Die Dreifachbelastung Beruf, Haushalt und Kind animiert den Mann dazu, sich wieder auf alte Werte zu besinnen; die Geburt eines Kindes ist für ihn der Anlaß, «wieder stärker an der traditionellen Aufgabenverteilung festzuhalten und die damit verbundenen Freiräume für berufliches und privates Engagement zu verteidigen».*

Das klingt zwar nicht sehr nett und nicht sehr fair, aber doch immerhin recht pragmatisch. Der Mann verteidigt seine Freiräume, entzieht sich seinen Familienpflichten und gewinnt dafür Freiheit für seine Karriere und seine Hobbys und Vergnügungen. Doch damit ist es nicht getan. Denn auch die anderen unmittelbar Beteiligten haben dazu eine Meinung.

Der Grad der Verbitterung, der uns von seiten der Frauen entgegenschlug, wenn sie über die Partner- und Vaterqualitäten ihrer Männer sprachen, war überwältigend und erschreckend. Viele Frauen hatten sich von ihren Männern getrennt, weil sie diese Qualitäten vermißten; viele andere hatten sich schon von vornherein gegen ein Zusammenleben mit dem Vater ihres Kindes entschieden. Andere wieder waren zwar noch mit dem Mann zusammen, urteilten aber voll Zorn und Verachtung über sein Verhalten. Wenn so viele Ehen heute in Scheidung enden, dann ist das nach dieser Untersuchung voll erklärlich: In den Augen der Frauen erfüllen die Männer einfach nicht, nicht einmal in Fragmenten, ihren Teil des Abkommens, haben sie die Ehe gebrochen durch ihre Weigerung, essentielle Aufgaben zu übernehmen. Wenn viel zu tun ist, braucht man jemanden, der mit anpackt, nicht einen, der pfeifend, Hände in den Hosentaschen, umherspaziert. Daher ziehen es immer mehr Frauen vor, die Dreifachbelastung allein zu meistern. Und so wenigstens die «vierte Belastung» – einen Mann, der nicht nur psychisch, durch seine Einstellung, die Familie belastet, sondern auch noch zusätzliche Arbeit macht – abzuwerfen.

«Jetzt bin ich mit den Kindern allein», sagte mehr als eine

* Geschlechtsrollen im Wandel. Partnerschaft und Aufgabenverteilung in der Familie, Stuttgart 1988, S. 65

Frau einleitend, bevor sie von ihrem Leben nach der Scheidung erzählte, um sofort hinzuzufügen: «Aber das war ich vorher ja auch schon.»

Was ist ein Partner? Was ist ein Vater?

«Welche Rolle spielen Sie im Leben Ihrer Kinder?» Diese Frage hatte die längsten Denkpausen zur Folge. Oft mußten wir sie drei- oder viermal umformulieren, ehe sie den Männern beantwortbar erschien.

Ihre «Freiräume für berufliches und privates Engagement verteidigen» . . . das mag dabei das Ziel oder zumindest der instinktive Impuls der Männer sein, aber sie erzielen damit eine weit größere Wirkung. Sie verdrießen ihre Frauen und zerstören ihre Ehen. Sie ruinieren das Klima in der Familie und belasten damit die Entwicklung ihrer Kinder.

Andreas ist 35, sehr groß, blond, attraktiv, mit einer zunächst etwas flirtigen Art, die im Interview aber einer großen Offenheit und einem wirklichen Bemühen weicht. Später können wir seine Anfangshaltung als Abwehr identifizieren, denn er gesteht ein, daß das Interview für ihn eigentlich so eine Art «Mutprobe» war. Seine Frau hatte nämlich behauptet, daß er sich «nicht trauen» würde, mit uns zu reden; also hatte er eingewilligt, um sich und ihr das Gegenteil zu beweisen.

Andreas und seine Frau Angelika haben zwei Kinder, einen einjährigen Sohn und eine fünfjährige Tochter. Andreas ist Angestellter in einer Bürowarenfirma; Angelika ist Lehrerin. Sie lernten sich bei einer Umweltveranstaltung kennen, heirateten ein Jahr danach und lebten einigermaßen in Eintracht miteinander, bis Angelika nach einem weiteren Jahr – und auf Wunsch beider – schwanger wurde. Danach klafften die Vorstellungen davon, wie eine Familie zu funktionieren hat, schnell und drastisch auseinander. Angelikas Enttäuschung steigerte sich allmählich und unaufhaltsam; noch gibt es eine

Art von Zusammenleben und wohl auch Reste von Zuneigung. Doch Angelikas spürbare Unzufriedenheit bringt Unruhe in jeden Augenblick des Zusammenseins. Vor allem die Kinder werden davon nervös.

Wir treffen Andreas in der Wohnung, die er seit einiger Zeit nur noch tagsüber mit Frau und Kindern teilt. Das Familienleben findet zwar weiterhin hier statt, abends und an den Wochenenden. Aber die Nacht verbringt Andreas meist in einer kleinen «Junggesellenwohnung», die er sich zugelegt hat.

Angelika ist an diesem Spätnachmittag bei einem Fortbildungsseminar, daher ist Andreas für die Kinder zuständig.

Er wirkt dabei sehr kompetent und zugleich gelassen und freundlich; deshalb wundert uns zunächst das Verhalten der Kinder. So fragen sie etwa – was sonst wirklich unüblich ist – ständig nach ihrer Mutter, obwohl sie wissen, daß diese nicht zu Hause ist. Auch wenn Andreas den Kleinen aufhebt und ihn herumträgt, um ihn zu beruhigen, ruft sein Sohn noch nach der Mutter. Und die Tochter wirkt auffallend aggressiv. Das sind unsere ersten Eindrücke. Später im Gespräch werden wir erfahren, daß die Tochter tatsächlich wegen Verhaltensauffälligkeiten in Therapie ist und beide Kinder den Streß zwischen ihren Eltern sehr manifest zeigen.

«Ich bin in einer sehr konventionellen Familie aufgewachsen. Mein Vater hat gearbeitet, meine Mutter war zu Hause und mit Hingabe Hausfrau. Sie ist Ungarin, hat nie richtig deutsch gelernt und hat sich vielleicht deshalb auf ihren Haushalt und ihre Kinder konzentriert, weil sie sonst keinen richtigen Zugang fand zu ihrer neuen Umwelt.

Mein Bestreben in einer Beziehung war deshalb wohl, das geb ich zu, immer das Beste für mich selbst zu bekommen. Zu Hause hatte ich das Mütterchen, das alle versorgt . . . aber eigentlich hab ich als junger Mann nicht so richtig darüber nachgedacht. Und dann kam der Bruch, so als ich 20 war und die Frauen plötzlich alle von Emanzipation redeten. Da wurde mir klar, daß mein unausgesprochenes Lebensbild wohl nicht mehr aktuell war.

Angelika und ich lernten uns bei einem Umweltfest kennen. Sie ist mir sofort aufgefallen, optisch, sie hat mir gefallen. Aber kennengelernt haben wir uns erst etwas später, da war sie zufällig auf einer Party, die ein Freund von mir veranstaltete. Wir gingen dann eine Weile miteinander aus, und eines Abends sagte ich dann: ‹Ich möchte mit dir schlafen.› Und sie antwortete: ‹Na, wurde ja auch langsam Zeit.› Und so was hörte ich das erste Mal von einer Frau, und irgendwie hat mir das gefallen.

Die Beziehung war dann sehr gut, es war wirklich was da zwischen uns. Meine früheren Beziehungen waren immer eher kurzlebig gewesen, aber für Angelika hatte ich richtig Gefühle. Ja, und da schien es mir klar zu sein, wir heiraten, wir kriegen Kinder. Denn ich wollte immer schon ein Kind haben.

Mein Bild vom Leben mit einem Kind war so, wie ich es überall sonst auch sah. Bei mir im Kopf waren immer die Frauen für die Kinder zuständig.

Unsere ersten Konflikte entstanden in der Schwangerschaft. Angelika begab sich, sozusagen vom ersten Augenblick der Schwangerschaft an, in den Ruhestand. Sie wollte keine Hausarbeit mehr machen. Nichts tragen, die Treppen nicht wischen, nichts. Das sollte alles ich machen, obwohl ich vor der Ehe, zu Hause, eine Putzfrau dafür gehabt hatte. Ich war der Meinung, daß das nicht in meinen Bereich fiele. Aber sie sah das anders. Was ihr nicht paßte, mußte ich machen, und das hat sich in mir dann aufgestaut und meine Freude aufs Kind erheblich reduziert. Weil, damit wurde die Sache zu einer Belastung. Ab dem Moment, wo sie erfuhr, daß sie schwanger ist, mußte ich den Hausputz machen, alles machen, was mit Schlepperei zu tun hatte.

Und das hat mich immer wütender gemacht. Manchmal sagte ich dann: ‹Ich mach das nicht mehr mit›, und bin weggegangen. Und hab in meinem Auto geschlafen.

Und die Mißstimmung setzte sich fort, dann, während ihrer Zeit im Krankenhaus. Dort wurde mir wieder die Freude an dem Kind genommen, indem sie mir wochenlang danach und z. T. noch heute Vorwürfe gemacht hat über mein angeblich liebloses Verhalten dort. Wobei ich das heute vielleicht verstehe. Gut, ich hab mich gefreut, ich hab das Kind im Arm gehalten und war guter Dinge, sie aber hatte eine Operation hinter sich, Kaiserschnitt, hatte Schmerzen ... Gut, im nachhinein denk ich mir, ich hätte vielleicht eingehen können auf sie. Ich sagte halt nur: ‹Sieh mal, die Kleine, süß ist sie.› Bin aber nicht auf die Angelika zugegangen. Ich hätte also sagen können: ‹Angelika, keine Angst, es wird schon wieder besser.› Irgendwie so, die paar Worte nur, die sie gebraucht hätte. Aber in dem Moment bin ich nicht drauf gekommen. Und nachher hat sie mir schreckliche Vorwürfe deshalb gemacht. Wobei, sie hätte sich ja melden können. Wenn sie gesagt hätte: ‹Mensch, kannst du mal ein paar Worte zu mir sagen, mir geht's schlecht›, dann hätt ich das auch getan. Aber statt dessen hat sie sich bloß hinterher beschwert. Also, das war dann meine zweite Enttäuschung.

Meine Vaterrolle jetzt ... also, Angelika sagt, ich sei hier nur der Besuchspapi. Aber ich denke, das bin ich nur, weil sie und ich uns nicht so richtig verstehen. Denn wenn ich hier bin, bin ich nicht nur für das Kind da, dann muß ich plötzlich im Haus auch noch was machen.

Zum Beispiel: Ich hab alle vierzehn Tage freitags frei, in meiner Firma. Zeitausgleich. Da komm ich immer her. Und sie weiß das und nimmt das glatt in Anspruch. Dann muß ich also einkaufen für das Mittagessen und den Kindern was kochen. An den anderen Tagen, da hat sie eine Babysitterin, und da kommt sie auch um eins heim. Aber wenn ich da bin, kommt sie glatt erst um drei. Da bin ich dann schon sauer. Für sie ist das offensichtlich so, an diesen Tagen hat sie ja den Trottel da sitzen, da kommt sie einfach, wann sie mag. Und wenn sie dann heimkommt, bin ich jedes Mal schon geladen.

Sie nimmt mich auch nicht ernst. Für sie ist alles, was ich mache, nur Spielerei. Ich hab schließlich auch meinen Streß, aber wenn ich nach der Arbeit hierherkomme, find ich dafür kein Verständnis. Wenn *sie* heimkommt, heißt es, sie ist geschafft, sie ist müde. Aber wenn ich hier aufkreuze, soll ich gleich was tun.

Sicher, diese Probleme hat es alle schon nach dem ersten Kind gegeben. Die Frage, warum wir trotzdem noch ein zweites Kind miteinander bekommen haben, ist also berechtigt. Was soll ich sagen . . . wir streiten uns eben nicht nur.

Außerdem kann ich mir eine neue Beziehung genausowenig vorstellen. Ich hab die Schnauze voll von den Frauen; sie sind doch ohnehin alle so wie die Angelika. Und . . . ich mag sie auch noch, irgendwie. Sie würde mir fehlen. Oder wir sagen uns, nach einem Streit: also, wir haben zwei so süße Kinder, eigentlich müßten wir doch in der Lage sein, mit denen als richtige Familie zu leben. Wobei die zweite Schwangerschaft auch besser war als die erste, da wußte ich wenigstens schon, wie sie dann ist und was auf mich zukommt.

Es war uns beiden schon bald nach dem ersten Kind klar, daß wir irgendwann mal getrennt leben würden. Aber Angelika hat wohl nicht damit gerechnet, daß ich ganz abrupt ernst mache damit, daß ich sie tatsächlich allein in diese Wohnung einziehen lasse. Aber gerade im Zusammenhang mit dieser Wohnung hat sich die Lage zwischen uns sehr zugespitzt. Unsere Kleine war sechs Monate alt, und unsere alte Wohnung wurde uns zu klein und zu unbequem. Wir haben also diese Wohnung hier gekauft, die sehr schön und groß ist und gleich gegenüber einen Park hat, aber sie mußte renoviert werden. Das hab ich gemacht, zwei Wochen lang, mit meinem Freund. Und sie hat das als ganz selbstverständlich hingenommen. Sie hätte ja Brötchen vorbeibringen können oder Kaffee oder irgendwie sonst ein bißchen Anerkennung zeigen können, aber nein; das war wohl einfach klar, daß der alte Andreas das macht.

Dann kam der Umzug. Sie wollte unbedingt zum Monatsende aus der alten Wohnung raus, und ich hab wirklich alles hingekriegt bis Freitag. Dann standen wir also da, in der neuen Wohnung, und sie hat nichts anderes getan als bekrittelt, daß die Lampen nicht montiert waren und das Wasser nicht angeschlossen war. Und ich sagte nur, bitte sehr, Angelika, hier bist du in deiner neuen Wohnung, tschüß. Und dann bin ich gegangen.

Doch, ich hatte also schon eine andere Wohnmöglichkeit. Ich muß ehrlich sagen, ich hatte das also schon kommen sehen und hatte schon darauf hingearbeitet, daß ich etwas Eigenes hab. Ich hab mir eine kleine Wohnung hergerichtet, ein großes Zimmer eher, das hab ich renoviert, eine Zwischendecke eingezogen, ein Bad eingebaut usw. Die zwei Renovierungen liefen sozusagen parallel. Und dort wohne ich jetzt, d. h. ich schlafe dort, ich halte mich dort aber nicht eigentlich auf.

Jedenfalls waren das die Probleme, und so kommt es, daß ich nicht hier wohne. Obwohl ich es bedaure, wegen der Kinder. Und manchmal bin ich fast soweit, daß ich alles in Kauf nehmen und hier wieder einziehen will. Die Angelika wird sicher einverstanden sein, denn dann hat sie wieder einen Blöden, den sie herumscheuchen kann. Und da ich viel allein gelebt habe, gibt es nichts, was ich nicht machen könnte. Kochen, reparieren, das ist alles kein Problem. Was ich aber nicht vertrage, ist diese Selbstverständlichkeit, mit der mir Arbeiten zugeteilt werden.

Z. B. neulich. Wir machen eine Autofahrt, plötzlich sagt sie: ‹Hast du die Milchpulle für den Kleinen mit?› Also, da bin ich dann sprachlos. Echt, mir ist also die Spucke weggeblieben, zu sowas fällt mir dann nichts ein. Die Selbstverständlichkeit, mit der sie annimmt, daß es meine Aufgabe sei, daran zu denken. Und das laß ich mir nicht gefallen, da wehr ich mich. Ich weiß auch, wie ich sie wütend machen kann; wenn man einen Menschen so lange kennt, dann weiß man das. An diesem speziellen Tag haben wir uns gestritten, bis sie durchdrehte und mir eine Ohrfeige gab. Ich hab zurückgeschlagen, klar, aber habe wenigstens vorher den Wagen angehalten. Sie ist dann zusammengebrochen. Das heißt, sie machte dann richtig Theater, rannte zu einer Telefonzelle, wollte die Polizei rufen und was weiß ich, vielleicht einen Krankenwagen . . . Die Kinder sind erschrocken, natürlich, aber sie haben das alles schon öfter mal erlebt. Sicher, es geht an ihnen nicht spurenlos vorbei. Die schreien dann und können das nicht ertragen; man merkt das noch Tage danach. Mit Silvie war Angelika schon bei einer Therapeutin.

Um das alles auszuhalten, versuche ich, mir so viel Ablenkung wie möglich zu schaffen. Der ganze Fußball hier im Umkreis wird von mir gemanagt. Ich bin fast jeden Tag im Sportklub. Abends treffe ich die Trainer, am Wochenende geh ich zu Spielen; es baut die jungen Spieler unheimlich auf, wenn ich dabei bin. Ich geh da hin, die Jungs sehen mich und freuen sich.

Ich sehe viele Schwierigkeiten mit uns. Denn wir kriegen es einfach nicht hin, miteinander. Nur wegen der Kinder geben wir uns die Mühe. Familientherapie? Nee. Angelika will das, aber da kriegt mich keiner hin. Unter gar keinen Umständen. Ich hab sogar anfangs gedacht, daß dieses Interview heute nur ein Trick von der Angelika sei und sie hier zwei Therapeutinnen hereinschmuggeln wollte.»

Unsere erste Reaktion auf das Gespräch mit Andreas hat etwas zu tun mit einem Satz, den er selbst gesprochen hat. Der große, attraktive, freundliche Andreas, die hübsche, intelligente Lehrerin Angelika, die zwei wirklich süßen, weißblonden Kinder, die helle, einladende Wohnung: Wieso ergeben diese Faktoren, addiert, nicht eine nette friedliche Familie, sondern statt dessen Krieg und Hochspannung? Wieso können diese vier Menschen, wie sich Andreas ja selbst fragt, keine Familie bilden?

Beim genauen Hinhören stellt sich die Frage als rhetorisch heraus. Sehr offensichtlich ist Andreas nicht gewillt, seinen Beitrag zu dieser unbefriedigenden Situation zu erkennen, geschweige denn, etwas daran zu verändern. Und so ist er, in gewisser Hinsicht, der Protagonist in dem Familiendrama unserer Zeit: Der Vater will in der Familie nicht den Platz einnehmen, den man ihm einräumt, aber er will sich auch nicht aus ihr entfernen. Er kommt nicht, und er geht nicht. Diese hartnäckige und eigentümliche Verweigerung einer richtigen Vaterschaft ist der wahre Kern der vielbeschworenen Krise der modernen Familie. In unseren Interviews wurde diese Verweigerung in so vielen Facetten deutlich, daß das zugrundeliegende Muster nicht mehr übersehen werden konnte.

Manche Männer setzen alles daran, gute Väter zu sein aber erst nach der Scheidung. Manche Väter kämpfen vor Gericht jahrelang und unter Einsatz all ihrer Kräfte darum, mehr Zeit mit ihren Kindern verbringen zu dürfen, aber vor der Scheidung kämpften sie ebenso knochenhart gegen die Forderung von Frau und Kindern, sie möchten doch mehr Zeit für die Familie aufbringen. Manche Männer ruinieren dadurch ihre vorher gute Ehe, indem sie sich nach der Geburt der Kinder jeder väterlichen Aufgabe entziehen und sich damit in den Augen ihrer Frauen als Partner disqualifizieren. Manche Väter ruinieren ihre potentiell gute Beziehung zu den anscheinend von ihnen aufrecht gewollten und geliebten Kindern, indem sie ihren Frauen den Krieg erklären und die

Kinder somit zwingen, in einer unerträglich belastenden Situation zu leben.

Andreas wählt, um seine Familiensituation zu zerstören, eine Kombination aus kindlichem Egoismus und großväterlichem Traditionsdenken. Seinen Hang, immer und prinzipiell «das Beste für sich selbst» herausholen zu wollen, sollte er eigentlich kritisch reflektieren können, da er ihn schon so genau benennen kann. Vor allem, da sehr angezweifelt werden kann, daß es wirklich «das Beste» ist, was er sich da schafft. Bei jeder Veränderung, bei jedem Anliegen, das an ihn herangetragen wird, fragt er sich nicht: ist dies gerechtfertigt?, sondern: ist das nicht eine Zumutung? Wird nicht dadurch vielleicht mein Status (als Herrscher der Sieben Sultanate) in Frage gestellt? Und wenn er dann zu dem Schluß kommt, daß seine Vermutung zutreffen könnte, geht er sofort in Kampfstellung.

Er soll den Fußboden aufwischen und Lasten tragen? Andreas betrachtet das nicht als objektiv gerechtfertigtes Ansinnen – schließlich leben sie gemeinsam in dem Haushalt, sind beide berufstätig, warum also soll er diese anfallenden Arbeiten nicht erledigen? Für ihn ist das nicht einmal ein Liebesdienst, und dabei ist er groß und stark, während Angelika gerade im Frühstadium einer Schwangerschaft tatsächlich körperlich besonders anfällig ist. Und er erkennt das auch nicht als sinnvolles beziehungsdynamisches Ritual – als Geste männlicher Fürsorge in einer Übergangssituation von der Zweierbeziehung zu der Familie. Für ihn steht nur eins fest: daß ihm hier eine mindere Tätigkeit zugemutet wird. Wehret den Anfängen! denkt er sich daher und geht sofort in die Offensive.

Den meisten Konflikten zwischen ihm und Angelika liegen zwei Inhalte zugrunde: die Frage der partnerschaftlichen Gleichheit und die Frage der männlichen Zuwendung in der Beziehung. Für Angelika geht es in jedem Konflikt um die

Frage: Bist du mein Partner? Liebst du mich? Auch für Andreas geht es um Prinzipien, jedoch um andere. Für ihn geht es um die Frage: Wird mein Status angegriffen? Ist meine männliche Position gefährdet?

Interessant und gleichzeitig sehr typisch ist, daß die Konflikte in der Schwangerschaft beginnen und daß einzelne Ereignisse aus der Zeit von Schwangerschaft und Geburt ein überdimensionales Gewicht bekommen. Andreas verweigert Versorgungsleistungen während der Schwangerschaft und verhält sich gleich nach der Geburt in einer Art, die von Angelika als kränkend und lieblos erlebt wird. Für Angelika ist gerade diese Zeit extrem belastet und somit ein Testfall für die Qualität der Beziehung. Kann sie auf ihn zählen? Diese Frage beantwortet er, in ihren Augen, mit einem klaren Nein.

Auch für Andreas ist diese Phase ein Testfall. Fast scheint es so, als ob er die Schwangerschaft gemäß altmodischer Männerfolklore als raffinierte weibliche «Falle» sieht, als die uralte weibliche Strategie, die aus einem freien Mann und Krieger den Pantoffelhelden machte, die den Mann zum Familienernährer domestizierte und ihn an Herd, Weib und Kinder fesselte. Dem widersetzt sich Andreas, indem er sich emotional verweigert und schließlich sogar räumlich entfernt. Es ist kein Zufall, daß sein räumlicher Abgang in einer weiteren hochsymbolischen Phase stattfindet, nämlich nach der Einrichtung der ersten wirklich gemeinsamen «Familienwohnung».

Andreas beschwert sich darüber, daß Angelika seine Arbeit im Zusammenhang mit der Renovierung nicht würdigte. Zum Bruch kam es, behauptet er, durch die Selbstverständlichkeit, mit der sie seinen Arbeitseinsatz einfach hinnahm. Aber es geht offenkundig um mehr. Warum schließlich sollte Angelika wirklich dafür «dankbar» sein, daß Andreas seine eigene Wohnung, die Wohnung seiner eigenen Familie, herrichtet? Eigentlich ist das ja wirklich «selbstverständlich». Wir können statt dessen vermuten, daß Andreas hier allergisch reagiert gegen einen weiteren Schritt seiner Domestizierung. Ein Nest wird gebaut, und dann soll er sich mit Weib und Kind hineinsetzen . . . offenbar bekommt Andreas Platzangst bei diesem Gedanken. Und war es wirklich Angelikas Verhalten während der Renovierung, die den Auszug provozierte? Nein, denn den hatte Andreas ja schon viel länger vorbereitet, indem er sich eine eigene Kleinwohnung angemietet und hergerichtet hatte.

Erstaunlich ist aber vor allem Andreas' Mischung aus Durchblick und Verschlossenheit. Er erkennt genau, welchen Schaden die konfliktreiche Art seines Zusammenlebens mit Angelika bei den Kindern anrichtet. Er sieht seinen eigenen Egoismus und stellt auch Mutmaßungen über dessen Ursprünge an: beim Vorbild seiner sehr traditionellen Mutter, in deren Augen Mann und Sohn einen ganz anderen und höheren Stellenwert einnahmen als sie selber. Er weiß sogar im konkreten Fall, wie er sich hätte anders und richtiger verhalten sollen. Aber das alles führt nicht bloß zu keiner Änderung, sondern noch nicht einmal zu der Absicht, etwas zu ändern. Andreas ist weder dumm noch unsensibel. Er ist durchaus in der Lage, z. B. die psychologische Konstitution seiner Partnerin zu erfassen, aber er nutzt diese Information nur im Kampf, nicht in Friedenszeiten. Nach Angelikas Kaiserschnitt ist er außerstande, der noch halb narkotisierten Partnerin ein freundliches Wort zu sagen; dafür weiß er aber im Streitfall ganz genau, wie er Angelika wütend machen kann. Er kennt auch den Wert seiner persönlichen Anwesenheit: aber nicht für die eigenen Kinder, die er nur unregelmäßig besuchen kommt, sondern für die Jugendlichen im Sportverein, die fast jeden Abend fest mit ihm rechnen dürfen.

Am bezeichnendsten aber sind jene Passagen, in denen Andreas sich beklagt, von Angelika ausgenutzt zu werden. Sein

Beitrag zur Familienarbeit stellt nur einen winzigen Bruchteil dessen dar, was Angelika als verantwortlicher Elternteil täglich erbringt. Aber in Andreas' Augen ist dieser Beitrag keine selbstverständliche Aufgabe, sondern eine ungeheuerliche, groteske Zumutung. Er soll «im Haus was machen» – unglaublich! Er soll daran denken, das Milchfläschchen für den Kleinen einzustecken – unfaßbar! Angesichts dieser Einstellung kann es uns auch nicht mehr überraschen, daß Andreas sich tatsächlich in Relation zu den eigenen Kindern mit einem Babysitter vergleicht. Er betrachtet die Kinder, die Familie, schlicht nicht als «seinen Bereich». Haben will er sie, aber auf Distanz. Und mit diesem Wunsch entspricht er dem Gros seiner Geschlechtsgenossen. Manche schaffen sich diese Distanz räumlich, andere zeitlich, wieder andere emotional – und die meisten setzen eine Kombination all dieser Entfernungsstrategien ein.

Und sind dann erstaunt und empört, wenn ihre Frauen und Kinder aus dem De-facto-Zustand die Konsequenzen ziehen und sich ihrerseits – rechtlich oder psychisch – von ihnen distanzieren.

8 Männer lassen richten – Über den unbeirrbaren Kampfgeist der Scheidungsväter

Was Mütter jahrelang vermißten, nämlich Zeit, Energie, Ideenreichtum und pädagogischen Einsatz der Väter ihrer Kinder, steht Scheidungsvätern in überreichem Maße zur Verfügung. In ihrem Kampf um das Kind scheuen sie keine Unbequemlichkeit, ist ihnen kein Gerichtstermin zu früh und kein Gutachten zu lang.
Was geht da vor?

«Wir treffen uns am Tisch
einmal im Monat, bei Backhuhn aus der Tüte
oder Pizza aus der Schachtel
Er ist mein Vater, und er hat das Recht,
mich zu besuchen, sooft er will
Und er will einmal im Monat, am Sonntag.
Dann essen wir, oder gehen ins Kino.
Und manchmal, wenn ich dann seine weißen Hände ansehe
und sein weißes Hemd
denke ich mir
daß zwischen uns kein Blut fließt»

(Gedicht eines Teenagers, zitiert in Suzanne Fields, Like Father, Like Daughter, Boston 1983)

Fast hätten wir uns dagegen entschieden, geschiedenen Vätern ein Kapitel zu widmen. Denn eigentlich sind keine gravierenden Unterschiede festzustellen zwischen den zwar körperlich anwesenden, im ehelichen Schlafzimmer nächtigenden Vätern und denjenigen, die ausgezogen sind. Beide können in gleichem Maße für ihre Kinder nicht vorhanden sein. Zwar wirkt auf manche Väter die Scheidung wie ein Schock, der eine Besinnung zumindest in der Frage nach der Vaterrolle einleitet; aber selbst dieser Schock ist nicht immer heilsam, und oft kommt er zu spät oder unter den denkbar schlechtesten Begleitumständen, unter denen das Kind dann zu leiden hat. Zwar ist die väterliche Abwesenheit im Rahmen einer bestehenden Ehe leichter zu ertragen, wenn die Familienmythologie sie stützt und für objektiv notwendig erachtet, weil der Papa einen so wichtigen Beruf hat, zum Beispiel. Aber die Ähnlichkeiten zwischen geschiedenen und

Ehe-Vätern hinsichtlich der Familienteilnahme sind mindestens so auffällig wie die Unterschiede.

Es gibt einen einzigen Bereich, in dem die «neue Vaterschaft» echtes Profil zeigt: in der in letzter Zeit strittig gewordenen Frage um das Besuchs- und Sorgerecht. Hier entwickeln manche Väter neben der klassischen männlichen Eigenschaft des Besitzdenkens und Kampfgeists plötzlich auch noch Eigenschaften, die ihre Partnerinnen an ihnen vorher so sehr vermißten: Energie, Einsatz, pädagogische Standpunkte. Was man vorher unter Tränen und Kämpfen ihnen abringen wollte: nämlich Zeit und Interesse für das gemeinsame Kind, ist plötzlich reichlich vorhanden, aber nur unter dem Gesichtspunkt der Kriegsführung gegen die Mutter.

Wir haben erst sehr allmählich zu dieser Meinung gefunden. Denn an sich wäre es ja gut, wenn den Kindern auch nach einer Scheidung beide Eltern erhalten blieben. Und die meisten Frauen klagen nach einer Scheidung oder Trennung eher über das gegenteilige Problem: ihre Kinder kränken sich, weil der Vater sich nicht kümmert, sich nie meldet, selten anruft; seine finanzielle Unterstützung für die Kinder muß ständig eingeklagt werden; an Vereinbarungen hält er sich nicht. Die meisten Frauen sind von diesen Zuständen nicht gerade überrascht; oft genug war sein Desinteresse an der Familie eine wichtige Ursache für das Scheitern der Ehe, waren sie schon vor der Trennung jahrelang de facto «alleinerziehend».

Andere Frauen aber erleben eine dramatische Wende. Derselbe Mann, der früher keine Zeit für die Kinder hatte, der ihre Geburt nicht freudig begrüßte und ihrer Existenz nichts abgewinnen konnte, dieser selbe Mann kündigt nun an, er werde «um die Kinder kämpfen».

Dem Anwalt Joachim Hiersemann ist dieses Phänomen kein Rätsel mehr. Nach seiner Erfahrung handelt es sich hierbei meist um die Gruppe der «verlassenen Männer», d. h. um

Männer, bei denen die Trennung auf Wunsch der Frau erfolgte. Männer, die ihre Frauen verlassen, «verlassen in der Regel auch ihre Kinder». Sie wenden sich entweder ganz von ihrer alten Familie ab, oder sie haben Schuldgefühle und denken sich: «Ich verlasse meine Frau, nun kann ich ihr nicht auch noch die Kinder wegnehmen.»

Wird hingegen der Mann verlassen, kann diese Kränkung in ihm den Wunsch nach Rache auslösen. Und der Kampf um die Kinder ist dann nicht nur ein Mittel, um die Frau zu strafen, sondern auch eine Methode, um die Frau für lange Zeit noch an sich zu binden, wenigstens in negativer Form. «Diese Männer beziehen sich dann plötzlich ganz stark auf das Kind, auch wenn es vorher überhaupt nicht so war. Die kämpfen dann um das Sorgerecht, auch wenn es von Anfang an vollkommen aussichtslos ist, weil sie nachweislich niemals einen richtigen Kontakt zum Kind hatten. Aber die ziehen das durch: sie werden verlieren, bombensicher, aber zuvor gehen sie bis zur obersten Instanz. Dann müssen sie die Mütter schlechtmachen, die das Kind immer betreut haben, weil die Männer sonst kein Argument haben, warum nun plötzlich sie das machen wollen.»

Die Vaterschaft als «Jetzt erst recht»-Standpunkt; die Gerichte sind in den letzten Jahren häufig mit dieser neuen Variante väterlicher Identität konfrontiert worden. Mit militanten Vätergruppen, die überhaupt und prinzipiell die «gleichen Rechte» wie die Mütter fordern, mit einzelnen Vätern, die ihren langjährigen Ehekampf nun mit einem langjährigen Scheidungs- und Sorgerechtsstreit fortsetzen wollen. Diese Väter sind ganz leicht zu unterscheiden von denjenigen, die wirklich und aufrichtig den Wunsch haben, auch oder besonders nach einer Trennung für ihre Kinder verfügbar zu bleiben. Wie man diese Unterscheidung trifft, hat schließlich schon Salomon gewußt: nicht nur eine gute Mutter, sondern auch einen guten Vater erkennt man daran, was für diese

Person im Mittelpunkt der Bemühungen steht, das Wohl des Kindes oder das Beharren auf dem eigenen Recht.

Salomon erkannte die echte Mutter daran, daß sie auch bereit war, im Interesse des Kindes auf das Kind zu verzichten, während die falsche Mutter sogar damit einverstanden war, das Kind mit dem Schwert zweiteilen zu lassen, wenn sie nur so ihr «Recht» bekam. Unter Druck gesetzt von militanten Väterorganisationen, sind vereinzelte Richter heute bereit, Kinder zu «halbieren». Sie handeln damit im Gegensatz zu den Ergebnissen psychologischer und soziologischer Studien in Ländern, in denen das geteilte Sorgerecht schon länger praktiziert und inzwischen mit sehr großer Skepsis beurteilt wird. Sie handeln damit auch im Widerspruch zum deutschen Recht, demzufolge das Wohl des Kindes ausschlaggebend sein muß für jede Regelung.

Normalerweise wird vom guten Vater keineswegs gefordert, daß er im Interesse seines Kindes zurücksteckt, sich zurückzieht. Im Gegenteil: die erzürnte Mutter, die aus lauter Bosheit dem Vater sein geliebtes Kind vorenthält, erweist sich in der Praxis als reine Legende. Anwälte und Juristen bestätigen im Gegenteil fast einhellig, daß erstens die Mütter in aller Regel extrem daran interessiert sind, die Beziehung zwischen ihren Kindern und dem ehemaligen Partner zu fördern, und daß zweitens Paare, die vor der Trennung gemeinsam und konstruktiv als Eltern die Verantwortung trugen, auch einen harmonischen Weg finden, das nach der Scheidung fortzusetzen (siehe z. B. die sehr ausführlichen Darlegungen zu dieser Frage durch den Deutschen Richterbund, Stellungnahme zum Fragenkatalog des Bundestages zur Anhörung am 1. Mai 1990 zum Nichtehelichen-Umgangsgesetz). Voraussetzung für eine gute Vater-Kind-Beziehung nach einer Trennung ist vielmehr etwas ganz anderes:

1. Der Vater muß, ebenso wie die Mutter, seine Ressentiments und persönlichen Animositäten hinter sich lassen und

ein positives Verhältnis zu der ehemaligen Partnerin in ihrer Eigenschaft als Mutter des Kindes finden, und

2. der Vater muß sich als verantwortlicher Erziehungsbeteiligter verstehen und nicht jeden Kindeskontakt dazu nutzen, einen Keil zwischen das Kind und die Mutter zu treiben.

Je besser die Beziehung nicht nur zu dem Kind, sondern auch zu dessen Mutter vor der Trennung war, und je zivilisierter die Trennung vor sich ging, desto wahrscheinlicher ist es, daß auch nach einer Scheidung eine konstruktive Form des Umgangs miteinander gefunden werden kann.

Je kriegerischer hingegen die Auseinandersetzung um das Kind verläuft, desto unwahrscheinlicher ist später eine gute Vater-Kind-Beziehung und desto schlechter wird es dem Kind bei der ganzen Sache gehen. Die militanten Vätergruppen sind vor allem deshalb problematisch, weil sie ihr Bemühen um die Vaterrechte als Kampf gegen die Frau austragen, gerade so, als ob alle ihre ehemaligen Partnerinnen verschmolzen wären zu der Kollektivfigur eines bösen Weibes, gegen das nun gesetzlich ein neues patriarchales Männerrecht durchgesetzt werden muß. Das Kind ist, wie bereits biologisch ersichtlich, jedoch kein Produkt der Auseinandersetzung zwischen Männern und Frauen, und auch seine Versorgung und Erziehung wird in einer Kriegssituation nicht gelingen.

Der Architekt Hinkelmann ist Mitbegründer einer Väterinitiative. Seine Aussagen über die eigene Situation und über die Ziele seiner Organisation bringen die schwere Notlage der umkämpften Kinder deutlich zum Ausdruck. Sie spiegeln ansatzweise auch die Einsicht, daß die Beziehung eines Vaters zu seinem Kind ausgehend von den Umständen der Zeugung und der Phase der Schwangerschaft in keinem Augenblick von der Beziehung des Vaters zur Mutter dieses Kindes zu trennen ist. Die Konsequenzen, die er daraus zieht, spiegeln jedoch den formaljuristischen Zugang der neuen Väterbewegung zum Thema wider. Nicht ohne Ironie ist festzustellen, daß Mütter, deren Beziehung zum Kind infolge von Schwangerschaft, Geburt und Stillen viel materieller, körperlicher als die der Väter ist, weniger auf den Formalismen ihres biologischen «Rechts» beharren, sondern ihre Mutterschaft sozialer definieren, nämlich als Verantwortung für und emotionale Nähe zum und faktische Arbeit für das Kind. Während Väter eine Beziehung zu ihren Kindern nicht einfach de facto dadurch herstellen, daß sie Zeit und Gefühle investieren und die Bindung real erzeugen, sondern meinen, mittels Vaterschaftstest oder Geburtsurkunde eine Vaterbeziehung erstreiten zu können.

Manfred Grill ist heute Partner in einem gutgehenden Architekturbüro. Zwei devote Sekretärinnen hasten mit Kaffee und Ordnern herbei. Der Mann, der im schroffen Managerton seine Anweisungen erteilt, war früher ein Linker, war nicht ein Haus-Erbauer, sondern ein Hausbesetzer. Aus dieser Zeit stammt sein Sohn, der heute neunjährige Kai. Drei Jahre lang war Manfred noch mit der Mutter des Kindes zusammen, danach trennte sie sich von ihm und leitete damit einen Kampf ein, der bis heute nicht beigelegt ist. In diesen Kampf involviert wurden Anwälte und Richter, Kindergärtner und Sozialarbeiterinnen, Freunde und Kollegen . . . und natürlich Kai.

Die Beziehung zwischen Manfred und Jutta war von Anfang an nicht einfach. Jutta hatte sehr egalitäre Vorstellungen, die bei Manfred selbst während seiner linken Phase wenig Anklang fanden. «Dogmatisch» fand er sie, wenn sie mit ihm über die Aufteilung der Hausarbeit stritt. Die Hauptursache für das Scheitern der Beziehung und all die Kämpfe, die darauf folgten, sieht Manfred aber anderswo, und dabei ist er auch durchaus willig, Selbstkritik zu üben. Seinen wesentlichsten Fehler sieht er rückblickend darin, daß er in kritischen Momenten des Zusammenlebens seine Männlichkeit nicht richtig einbrachte. «Mein Hauptfehler war der, wie ich heute klar sehen kann, daß ich gewisse Situationen von Nestverhalten nicht anerkannt habe. Ich habe mich vor allem während der Schwangerschaft nicht richtig verhalten, und das hat alles kaputt gemacht für später.»

Erst viel später klärte ein Freund ihn dahingehend auf, daß dem Mann in einer Beziehung einfach gewisse emotionale und materielle Funktionen zufallen, die Manfred aber – aus Unwissenheit und Unsensibilität – schmählich vernachlässigte. «Mensch, hat der zu mir gesagt, du bist doch nicht blöd, sieh dich mal in der Natur um. Eine Frau, die ein Kind kriegt, ist einfach in einer ganz besonderen Gemütslage.»

Das fängt seiner heutigen Einsicht zufolge schon damit an, daß eine schwangere Frau «ein starkes Bedürfnis hat nach einem geschützten Raum. Und daß sie nach der Schwangerschaft schwach ist. Da gibt es einfach Punkte, wo du als Mann eine gewisse Sicherheit ausstrahlen kannst, und wenn du es versäumst, läuft die Sache schief an».

Heute versucht er, anderen Männern dieses Wissen zu vermitteln. «Wir sagen zu Männern, die in unsere Beratung kommen, daß sie an diese Dinge denken sollen. Wir sagen ihnen: wenn sie sagt, sie braucht für das Baby 'nen Raum, dann richt ihr den doch ein. Wenn du nicht der Meinung bist, daß das jetzt dringlich ansteht, egal; mach ihr das.»

Wenn er selbst das damals schon gewußt hätte, glaubt Manfred heute, wäre alles ganz anders gekommen; davon ist er sogar fest überzeugt.

Statt dessen aber sah es damals so aus, daß Jutta in einem besetzten Haus lebte, das gerade gewaltsam geräumt wurde, als sie im siebten Monat war. Manfred selbst lebte in einer WG, aber in einer Männer-WG, die Jutta nicht beherbergen wollte. So saß seine Freundin schwanger auf der Straße, bis er sie schließlich in einem kleinen Nebenraum im Haus seiner WG einquartierte. Und hier, genau hier, ortet Manfred den Ursprung aller kommenden Konflikte. «Die Verweigerung auf der einen Seite, bei den Männern, wird zum Defizit auf der anderen, bei den Frauen. Und dann eskaliert das schneeballmäßig, bis nur mehr Krieg ist. Wenn ich noch einmal von vorn beginnen könnte, würde ich auf der inneren und der äußeren Ebene weniger Defizite schaffen. Ich würde der Frau Sicherheitspunkte geben. Heute wär das alles ja auch kein Problem, heute hab ich ein Haus mit Garten . . . Aber auch so, von der persönlichen Entwicklung her, war das damals ein Problem. Damals war ich sehr egoistisch. Damals war mein Weltbild so: zuerst komm ich, dann kommt lang nix, dann kommt ein großer Misthaufen, dann wieder lang nix, und dann kommen so allmählich meine Mitmenschen.»

oar die Schwangerschaft der Krisenfaktor Nummer eins, bei der Geburt setzte sich die «Schaffung von Defiziten durch männliche Verweigerung» noch weiter fort, Defizite, die Jutta sehr genau registrierte und ihm später ausführlich zum Vorwurf machte. Manfred brachte Jutta in die Klinik und fragte dann den Arzt, ob in den nächsten Stunden wohl mit der Geburt zu rechnen sei. Der versicherte ihm, daß es bestimmt noch länger dauern würde, und Manfred fuhr in sein Büro zurück, um «Termine abzusagen». Er kam dann zwar noch rechtzeitig zurück, «aber auch da wirft sie mir vor, ich hätte bei der Geburt ein Buch gelesen und nur geistesabwesend ihre Hand gehalten. Ich habe Che Guevara gelesen, über den Befreiungskampf in Bolivien. Ja, und dann wirft sie mir vor, ich hätte sie und das Kind danach heimgebracht und sei ein Bier trinken gegangen».

Diesen Vorwürfen kann Manfred nur bedingt zustimmen. Er hat nicht nur gelesen, sondern dabei auch «mitgepreßt»; wohl sei er mit Freunden in die Kneipe gegangen, aber vorher habe er mit ihr noch ein Glas Sekt getrunken. Aber wie dem auch sei: ersichtlich wäre doch aus diesen Episoden, wie verhängnisvoll die Fehleinschätzung der weiblichen Bedürfnishaltung in gewissen, ganz kritischen Situationen für den Fortgang der Beziehung sein könne. Seine spezielle Beziehung mit Jutta setzte sich recht und schlecht noch drei Jahre lang fort, dann zog Jutta aus und erklärte das Zusammenleben für beendet. Mit ihr und somit auch mit Kai.

In der Kindergruppe hinterließ sie Instruktionen, daß Manfred künftig Kai nicht mehr abholen dürfe. Warum sie plötzlich einen so dezidierten Trennungsstrich zog und das Kind dabei mit einschloß, ist von Manfred nicht wirklich zu erfahren. Er beschreibt es als «unerklärlich», aber irgendeinen Grund muß es – vor allem angesichts der Unannehmlichkeiten, die auch Jutta sich damit einhandelte – gegeben haben.

Manfred jedenfalls wandte sich an das Jugendamt, um ein Besuchsrecht zu erwirken. Die setzten sich mit Jutta in Verbindung, bemühten sich um eine Einigung, erreichten keine und lehnten somit, der Rechtslage bei unverheirateten Paaren entsprechend, sein Gesuch ab. Was darauf folgte, war für alle Beteiligten sehr unerquicklich:

«Zuerst hab ich einen taktischen Schachzug gemacht. Ich bin erneut zum Jugendamt gegangen, aber diesmal nicht allein. Ich dachte mir: nimm jemanden mit, am besten 'ne Frau. Das hat einen besseren Eindruck gemacht, aber im Endresultat hat's nicht geholfen. Danach machte Kai 'ne heiße Exkursion mit. Denn ich konnte ihn ja anfangs immer noch sehen, weil er bei mir ums Eck in einen Kinderladen ging. Das war Jutta nicht recht, weil ich dort jederzeit Zugang zu ihm hatte. Es gab dann ein Friedensgespräch, die haben dort versucht zu vermitteln, aber es brachte nichts. Dann nahm sie ihn also da raus. Und ich wußte nicht, wo er war, aber es ist komisch, irgendwie bin ich ihm immer wieder auf die Spur gekommen. Und sobald ich ihn fand, nahm die Jutta ihn aus dem Kindergarten und gab ihn woanders hin. Die Frau ist in drei Jahren neunmal umgezogen, aber ich hab sie immer gefunden. Ich hatte meine Mittagspause, und wenn es ein schöner Tag war, wußte ich, der Kai ist bestimmt auf irgendeinem Spielplatz. Dann hab ich die abgesucht.

Dann ist sie überhaupt ganz aus der Stadt weggezogen und nach München gegangen, ohne Abmeldung, und dort hat sie unter verdeckter Adresse gewohnt und dacht wohl, ich find sie dann nicht. Aber ich bin draufgekommen, über das Ländereinwohnermeldeamt. Dort ist alles gemeldet. Dort begann dann ein Gerichtsprozeß, und sie wurde dann mehr und mehr eingekreist. Und ich war auch schon klüger, ich ging einfach gar nicht in den emotionalen Konflikt, sondern blieb da ganz cool; so habe ich einen viel besseren Eindruck gemacht als sie, weil sie sich da stets aufgeregt hat. Und plötzlich hieß es dann, sie wolle sich mit mir einigen. Und dann konnte ich ihn alle drei Wochen für einen Samstag haben. Nach einem halben Jahr fand sie dann, daß das ganz gut laufe, und war von sich aus bereit, mir ein ganzes Wochenende zu geben, einmal im Monat. Und danach konnte ich sogar mit ihm auf Urlaub fahren, und wir sind dann auf die Bermudas gefahren. Und danach, nach diesem Urlaub, war alles wieder aus. Sie sagte, der Kleine sei verwahrlost zurückgekommen und sei plötzlich nervös und frech und ich-weiß-nicht-was. In Wahrheit, glaub ich, war es so, daß das Kind angefangen hat, Power zu machen für mich, und das hat ihr dann nicht behagt. Denn wir hatten 'nen guten Draht zueinander, und er sieht mir auch total ähnlich.

Unterschwellig liefen da wohl auch noch andere Sachen. Ich hatte meine Firma aufgebaut, die lief immer besser, ich kaufte mir einen BMW, es ging mir gut. Sie aber war noch beim Sozialamt, hatte keine Knete, irgendwie ging zwischen uns die Schere auseinander. Und außerdem war es wohl normal, wenn er zwei Tage vor und zwei Tage nach dem Besuch bei mir sehr unruhig war.

Die Sache spitzte sich zu, bis zu den Osterferien. Da war er also eine Woche bei mir, und wir hatten hier eine ganz tolle Zeit. Wir gingen dauernd ins Blupp (Abenteuerschwimmbad in Berlin), wir hatten den totalen Fun. Das war immer so, wenn er bei mir war, es war immer Abenteuer, wir gingen zelten, wir fuhren in Nordseekurorte, ich hatte immer was geplant, und es war immer was los.

Und danach war die totale Krise. Es hieß, er habe nach Zigaretten gestunken, er sei mit mir durch die Kneipen gezogen, ich hätte keine ausreichende Körperhygiene mit ihm betrieben – dabei ist das allein schon unmöglich, wir waren ja dauernd im Wasser, im Blupp.

Dann hat sie sich also von unserer Vereinbarung zurückgezogen. Und der Richter ist in die Schule gegangen, er hat das Kind dort befragt, und da soll der Kai gesagt haben, daß er seinen Vater nicht mehr sehen wolle. Wobei Juttas Schwester meint, das Kind hat vielleicht Angst gehabt, daß ich ihn seiner Mutter wegnehmen will. Der Prozeß läuft noch, ich warte jetzt ein halbes Jahr auf das Urteil, und den Kai habe ich jetzt fast ein Jahr lang nicht gesehen. Bald hat er Geburtstag, da werd ich mich wieder heranpirschen.

Meine Gruppe hält es für essentiell, diesen Gesetzesparagraphen zu ändern und ledigen Vätern dieselben Besuchs- und Sorgerechte einzuräumen wie verheirateten Vätern. Zugegeben, die Mehrheit der Väter, und nicht nur der ledigen Väter, ist nicht engagiert und kümmert sich nicht um die Kinder, aber trotzdem gibt es Ausnahmen, und die müssen eben auch irgendwo vorkommen.»

Manfred steuert eine Reihe von interessanten Gedanken zu seiner eigenen Situation bei. Selbst seine etwas plakativen Aussagen über die Bedürfnislage von Frauen enthalten etwas Wahres; die Einstellung des Mannes zu dem Kind, wie er sie während der Schwangerschaft und nach der Geburt durch seine Handlungen, seine symbolischen Gesten und seine Zuwendungen oder seine Abkehr zum Ausdruck bringt, wird von vielen Frauen tatsächlich sehr genau registriert und als Gradmesser für seine Liebe und seine väterlichen und partnerschaftlichen Qualitäten angelegt. Gleichgültigkeiten, Kränkungen und Fehlhaltungen in dieser Zeit können tatsächlich, wie wir in Interviews immer wieder hörten, zum permanenten Dauervorwurf werden, die von der Frau als Beweis für das Mißlingen der Beziehung betrachtet und dem Mann immer wieder aufgetischt werden.

Die Essenz dieser Beobachtung aber ist folgende: Die Gründungsphase einer Familie ist eine sehr wichtige Zeit für die Partnerschaft, die – je nachdem, ob sie harmonisch verläuft oder nicht – die Weichen stellt für die Zukunft. Diese neue Dreierbeziehung, wenn sie wirklich gelingen soll, muß in jeder Beziehung stimmen: in der Einstellung der Mutter zum Kind, in der Einstellung des Vaters zum Kind und in der Einstellung von Mutter und Vater zueinander.

Noch eine andere interessante Beobachtung hat Manfred gemacht. Jutta hat inzwischen geheiratet, ein Haus gebaut und ihr Leben auf ein festeres Fundament gestellt. Trotzdem meint Manfred, daß bei der heutigen Kurzlebigkeit von Ehen und Beziehungen nicht unbedingt davon auszugehen ist, daß Juttas neue Situation von Dauer ist. Potentiell bindender für Kai sei, wie er glaubt, nach wie vor die Beziehung zu den «leiblichen» Eltern. Denn die Ehe seiner Mutter kann scheitern, und dann verliert er den Stiefvater endgültiger, als er den wirklichen Vater verlieren kann, sofern dieser Vater sich einigermaßen für ihn interessiert.

Diese Beobachtung kann stimmen, hat aber Konsequenzen, die Manfred nicht akzeptieren möchte. Denn wenn trotz einer Trennung die «Familie» in irgendeiner Form fortbestehen soll, muß die Dreierbeziehung (Mutter-Kind, Vater-Kind, Mutter-Vater) den Zusammenbruch der Zweierbeziehung irgendwie überstehen und einigermaßen intakt bleiben.

Das ist unmöglich, wenn permanent kriegerische Handlungen vorgenommen werden. Und auffallend in den Erzählungen von Manfred ist seine martialische Ausdrucksweise. Wenn dieser Großstadtyuppie seine väterlichen Bemühungen beschreibt, verwendet er plötzlich das Vokabular eines Jägers, eines Kriegers. Er macht beim Jugendamt «taktische Schachzüge»; er verursacht für sein Kind «heiße Exkursionen»; er kommt seinem Sohn «immer wieder auf die Spur»; er fahndet nach seiner Ex-Freundin, egal, wohin sie sich auch flüchten mag; er «kreist sie ein»; er beabsichtigt, sich nun wieder an das Kind «heranzupirschen».

Damit kann er vielleicht erreichen, daß er das Kind «kriegt». Aber mit welchen Folgen? Die Mutter wird zur Gejagten; sie wird ständig überboten von der Vater-Konkurrenz, finanziell und in Hinblick auf «Fun». Und das Kind gerät in einen schrecklichen Zwiespalt. Den löst es schließlich für sich selbst, indem es dem Richter sagt, es wolle den Vater nicht mehr sehen, eine psychische Selbstrettung, zu der kein Kind getrieben werden sollte. Dem Kind wird das nur erspart, wenn die Eltern sich einigen können. Aber die Eltern werden sich nur einigen können, wenn der Vater nicht mehr Krieg führt gegen die Mutter, wenn er auch in der Trennungssituation keine «Defizite» schafft, von Angst, Haß und Herabsetzung einmal ganz zu schweigen.

Ein typischer Vertreter der modernen Vätergeneration ist Volker. Volker gehört keiner Vätergruppe an; Volker ist auch nicht auf der Suche nach seinem Sohn, ganz im Gegenteil. Er kann ihn jederzeit sehen; das sieht die Vereinbarung mit seiner Frau vor, von der er sich ohne großes Drama und im Guten trennte. Aber höchstens einmal im Monat rafft er sich tatsächlich dazu auf. Warum er nicht engagierter ist, dazu äußert Volker eine Reihe von Vermutungen: weil es zu mühsam ist, weil er zu viele andere Dinge zu tun hat, weil er mit Kindern nicht viel anfangen kann.

Volker war 35, acht Jahre älter als seine Freundin Gabi, als sie während eines berauschenden Mittelmeerurlaubs halb im Liebestaumel, halb mit Absicht ein gemeinsames Kind zeugten. Für Volker war klar, daß damit auch eine Hochzeit verbunden war. Gabi war sich da nicht so sicher, ließ sich aber überreden. Doch schon nach einem Jahr entdeckten beide, daß ihre Gefühle füreinander ohne Mittelmeer nicht überdauern konnten. Sie stritten nicht, sie haßten sich nicht, aber sie langweilten sich. Und beschlossen, sich zu trennen.

Rückblickend hält Volker diese Entscheidung für sehr klug. Denn wenn sie versucht hätten, es wegen des Kindes noch länger miteinander auszuhalten, hätte sich die Lage wahrscheinlich nur zugespitzt, und sie wären letztendlich doch noch, diesmal aber im Bösen, auseinandergegangen. Volker legt «jedem nahe, sich ganz schnell scheiden zu lassen, bevor zuviel kaputt ist».

Aus Volkers Formulierungen spricht eine starke Ambivalenz Kindern und auch seinem Kind gegenüber. Auf die Frage, wie das war, plötzlich ein Baby zu haben, erwidert er: «Na ja, das Baby war da, das Baby war laut . . . nein, er war süß, sehr herzig.»

Er ist auch in der Lage, seine ambivalente Haltung deutlich zu reflektieren und auf seine eigenen Kindheitserfahrungen zurückzuführen:

«Ich bin nicht einer, der wahnsinnig an den Kindern klebt. Mein Vater war ehemaliger Offizier, er hat uns sehr korrekt erzogen. Da war nichts mit Lümmeln, wir mußten Respekt zeigen, er hat nicht mit uns gespielt . . . Die Mutter war zuständig für den Rest. Ich habe sicher keinen Vater gehabt, auf dem man herumklettern konnte. Ich liebe Kinder, der Andreas kann auch auf mir herumturnen, wenn er will, nur habe ich nicht diese . . . also, ich muß ihn nicht dauernd um die Ohren haben. Ich bin mehr der Typ, der wahrscheinlich am liebsten ein Kuckucksei legen und das Kind dann erst abholen würde, wenn es erwachsen ist.»

Zum Thema Kinder fällt ihm vorwiegend ein, was er mit ihnen alles nicht gerne macht. «Ich bin nicht einer, der mit einem Kleinkind gerne in den Stadtpark gehen würde, auf den Spielplatz», sagt er. «Spielen ist nicht meine Stärke», bekennt er. «Ich reiß mich nicht drum, Mensch-ärgere-dich-nicht zu spielen, vier Stunden lang, ich weiß auch nicht, wer sich um so was reißt, reißen Sie sich drum?»

«Ich würde es maniriert finden, mit ihm jetzt in den Vergnügungspark oder in den Zoo zu rennen, bloß weil er mal einen Tag bei mir ist», findet er.

Seine Beziehung zu Andreas ist dementsprechend. Das Kind, jetzt sieben Jahre alt, weigert sich, beim Vater zu übernachten; wenn er ein Wochenende mit seinem Vater verbringt, will er abends zu seiner Großmutter, Volkers Mutter, gebracht werden. Volker sieht das gelassen und macht sich auch nichts vor. Seinen Sohn sieht er – und um die Frage überhaupt zu beantworten, muß er nachdenken – schätzungsweise «einmal im Monat – mehr nicht». Seine Exfrau hat ihm zwar freigestellt, jederzeit zu kommen, z. B. abends nach der Arbeit, «aber ehrlich gesagt, das ist mühsam. Dort ist kein Parkplatz zu finden; wenn ich zurückkomme, finde ich dann hier keinen . . .»

Sehr dezidiert praktiziert Volker das Prinzip, sich für das Kind keine Anstrengungen oder Unbequemlichkeiten aufbürden zu lassen. So vermutet er z. B., daß sein Sohn deswegen nicht bei ihm übernachten will, weil er die mit Antiquitäten beladene Wohnung des Vaters unbehaglich findet.

«Ich schätze, er ist mit seiner Unterbringung irgendwie nicht zufrieden hier. Er würde bei mir schlafen können im Gästezimmer. Wenn ich das als Kinderzimmer herrichten würde, dann hätte er wohl die Gnade, hier zu übernachten. Da hab ich zu ihm gesagt, lieber Andreas, für die fünf Mal, die du hier bist, soll ich ein Zimmer einrichten? Denn so stellt er sich es wohl vor, mit einem Berg Lego und so ...»

Kein Parkplatz ... Zimmer einrichten zahlt sich nicht aus ... Mensch-ärgere-dich-nicht ist langweilig ... die Botschaft auch für den Sohn ist eindeutig. Volker macht sich nicht einmal die Mühe, wenigstens erfindungsreich mit Sachzwängen zu argumentieren. Wenn man an all die Großeltern denkt, die sich sogar für gelegentliche Besuche ihrer Enkelkinder mit Spielzeug, Plüschtieren, gebrauchten Dreirädern und ähnlichem einrichten, ist Volkers Ungefälligkeit schon eine dezidierte Aussage. Welche Auswirkungen das hat, sieht er durchaus klar und stört sich nicht daran: «Meine Beziehung zu Andreas ist relativ gleichbleibend, weil distanziert. Vielleicht ist auf meiner Seite eine gewisse Sentimentalität vorherrschend, weil er halt mein Sohn ist. Ich würde sagen, man liebt schon in erster Linie, weil das Kind von einem selber ist. Wenn sich z. B. herausstellen würde, daß er gar nicht von mir ist, würde für mich schon eine Welt zusammenbrechen.»

Hier haben wir das patriarchale Vaterschaftsverständnis des modernen Mannes in seiner Urform. Und den Vergleich, den Volker eingangs spielerisch brachte, hat er in Wirklichkeit in seiner Elternschaft längst praktiziert: er läßt, wie der Kukkuck, seinen Sprößling auswärts aufziehen. Auch die Absicht, ihn später als Erwachsenen zu sich zu nehmen, ist kein reiner Scherz.

«Ich glaube», meint er nämlich, «daß es so, wie es ist, gar nicht so schlecht ist. Ich kenne genug Kinder aus geschiedenen Ehen, die dann Jahre später auf den Vater zukommen. Wenn ich das also egoistisch sehen will: ich kann warten. Später wird unsere Beziehung höchstwahrscheinlich sehr freundschaftlich sein. Sicher wird es ganz von selber besser. Mit 15, 16 braucht ein Kind keine Geborgenheit mehr. Das kann ich abwarten.»

Die jetzige Distanz, die größere Nähe des Kindes zur Mutter, bereitet ihm kein Kopfzerbrechen. Im Gegenteil. «Teilweise», sinniert Volker, «ist die Mutterrolle ja eine undankbare Sache. Denn sie zieht das Kind auf, und mit 15 entdeckt es dann den Papi und findet ihn ganz toll.»

Ähnlich wie Volker kalkuliert die breite Masse der geschiedenen Väter – und auch eine gar nicht so kleine Gruppe von Männern, die innerhalb einer «intakten» Ehe genauso abwesend leben. So haben Väter immer schon gerechnet, und die Rechnung ist noch nie aufgegangen.

Es mag zwar durchaus sein, daß sich das lang verschmähte Kind in der Phase des Erwachsenwerdens für den Vater interessiert; dieses Interesse kann sogar obsessive Dimensionen annehmen. Es mag auch durchaus sein, daß dieses Kind den Vater idealisiert, sich ihm zuwendet in einer Entwicklungsphase, in der es mit der bisher alleinerziehenden Mutter in Konflikt steht. Das mag eine balsamische Wirkung auf das Selbstgefühl des Vaters haben; er kann seine Exfrau noch einmal strafen und die Lorbeeren seiner genetischen Vaterschaft ernten, ohne sich die ganzen Jahre hindurch strapaziert zu haben.

Aber der Schein trügt. Der so spät aufgenommene Kontakt führt selten zu einer wirklich guten, fundierten Beziehung. Und für schmeichelhaft kann man die Sehnsucht des Kindes nur halten, wenn einem das seelische Wohl dieses Kindes gleichgültig ist, denn gesund und entwicklungsfördernd ist sie nicht. Sie tut dem Ego des Vaters gut, aber nicht der Psyche des Kindes. Die Rechnung geht auch aus einem anderen Grund nicht auf. Nach einer kurzen Periode der Faszination endet die erneute Kontaktaufnahme mit dem Vater häufig mit einem totalen Bruch. Denn dieselben Eigenschaften, die den Mann während seiner Ehe zu einem schlechten Partner machten oder die ihn überhaupt vor der Verantwortung für ein Kind die Flucht ergreifen ließen, zeichnen ihn noch immer aus. Sehr schnell wird sein erwachsenes Kind die Illusion verlieren, der Vater sei ein verkannter, mysteriöser Held.

Megan war sieben, als ihre Eltern sich scheiden ließen. Nach der Scheidung zog der Vater in einen anderen Bundesstaat und ließ nichts mehr von sich hören. Ein halbes Jahr lang wartete das Kind auf eine Botschaft, einen Anruf. Danach erzählte sie ihren Schulfreundinnen, daß ihr Vater tot sei. Als junge Frau hatte sie dann eine Serie von sehr problematischen Männerbeziehungen, wobei die Probleme immer dieselbe Ursache hatten: ihre Angst vor dem Verlassenwerden. «Die Therapeutin machte mich darauf aufmerksam, daß ich mich stets von attraktiven, flatterhaften, gleichgültigen Männern angezogen fühlte und daß ich immer viel zu früh und viel zu panisch auf eine Bindung, eine Verbindlichkeit drängte.» Die Ursachen für dieses Verhalten vermuteten Megan und ihre Therapeutin in der unverarbeiteten Erfahrung des Verlassenwerdens durch den Vater. Sie beschloß, ihn zu besuchen.

Es erforderte eine sorgfältige Recherche, um ihn überhaupt zu finden. Dann aber stand er ihr wieder genauso gegenüber, wie sie ihn in kindlicher Erinnerung behalten hatte: toll angezogen, lässig, cool. Er fuhr einen Cadillac und lebte mit einer neuen Familie in einem teuren Haus. Die Tochter, der er über all die Jahre nicht einmal eine Geburtstagskarte geschickt hatte, begrüßte er mit viel Charme, beteuerte, daß ihre Mutter eigentlich die einzige Frau war, die er jemals ernsthaft geliebt hatte, und deponierte Megan dann in einem Motel. Sie blieb zwei Wochen dort und erlebte in dieser Zeit die Achterbahn seiner sporadischen Zuwendung. Mal kam er, wie vereinbart, und war hingebungsvoll aufmerksam und nett; dann wieder blieb er fort, ohne anzurufen und ohne Erklärung, und Megan wartete. «Es lief auf eine einzige Erkenntnis hinaus: das war ein Mann, auf den ich mich einfach nicht verlassen konnte. Er war nicht der Mann meiner kindlichen Phantasien, und er würde niemals der Vater sein, den ich mir wünschte. Auf dem Rückflug weinte ich vor Enttäuschung. Nach meiner Rückkehr wartete ich noch eine Weile auf einen Brief, aber es kam keiner.»*

Das Problem mit der militanten Väterbewegung stellt sich dreifach. Sie gehen nicht von den Interessen des Kindes aus, sondern sehr starr von ihren eigenen und ihrem ur-männlichen «Recht» als «Erzeuger» und Eigentümer des Kindes. Für sie ist das Kind eine Möglichkeit, die Probleme mit der Mutter dieses Kindes weiter auszutragen. Das allein schließt die Chance, einen positiven väterlichen Beitrag zu leisten, eigentlich schon aus, denn ein Krieg zwischen Vater und Mutter würde das Kind in einen unzumutbaren Loyalitätskonflikt bringen. Diese Väter verstehen unter Vaterschaft immer noch das Bemühen, der Kumpel für Sport, Spiel und Abenteuer zu sein . . . um so mehr, als sie sich als Rivalen der Mutter begreifen und deshalb alle Möglichkeiten nutzen wollen, um die Mutter «auszustechen» durch mehr Spaß in einem weniger faden Alltag.

Ihre Forderung nach rechtlichen Veränderungen zeigt erneut, daß für sie nicht die Kinder im Mittelpunkt der Überlegungen stehen, sondern der eigene «Jetzt erst recht»-Standpunkt. Keineswegs will sich eine Unzahl von Vätern für ihre Kinder engagieren und wird von der Gesetzeslage daran gehindert. Das Problem ist vielmehr, daß eine Unzahl von Vätern sich gar nicht oder viel zu wenig kümmert, weder vor noch nach einer Scheidung, weder um ein eheliches noch um ein uneheliches Kind. An dieser Tatsache können nur die Väter durch ein anderes Verhalten etwas ändern; der Gesetzgeber kann die Väter nicht dazu zwingen, und schon gar nicht, indem er ihnen unverdiente Zugriffe auf eine Familie gibt, die sie vernachlässigt haben.

* Elyce Wakerman, Father Loss, N. Y. 1984, S. 100

Die Scheidungs- und Trennungsrealität zeigt nicht den Mann, der sich vor Sehnsucht nach den Kindern verzehrt, mit denen er vorher einen so innigen Kontakt hatte. Ungleich viel häufiger tritt der Mann auf, der hin und wieder in seiner Freizeit – vorausgesetzt, er hat nichts anderes vor, und es bereitet ihm keine Umstände – irgend etwas Angenehmes mit seinen Kindern inszeniert. Es ist diese Realität, die Ricki T. aus Ulm beschreibt:

«Wir haben vier Kinder. Alle drei Wochen holt mein Mann zwei der Kinder ab, denn vier auf einmal, sagt er, schafft er nicht. Das bedeutet, daß jedes Kind alle 6 Wochen einmal ‹an der Reihe› ist. Wenn ich ihm sage, er soll sich mehr kümmern, er soll sie häufiger sehen, dann streiten wir wieder, wie in den schlimmsten Zeiten unserer Ehe.

Diese Regelung bedeutet übrigens auch, daß ich nie ein freies Wochenende habe, denn zwei der vier Kinder sind immer bei mir. Neulich habe ich versucht, ihn einmal in Ruhe zu fragen, was für eine Beziehung er überhaupt zu den Kindern haben will und ob er meint, daß so, wie es jetzt läuft, alles in Ordnung ist. Er hat geantwortet, er müsse sich das überlegen.

Ich denke mir, er sieht es wohl so wie während unserer Ehe. Da hat er manchmal, wenn ich ihn einbeziehen wollte, Dinge gesagt wie ‹Du kannst das eh, du machst das schon›.

Der Anlaß, also der letzte Anstoß für unsere Scheidung war sogar meine Unzufriedenheit darüber, daß mein Mann sich in der Familie überhaupt nicht beteiligt hat. Ich war krank und hab ihn darauf angesprochen, daß doch heute mal er als erster aufstehen und den Kindern das Frühstück richten könnte. Da wurde er zornig und schlug mich.

Ich versuche jetzt, über den Vater vor den Kindern nichts Schlechtes zu sagen, aber die Kinder leiden darunter, daß sie für ihn keine Bedeutung haben.»

Die meisten Mütter sind dazu prädisponiert und auch dahingehend präpariert durch Literatur und Ratschläge ihrer Umgebung, dem Kind auch nach der Trennung den Vater erhalten zu wollen, wenn es nicht sehr gravierende gegenteilige Gründe gibt.

Zahlreiche soziologische Untersuchungen belegen, daß die überwältigende Mehrheit der Frauen der weiteren Präsenz des Vaters im Leben der Kinder mehr als aufgeschlossen gegenübersteht und sich wenn, dann nicht aus Kleinmut oder Bosheit, sondern aus wohlüberlegten Gründen dagegen ausspricht. Fünf Gründe erwiesen sich als maßgeblich für die Beurteilung:

1. die Bereitschaft des Vaters, sich finanziell an der Versorgung der Kinder zu beteiligen. «Dabei war nicht die Höhe der Unterstützung ausschlaggebend, sondern die Tatsache, daß der Vater überhaupt versuchte, die Familie zu unterstützen.»*
   Dabei muß der finanzielle Beitrag durchaus nicht nur als symbolische Bereitschaft erkannt werden. Für eine alleinerziehende Frau ist es durchaus auch objektiv sehr schwer, materiell für das Kind aufzukommen. Und die Bereitschaft des Vaters, hier mitzuhelfen, ist auch objektiv ein ganz guter Gradmesser für sein Interesse am Wohl des Kindes. Die Relevanz dieser Überlegung wird vor allem dann deutlich, wenn wir uns vergegenwärtigen, daß fast die Hälfte aller alleinerziehenden Frauen gar nicht, nur unregelmäßig oder nur nach gerichtlichen Interventionen das ihren Kindern zustehende Geld erhält.
2. die Einschätzung der Mutter bezüglich der Qualität der väterlichen Erziehung;
3. der Wunsch der Kinder, den Vater zu sehen;
4. das Verhalten der Kinder nach einem Besuch beim Vater;

* Zit. nach Fthenakis, a.a.O., Bd. 2, S. 64

5. die im Zusammenleben angestauten Aggressionen der Mutter gegen den Vater.

In aller Regel jedenfalls steht die Mutter der Vater-Kind-Beziehung nicht im Weg, schon gar nicht aus Bosheit. Eher noch machen Frauen den gegenteiligen Fehler; sie kollaborieren – um ihren Kindern Schmerz und Enttäuschung zu ersparen, wie sie glauben – mit der väterlichen Verantwortungslosigkeit. Valeries neunjährige Tochter fieberte ihren ganzen Geburtstag lang dem ersehnten Anruf des Vaters entgegen; schließlich rief Valerie sogar heimlich bei ihm an, um ihn an den Geburtstag zu erinnern, konnte ihn aber nicht erreichen. Am nächsten Morgen erzählte sie der Tochter, daß der Vater angerufen hätte, nachdem sie eingeschlafen war. Daß die Tochter böse auf sie war, weil sie sie «nicht geweckt» hatte, nahm sie in Kauf. Eine andere Frau verzichtete im Namen des «guten Klimas» nicht nur auf die Unterhaltszahlungen, die das Gericht festgelegt hatte und die ihr Mann problemlos leisten konnte, sie bezahlte sogar die Flugtickets, damit ihre Tochter den Vater besuchen konnte. Der Beweggrund solcher Handlungen ist positiv; die Mutter will dem Kind Enttäuschungen ersparen. Aber die Auswirkungen können negativ sein, wie die Familientherapeutin Miriam Cohen ausführt:

«Als Therapeutin fürchte ich, daß die Kinder daraus bloß lernen, daß Männer unverantwortlich sind, daß auf sie kein Verlaß ist, daß Männer nicht für ihre Familien sorgen. Es ist besser, dem Exehemann klar zu machen, wie schädlich es für seine Kinder ist, ihn so zu erleben. Manche Frauen verzichten auf das ihren Kindern zustehende Geld, um Streit zu vermeiden und in der Hoffnung, daß ihr Exmann dann wenigstens eine emotional gute Beziehung zu seinen Kindern aufrechthalten wird. Es ist aber besser, die Unterhaltszahlungen konsequent einzufordern, denn ein freundliches Klima, emotionale Zuwendung und finanzielle Verantwortung schließen sich nicht aus, sondern gehören zusammen.»*

Untersuchungen zeigen, daß es falsch sein kann, den Vater aus Rücksicht auf die Kinder zu «decken». Um so schwerer ist es für sie später, ihr idealisiertes Bild von ihm zu entglitzern und zu einer realistischen Sichtweise der eigenen Biographie zu gelangen. Der Vater, der von den Kindern kaum wahrgenommen werden kann, ist die schlechtestmögliche Variante. Er prägt ein Bild von verantwortungsloser Vaterschaft, die auf das Verhalten der eigenen Kinder in ihrem späteren Erwachsenenleben eine verheerende Wirkung hat; er vergiftet mit seinem Konkurrenzverhalten und seinen Sticheleien die Beziehung der Kinder zu ihrer Mutter, dem einzigen erwachsenen Fixpunkt in deren chaotischem Leben. Wenn er Freundlichkeit und Zuwendung mit Abwesenheit und Unzuverlässigkeit kombiniert, erschüttert er das kindliche Bedürfnis nach Sicherheit und klaren Verhältnissen. Er behält seine Bedeutung, ohne sie dann durch eine stabile und konstruktive Verantwortung im wirklichen Leben des Kindes auch zu beweisen. Er spielt mit seinen Kindern das Spiel des faszinierenden, aber unzuverlässigen Partners in einer Paarbeziehung:

«Hier bin ich, schön könnte es mit mir sein, aber verlaß dich nicht auf mich.»

Die Verbindung von Vaterschaft und Verantwortung ist das entscheidende und zugleich ein Punkt, an dem die gegenwärtige Situation krankt. Die verhängnisvolle Reduktion von Vaterschaft auf Freizeit, Wochenende und Spaß beraubt die Kinder in Wirklichkeit eines Elternteils. Vätern mag die Rolle gefallen, aber sie werden damit de facto zu netten Onkeln und lieben Opas und verlieren den Einfluß der primären Elternschaft.

* Miriam Cohen, Long Distance Parenting, Canada 1989, S. 82

Das Interview mit dem bekannten Schauspieler Robert O. ist aufschlußreich, weil es sich in seinem Fall um eine besonders «gute» Scheidung handelt. Mit seiner Exfrau versteht er sich gut, er sieht das Kind sehr oft, die Situation ist harmonisch . . . und trotzdem läuft viel schief, denn Robert ist der typische Sonntags-Vater.

«Benni ist jetzt neun, wir haben uns vor fünf Jahren scheiden lassen. Aber es ist keine so typische Scheidungssituation. Wir sind sehr gut befreundet, ich sehe den Benni, sooft ich will. Sogar während die Scheidung lief, haben wir nicht wirklich gestritten oder gekämpft.

Meine Beziehung zum Benni ist so, er sieht das als Abenteuer, wenn er bei mir ist. Nicht weil es so aufregend ist, nicht wirklich, aber er darf halt eine halbe Stunde länger fernsehen, er kriegt immer irgendein Spielzeug . . . Seine Beziehung zur Mutter stellt dagegen mehr die Basis dar. Wenn er z. B. krank ist, verlangt er sofort nach seiner Mutter. Oder wenn er irgendein Mordsproblem hat, was ja in seinem Alter noch nicht so doll sein kann, vielleicht ein schlechtes Zeugnis, dann will er zur Mutter. Und der Vater ist mehr für die Highlights da.

Ich wäre schon auch da für ihn, bei allen Problemen, aber er kommt nicht. Die schlechten Zeiten müssen halt immer die Mütter ausbaden, generell, leider (lacht). Durch meinen Beruf war es schwierig, als er klein war. Ich war fünf Wochen weg, dann drei Tage da. Ich war Weihnachten nicht da. Du wirst ein Egoist, bei diesem Job; ich war mir dessen auch bewußt, hab's aber nicht geändert. Als ich dann den anderen Job hatte, als Intendant, und seßhafter hätte sein können, hab ich mein Leben eigentlich trotzdem genauso fortgesetzt.

Meine Frau ist Journalistin. Sie ist eine der wenigen, die den Job wirklich aus Idealismus machen, die den Ehrgeiz haben, der Wahrheit nachzuforschen und die Öffentlichkeit zu informieren. Sie ist offensichtlich auch sehr gut, sie hat tolle Stories über Umweltskandale und so gemacht. Sie könnte sicher Karriere machen, aber sie sagt, das ist es ihr nicht wert, und dann hätte sie keine Zeit für den Benni. Sie lehnt also Auslandsreportagen ab und versucht auch immer, spätestens um drei oder vier daheim zu sein.

Meine Frau und ich haben einfach nicht zusammengepaßt. Neid auf meine Karriere hat da sicher keine Rolle gespielt. Sie ist ein Mensch, dem Familie, dem soziale Sicherheit genug sind, obwohl sie bestimmt auch sehr ehrgeizig ist. Ich dagegen bin jemand, der nie zur Ruhe kommt. Wenn ich ein Haus hab, will ich ein Boot haben, wenn ich ein Boot hab, brauch ich einen Hubschrauber . . . so eben. Wir haben beide nicht mehr geheiratet, das ist bestimmt mit ein Grund, warum die Sache so toll funktioniert. Ein anderer Mann würde bestimmt nicht akzeptieren, daß ich da ein und aus gehe nach Belieben, sondern würde verlangen, daß ich mich vorher anmelde. Ich denke aber, daß sie einen Freund hat, und finde das gut. Besser auch für den Benni, sonst wird der Sohn leicht so zum Partnerersatz. Ihre jetzige Beziehung zum Benni würde ich als sehr freundschaftlich beschreiben. Sie bespricht sicher ihre Probleme mit ihm, es ist sehr partnerschaftlich. Und umgekehrt ist es so, daß der Benni – ich würde das vielleicht so formulieren – mit allen Sachen, die ihn wirklich betreffen, nicht zu mir kommt, sondern zu seiner Mutter. Die Schwachstellen, mit denen geht er zu ihr. Nicht aus Angst, denn ich bin bestimmt nicht autoritär, sondern . . . weil, vor'm Vater willst der klasse Bursch sein.

Mein Zielbild als Vater . . . ich möchte dem Floh das Gefühl geben, daß ich da bin für ihn, daß ich immer hinter ihm stehe. Ich möchte eine Hilfe für sein Leben sein, einfach, so lange, wie er mich braucht.

Meine Erziehungsprinzipien . . . also, erziehen tut ihn eigentlich seine Mutter.

Obwohl unsere Trennung so glatt gelaufen ist, hab ich

schon ein schlechtes Gewissen, das sich allerdings in Grenzen hält. Ich frag mich schon oft, was geht in ihm vor, wie denkt er über das alles, was beschäftigt ihn . . . denn ich bin ja doch sehr viel weg. Aber dann denk ich mir wieder, daß es sinnlos ist, wenn ich ein schlechtes Gewissen hab, und auf der anderen Seite, wenn's mir gutgeht, überträgt sich das vielleicht auch auf ihn. Vielleicht aber laß ich ihm durch mein schlechtes Gewissen Sachen durchgehen, die ich unter anderen Umständen nicht dulden würde.

Er sieht es auch sicher so, daß ich für ihn das Abenteuer darstelle. Ich hab einen Riesengarten, ein Schwimmbad . . . er hat es immer schön bei mir.

Heiraten werde ich nie mehr. Ich will auch keine Familie mehr. Ich hab den Benni, und das ist genug. Das ist auch eine Sache der Bequemlichkeit. Entweder ich würde das Baby nie sehen, oder ich müßte mein Leben gänzlich verändern, und beides will ich nicht. Außerdem bin ich, schätze ich, für feste Bindungen ungeeignet. Frauen wollen meist mehr, als ich geben möchte, sie wollen – ja, Verbindlichkeit vielleicht und eine Perspektive. Sie wollen wissen, wo führt das jetzt hin, wo sind wir in fünf Jahren. Mir reicht es, über morgen nachzudenken.

Von meiner Frau getrennt hab ich mich damals, weil ich die große Liebe kennengelernt habe. Die hat dann allerdings nicht lange gehalten, und wenn ich damals nicht daran geglaubt hätte, wären meine Frau und ich wahrscheinlich heute noch zusammen, und ich würde sie weiterhin betrügen am laufenden Band . . . Als Schauspieler hat man die Psyche eines Sechzehnjährigen, mit mir zu leben ist bestimmt nicht leicht. Die Trennung war sicher das beste für alle.

Ich leb heute sicher nicht so, als wenn der Benni ständig da wäre. Ich merke auch, daß der Benni sich bei mir anders bewegt als zu Hause. Bei seiner Mutter ist alles kindersicher, bei ihr ist das ganze Leben kindergerecht.

Ob ich ihn unter Umständen auch ganz zu mir genommen hätte? Also, ich weiß nicht, ob ich das geschafft hätte. Es hätte sich mein Leben komplett geändert ... Oft habe ich daran gedacht, was wäre, wenn der Gabi was passiert; dann hätt ich ihn nehmen müssen. Ich kann auch nicht sagen, daß es nicht geklappt hätte, aber es wäre sehr schwierig gewesen. Drum bewundere ich auch die Gabi. Ich denke, Frauen sind da viel belastbarer.»

Gabi, Robert und Floh haben die Traumscheidung jeder Familienberatungsstelle verwirklicht. Die Trennung wurde ohne großes Trauma und ohne Krieg vollzogen, und Gabi und Robert sind nicht nur «Eltern», sondern sogar Freunde geblieben. Benni muß nicht, was für Kinder sehr belastend ist, zwischen zwei Haushalten pendeln, sondern kann auch in seinem eigenen Hauptwohnsitz jederzeit von seinem Vater besucht werden; aber er kann auch zu seinem Vater, in die ehemalige gemeinsame Wohnung der Eltern. Keine Stiefeltern oder sonstige Außenseiter funken dazwischen, sondern es ist für Benni – wie Robert es formuliert – eigentlich alles «genau wie vorher, nur daß der Vater nicht mehr zu Hause wohnt».

Wir haben diesen Fall gewählt, weil er offensichtlich gut funktioniert; und weil gerade deshalb alles, was die Vater- von der Mutter-Rolle unterscheidet, hier so deutlich wird.

Robert hat nicht nur die ideale Scheidung erzielt, er hat vor allem sein Ideal einer Vaterschaft verwirklicht: er hat die «Verbindlichkeiten», die er an zwischenmenschlichen Beziehungen überhaupt haßt, abgeschüttelt, ist aber der unumstrittene geliebte Vater geblieben. Der Unzulänglichkeiten seines Vater-Verständnisses ist er sich nicht bewußt, und wenn ihm doch ein leiser Verdacht kommt, unterdrückt er dieses Gefühl rasch. Es macht ihm nichts aus, ein «Egoist» mit der «Psyche eines Sechzehnjährigen» zu sein. Denn in dieser Weise kann er sein Leben wie bisher ungehindert weiterführen, ohne Unannehmlichkeiten, Einbußen oder Verschiebungen.

Sein Ziel als Vater beschreibt er, wie viele Väter, recht genau. Er möchte seinem Kind das Gefühl geben, «immer für es da zu sein». Der Sohn weiß sehr genau, daß es in Wirklichkeit die Mutter ist, die immer für ihn da ist. Und Robert weiß, daß sein Sohn in Wirklichkeit mit allen Problemen, Sorgen und Unsicherheiten zur Mutter geht, weil diese sich bewährt hat. In Wahrheit ist Robert das nur recht, wie seine ironische Anmerkung über die undankbare Rolle der Mütter es verrät. («Die schlechten Zeiten müssen immer die Mütter ausbaden, leider.»)

Insofern ist die Beziehung zu seinem Sohn von tiefer Unehrlichkeit geprägt. «Ich wäre schon für ihn da», behauptet Robert, «aber er kommt nicht.» In Wirklichkeit ist er eben nicht für ihn da, während die Mutter ihr ganzes Leben «kindgerecht» gestaltet hat. Selbst wenn wir akzeptieren, daß Gabi alle Erziehungsaufgaben optimal erfüllt, es dem Sohn daher an nichts fehlt und er zumindest eine freundliche zweite Erwachsenenperson hat, die auch noch marginal an seinem Leben beteiligt ist: der Sozialisationseffekt eines solchen Arrangements ist verhängnisvoll. Benni erlebt einen Vater, der «für die Highlights» zuständig ist, einen idealisierten und glamorösen männlichen Elternteil. Die negativen Auswirkungen sind bereits jetzt evident: Weil er den Vater nicht als Menschen des Alltags, sondern als Ausnahmefigur erlebt, hat er auch Angst vor seinem Urteil. Robert mag vielleicht nicht «autoritär» sein im klassischen Sinn, aber dennoch vermittelt er seinem Sohn den Imperativ, ein «klasse Bursch» zu sein, der sogar vor ihm nahestehenden Männern keine Schwäche zeigt, sondern einem idealisierten Anspruch genügt.

Gabi und Robert haben ihre jeweiligen Entscheidungen getroffen. Gabi hat sich bodenständig für «Familie» entschieden, Robert für seine bisherige Leichtigkeit im Umgang mit

Familienfragen. Und hier haben wir auch bereits den Grundwiderspruch des menschlichen Zusammenlebens in dieser Dekade des ausgehenden 20. Jahrhunderts: Kann sich eine Frau, ganz allein, für die «Familie» entscheiden? Ist es eine Entscheidung für «die Familie», wenn sie im Interesse des Kindes den Vater aus der Verantwortung entläßt und ihn als charmanten Onkel weiter im Einzugsbereich beläßt? Oder reduziert sich damit die Familie auf Frau und Kind, während der Mann sich freiwillig auf die Rolle des total Überflüssigen zurückzieht, einem archaischen Organ, dem Blinddarm vergleichbar? Der, solange er nicht stört, bleiben darf, aber wenn er schmerzt, chirurgisch entfernt werden muß? Und die militanten geschiedenen Väter, sind sie nicht vielleicht nur, durch den Anblick des Messers aufgeschreckt, bemüht, ihrer Vaterrolle mehr Gewicht zu geben?

Wie kann denn überhaupt eine gute Vater-Kind-Beziehung aussehen, in einer Scheidungssituation? Eingangs haben wir gemeint, daß zwischen geschiedenen und bestehenden Ehen hinsichtlich der Vaterschaft gar keine so immensen Unterschiede bestehen, und zu diesem Urteil stehen wir. Auch nach der Scheidung setzt sich eine gewisse Familiensituation fort, und das bedeutet, daß weiterhin alle Beziehungsteile irgendwie kommunizieren und funktionieren müssen. Um ein guter Vater zu sein, muß ein Mann auch nach der Scheidung noch ein gutes Verhältnis zu seiner Exfrau haben. Sonst bleibt das Kind innerlich zerrissen und kann für sein eigenes zukünftiges Zusammenleben mit anderen Menschen nichts Konstruktives lernen. Der Vater, der die Mutter vor den Kindern heruntermacht, ihren Erziehungswerten subversiv entgegenarbeitet oder sich in einen Konkurrenzkampf um die Gunst der Kinder begibt, schadet den Kindern in mehrfacher Hinsicht. Die Familientherapeutin Cohen illustriert das am Beispiel einer plötzlichen Krise. Was kann der nichtsorgeberechtigte Elternteil beitragen, wenn das Kind irgendein Problem hat? «Als erstes kann er den sorgeberechtigten Elternteil unterstützen und stärken.»* Denn wenn es diesem Elternteil besser geht, wird er/sie auch besser in der Lage sein, dem Kind in dieser Situation zu helfen.

* Cohen, op. cit., S. 68

Schlußwort

Zu den ehernen Prinzipien der Demokratie gehört die Maxime, daß Pflichten und Rechte unabdingbar zusammengehören. Keine Pflichten ohne Rechte! Keine Rechte ohne Pflichten! Die Vorstellungen von Gerechtigkeit und Emanzipation gehen davon aus, daß man bekommen sollte, was man sich verdient hatte. Wer in der Gesellschaft lebte, arbeitete, an ihrem Aufbau mitwirkte, sollte auch mit entscheiden können, hatte ein Anrecht auf Mitsprache und Mitbestimmung.

In vordemokratischen, unemanzipierten Zeiten war das anders. Da leisteten Unterklassen die Arbeit, und Oberklassen kassierten die Erträge und trafen die Entscheidungen. Zur Unterklasse gehörten unter anderem die Frauen, und die Mutterschaft war ein Teil ihrer Fronarbeit. Frauen bekamen die Kinder, versorgten sie und zogen sie auf, aber Familienvorstand war der Vater. Wenn es um schicksalhafte Entscheidungen ging, traf er sie allein; ihm gebührten der Respekt und die Achtung der Familienangehörigen. Sein immenser Vorsprung an Macht und Wichtigkeit war doppelt begründet: erstens war er ein Mann und damit von Gott und der Welt auserkoren, Oberhaupt seiner Familie zu sein. Zweitens ernährte überwiegend er diese Familie, sie war von ihm abhängig. Der Frau als Mutter wurde dabei ein gewisser Machtanteil gegönnt. Unumstritten gestand man ihr zu, daß sie für die Kinder notwendig war, daß sie und nur sie die Gemütslage und die Instinkte mitbrachte, um Kinder zu verstehen und sie gedeihen zu lassen.

Die heutige «Väterbewegung» präsentiert sich als fortschrittlich, ist aber in Wahrheit ausgesprochen regressiv. Sie ist höchst undemokratisch und antiemanzipatorisch, weil sie dem alten demokratischen Prinzip nicht genügt, ja es geradezu konterkariert: der Mann soll väterliche Rechte erhalten, nicht, weil er sie sich verdient hat, weil er de facto eine bestimmte Arbeit leistet, seine Pflichten erfüllt und dafür die angemessene Anerkennung erhalten soll. Sondern nur, weil er der Mann ist, der Vater, und seine Kinder ihm «gehören» – siehe Mittelalter.

Mütter in Scheidungssituationen empfinden tiefe Ressentiments bei solchen Ansprüchen. Dann fühlen sie sich schuldig und schlecht und bemühen sich krampfhaft, den Denkgepflogenheiten der Gegenwart gerecht zu werden: daß die Kinder nichts damit zu tun haben, wenn ihre Eltern sich nicht oder nicht mehr verstehen, daß sie ein Recht haben auf ihren Vater usf. Aber ihre Ressentiments beinhalten mitunter mehr Wahrheit als diese neue Ideologie. Oft hat es sehr viel mit den Kindern zu tun, wenn die Eltern sich trennen, weil nämlich die Verweigerung des Mannes in diesem Lebensbereich der Frau erst zeigte, daß mit diesem Mann kein Familienleben möglich war. Daß Kinder ein Recht auf ihren Vater haben, stimmt nicht erst in der Scheidungssituation. Wer ihnen vorher keiner war, ist es nachher auch bloß in den allerseltensten Fällen.

Von Frauen wird heute nicht nur erwartet, daß sie – wie eh und je – den Kindern als Mütter der wichtigste Elternteil sind. Heute sollen sie darüber hinaus den Kindern auch noch den guten, modernen Vater herbeifabulieren. Sie sollen für ihn dolmetschen («Dein Vater klingt schroff, aber er meint es nicht so»), ihn entschuldigen («Er wäre bestimmt gerne gekommen, aber du weißt doch, wie beschäftigt er ist»), ihn zu väterlicher Teilnahme animieren, und zwar immer mit einer freundlichen, vorwurfsfreien Therapeutenstimme. Vaterschaft wurde so zu einer weiteren Pflicht der mehrfachbelasteten modernen Frau. Sie soll eine Bindung herstellen zwischen ihren Kindern und deren Vater.

Anfangs machen sich die meisten Frauen frohen Mutes an diese Aufgabe. Daß es nicht sofort klappt, schreiben sie der männlichen Unerfahrenheit zu. Mit der Zeit aber nehmen die Frustrationen zu. Der Mann mag nicht. Um ihn zu ermutigen, präsentieren die Frauen ihm nur die angenehmen Seiten der Elternschaft. Er wird von der Hausarbeit freigestellt, um sich den Kindern zu widmen. Er darf mit den Kindern in den Park gehen oder im Garten Ball spielen, während die Frau kocht und putzt. Allein das ist, auf Dauer, schon ärgerlich, und die Frau fühlt sich auch nicht wohl dabei, in dieser Rolle als Dienerin und gleichzeitig als Mutter eines Menschen, der eigentlich ihr gleichberechtigter Partner sein sollte. Wenn auch diese Strategie nicht funktioniert, wenn auch dieser milde Zugang dem Mann nicht dabei hilft, in seine Vaterrolle hineinzuwachsen, wird die Frau zuerst ärgerlich, dann selbstkritisch. Vielleicht hat sie wieder zu viel getan und ihm damit die Initiative abgenommen? Vielleicht hätte sie ihm nicht «helfen» sollen, vielleicht brauchte er Raum und Zeit, um ganz von allein seine väterlichen Impulse zu entwickeln? Sie zieht sich zurück und wartet ab. Aber es geschieht nichts. Statt in der Familie einen Platz zu finden, driftet der Mann in die Außenwelt ab, sobald er von der Frau nicht zwangsintegriert wird.

Diese Szenarien vermitteln atmosphärisch immer wieder denselben Eindruck: zu Hause, in der Familie ist der Frau die Rolle der einzigen «Erwachsenen» aufgebürdet worden, mit dem Zwang zu vollem Überblick und ungemilderter Verantwortung. Der Mann, wie mächtig und kompetent er sonst in der Welt sein mag, wie viele Angestellte und Tochterfirmen und internationale Geschäfte er auch sonst locker verwaltet, hier reduziert er sich absichtlich und hartnäckig zum unmündigen, unzurechnungsfähigen, unzuverlässigen Halbwüchsigen. Er ist bereit, für seine Kinder ein athletischer großer Bruder zu sein oder ein großzügiger lieber Onkel. Wenn er nur eins nicht sein muß: ein Vater, ein Mensch, der sich auskennt, der sich interessiert, der da ist, auf den man sich verlassen kann.

Die Ressentiments der modernen Frau gehen darauf zurück, daß sie durch seine Verweigerung in eine unangenehme, belastende und ungerechte Rolle gedrängt wird. Sie will nicht die einzige wirklich Erwachsene in der Familie sein. Vielleicht erfüllt sie diese Aufgabe, wenn sie ihre ganze Kraft einsetzt, aber es geht an ihre Substanz, macht müde. Fast unerträglich wird die Anspannung, wenn dieser Mann, der sich verwehrt und verweigert und mutwillig unbeholfen, ignorant und unbeteiligt bleibt gegenüber den Geschehnissen im Leben seiner Kinder, auch noch in seine Vaterschaft hineingehätschelt werden soll. Denn die Frau weiß, daß die Erfüllung der Anforderungen an eine Mutter auch für sie nicht die mühelose Frucht angeborener Instinkte ist, sondern das Ergebnis von Mühe, Selbstbeherrschung, Konzentration und Arbeit. Mit den Veränderungen in den Lebensumständen der Frauen, etwa durch eine Berufstätigkeit und eine allgemeine Erweiterung ihrer Interessen und Pflichten, sind die Anforderungen an sie als Mutter nur noch gestiegen. Noch bevor ihr Kind geboren ist, hat die durchschnittliche Mutter heute mehr gelesen und mehr nachgedacht über die Entwicklung und Erziehung dieses Kindes als eine Frau früherer Generationen während ihres ganzen Lebens. Wenn die Frau in den heutigen Familien der dominante Elternteil ist, dann nicht deshalb, weil das sozusagen naturgegeben ist, sondern weil sie sich Wissen und Kompetenz angeeignet hat. Sie kennt Bücher über alle gängigen Arten der Ernährung, die Behandlung von Kinderkrankheiten, den Umgang mit kindlichen Verhaltensproblemen, die Wahl von Kindergärten und

Schulen, die Gestaltung von Freizeit, und hat sich gewissenhaft eine Meinung gebildet. Dabei hat sie die individuelle Persönlichkeit ihres Kindes berücksichtigt: eine Persönlichkeit, die sie kennt, weil sie ihr Kind kennt, aus unzähligen banalen Alltagsmomenten. Diese Aufgabe der Elternschaft möchte sie teilen mit einem zweiten Erwachsenen, am besten mit dem Vater, der doch an der Entstehung des Kindes den gleichen Anteil hat wie sie und deshalb dieses Kind sicher genauso liebt und genauso aufrichtig sein Bestes will.

Die mangelnde Bereitschaft des Vaters, die nötige Investition zu leisten, um dem Kind ein gleichberechtigter zweiter Elternteil zu sein, ist für Frauen ernüchternd und schmerzlich. Sie versuchen, ihn zu animieren, ihn einzubeziehen in das Familienleben. Aber die Fiktion läßt sich nicht ewig aufrechterhalten. Irgendwann muß die Frau der Tatsache ins Auge sehen, daß der «zweite Erwachsene», mit dem sie die wichtigsten Dinge das Kind betreffend ausführlich besprechen kann, nicht der Vater ist, sondern eine Freundin, eine Kollegin oder eine weibliche Verwandte: eine andere Mutter.

Bei allen wirtschaftlichen und sozialen Veränderungen ist die Mutter diejenige geblieben, die das Kind großzieht. Mit einem Unterschied: der Mann ist es nicht mehr, der generell die Familie ernährt. Braucht die Familie dieses funktionslose Oberhaupt denn überhaupt noch?

Die Antworten darauf fallen unterschiedlich aus, aber das ist letzten Endes gleichgültig. Es gibt Länder, die einen funktionslosen Tyrannen stürzen. Und es gibt Länder, die einfach glücklicher sind, wenn ein entmachteter Monarch als Symbol vergangener Zeiten beibehalten wird. Dann gibt es noch die entmachteten Monarchen, die meinen, Kraft ihrer dynastischen Namen vergangene Glorien einklagen zu können.

Diese drei Muster zeigen im wesentlichen die Wege vor, die von der modernen Familie eingeschlagen werden können: Der Vater wird abserviert; der Vater wird entmachtet, aber als Symbol oberflächlich in das Familienleben integriert; und der Vater kann versuchen, kraft seines biologischen Anteils und seiner vergangenen patriarchalen Macht die Kontrollgewalt über die Familie zu behalten und vor Gericht einzuklagen, worum er sich im Alltag nicht bemühen wollte.

Benard / Schlaffer

Cheryl Benard, geboren 1953 in New Orleans / USA, und **Edit Schlaffer**, geboren 1950 im Burgenland / Österreich, leiten als Sozialwissenschaftlerinnen die «Ludwig-Boltzmann-Forschungsstelle für Politik und zwischenmenschliche Beziehungen» in Wien.

Männer *Eine Gebrauchsanweisung für Frauen*
208 Seiten. Broschiert und als rororo sachbuch in der Reihe «zu zweit» 8820

Sag uns, wo die Väter sind *Von Arbeitssucht und Fahnenflucht des zweiten Elternteils*
256 Seiten. Broschiert

Laßt endlich die Männer in Ruhe *oder Wie man sie weniger und sich selbst mehr liebt*
256 Seiten. Broschiert und als rororo sachbuch in der Reihe «zu zweit» 9197

Im Dschungel der Gefühle *Expeditionen in die Niederungen der Leidenschaft*
(rororo sachbuch «zu zweit» 8783)

Die Grenzen des Geschlechts *Anleitungen zum Sturz des Internationalen Patriarchats*
(rororo sachbuch 7775)

Die ganz gewöhnliche Gewalt in der Ehe *Texte zu einer Soziologie von Macht und Liebe*
(rororo aktuell 4358)

Liebesgeschichten aus dem Patriarchat *Von der übermäßigen Bereitschaft der Frauen, sich mit dem Vorhanden zu arrangieren*
(rororo sachbuch 7843)

rororo sachbuch

Der Mann auf der Straße *Über das merkwürdige Verhalten von Männern in ganz alltäglichen Situationen*
(rororo sachbuch 7305)

Viel erlebt und nichts begriffen *Die Männer und die Frauenbewegung*
272 Seiten. Kartoniert

Das Gewissen der Männer *Geschlecht und Moral - Reportagen aus der orientalischen Despotie*
(rororo aktuell 13015)

«Die Autorinnen sind nicht nur intelligent und informiert, sondern sie verstehen es auch, ihr Wissen mit Witz und Ironie an die Frau zu bringen - eine glückliche, aber leider seltene Kombination im Feminismus.»
Martina I. Kischke, Frankfurter Rundschau